高职高专经管类核心课教改项目成果系列规划教材

经济法概论

（第二版）

朱 明 主编

金 朗 陈正江 副主编

科学出版社

北 京

内 容 简 介

作为高职高专经济管理类的一门专业基础课，开设经济法课程有助于培养素质全面的经济管理人才。因此，本书从实用的角度，把人们通常所说的经济方面的法律进行整合而形成一个有机的经济法律体系。全书共分为五编，十五章，内容基本涵盖了经济法律制度的主要方面，全面反映了经济法律制度的发展过程和应用。

本书可作为经贸、金融、会计、营销以及其他相关专业的经济法课程的教材，同时也适合相关从业人员参考。

图书在版编目（CIP）数据

经济法概论/朱明主编. —2 版. —北京：科学出版社，2016
（高职高专经管类核心课教改项目成果系列规划教材）
ISBN 978-7-03-049001-8

Ⅰ.①经… Ⅱ.①朱… Ⅲ.①经济法-中国-高等职业教育-教材
Ⅳ.①D922.29

中国版本图书馆 CIP 数据核字（2016）第 141217 号

责任编辑：田悦红　赵　茜 / 责任校对：刘玉靖
责任印制：吕春珉 / 封面设计：东方人华平面设计部

斜 学 出 版 社 出版
北京东黄城根北街 16 号
邮政编码：100717
http://www.sciencep.com

三河市骏杰印刷有限公司印刷
科学出版社发行　各地新华书店经销

*

2008 年 7 月第 一 版　　　开本：787×1092　1/16
2016 年 6 月第 二 版　　　印张：20 1/4
2020 年 9 月第十二次印刷　字数：450 000

定价：55.00 元

（如有印装质量问题，我社负责调换〈骏杰〉）

销售部电话 010-62136230　编辑部电话 010-62132460（VF02）

高职高专经管类核心课教改项目成果系列规划教材

编写指导委员会

主　任　周建松（浙江金融职业学院院长、教授）

副主任　申长平（山西省财政税务专科学校校长、教授）

　　　　钱乃余（山东商业职业技术学院院长、教授）

委　员　（按姓氏笔画排序）

　　　　王兆明（江苏经贸职业技术学院院长、教授）

　　　　王金台（河南经贸职业学院院长、教授）

　　　　王茹芹（北京财贸职业学院院长、教授）

　　　　华桂宏（无锡商业职业技术学院院长、教授）

　　　　陈光曙（江苏财经职业技术学院院长、教授）

　　　　陈德萍（广东财经职业学院院长、教授）

　　　　郑永海（辽宁金融职业学院院长、教授）

　　　　骆光林（浙江商业职业技术学院院长、教授）

　　　　耿金岭（安徽财贸职业学院院长、教授）

　　　　高力平（四川商务职业学院院长、教授）

　　　　郭　伟（宁夏财经职业技术学院院长、教授）

　　　　阎　平（陕西财经职业技术学院院长、教授）

秘书长　郭福春（浙江金融职业学院教授）

序

改革开放以来，我国经济快速发展，经济总量不断增加，对从事经济活动的相关人才的需求空前高涨。社会对经济管理类人才的需求大体上可以划分为两大类。一类是从事理论研究，从宏观和微观角度研究社会经济发展和运行的总体规律，研究社会资源的最优配置及个人满足最大化等问题的学者。另一类是在各种经济领域中从事具体经济活动的职业人，是整个经济活动得以有效运行的基本元素，是在各自不同的领域发挥着使经济和各项业务活动稳定有序运行、规避风险，实现价值最大化的社会群体。从社会经济发展的实际情况来看，后一类人群应该是社会发展中需求数量最大的经济管理类人才。在上述两类人才的培养上，前者主要由普通本科以上的高等院校进行培养，后一类人才的培养工作从我国高等教育的现状来看，培养的主体主要为高等职业教育。

高等职业教育经过近年来的迅猛发展，已经占据了我国高等教育的半壁江山。特别是自 2006 年教育部、财政部启动的国家示范性高等职业院校建设工作和教育部《关于全面提高高等职业教育教学质量的若干意见》（教高〔2006〕16 号）文件的颁布以来，我国的高等职业教育迸发出前所未有的激情和能量，开放式办学、校企合作、工学结合、生产性实训、顶岗实习等各项改革措施深入开展，人才培养模式改革、课程改革、教材改革、双师结构教学团队的组建、模拟仿真的实验实训环境的进入课堂等教育教学改革不断推进，使我国高等职业教育得到了长足的发展，取得了令人瞩目的成绩，充分显示出高等职业教育在我国经济发展中的举足轻重的作用和不可替代的地位。

我们依托上述大背景，同时根据技术领域和职业岗位的任职要求，以学生的职业能力培养为核心，组织了全国在相关领域资深的专家和一线的教育工作者，并与行业企业联手，共同开发了这套高职高专经管类核心课教改项目成果系列规划教材。这套丛书覆盖了经管类的核心课程，以职业能力为根本，以工作过程为主线，以工作项目为载体进行了教材整体设计，突出学生学习的主体地位是本系列教材的突出特点。

当然，我们也应该看到，高等职业教育的改革有一个过程，今天我们所组织出版的这套教材，仅仅是这一过程中阶段性成果的总结和推广。我们坚信，随着课程改革的不断深入，我们的这套教材也将以此为台阶，不断提升和改进，我们衷心地希望通过高质量教材的及时出版来推动教学，同时使本套教材在实际教学使用过程中不断完善和超越。

本套教材为全国财经类高职高专院校联协会和科学出版社的首次合作成果，是全国财经类高职高专院校联协会的推荐教材，适合全国各高职高专经济管理类专业使用。

周建松

2008 年 6 月

第二版前言

在中国建立和完善社会主义市场经济体制的过程中，"市场经济是法治经济"的理念日益深入人心。而随着法治建设的推进，市场经济法律体系不断完善，有效地规范了市场主体的行为，促进了经济高效运行，维护了市场秩序。熟悉法律的经济类专业人才，在社会生活中发挥的作用也越来越大。

经济法是一门专业性强、涉及面广且有一定难度的课程。针对高职高专教育的特色和经济法教学的特点，本书以实用性为指导，强化学生能力目标的培养，注重培养学生法律意识，力求提高学生经济法律的应用能力，以适应未来职业的需求。

本书在内容和结构设计上独具特色。每章内容都有明确的学习目标，由法律检索与法谚名言导入。为了更好地理解和巩固重点难点，本书中穿插了导学博览：案例和资料。每章最后有巩固知识的应知应会与实训练习，能满足课后复习的需要。

在全书的编写过程中，参阅了大量文献和著作，与第一版相比，第二版教材密切结合当前经济法制建设实际，吸收了国内外最新法律成果（截至 2016 年 3 月 31 日）。结合立法修订，对公司法、商标法、消费者权益保护法、广告法、劳动合同法、民事诉讼法等部分内容做了较大幅度的调整。本书不仅适用于高职高专院校经济法课程教学，也可用于各类单位员工经济法律类课程的培训，还能满足社会人士自学的需要。

本书由朱明担任主编，金朗、陈正江担任副主编，陈小腊、徐敬慧等参与编写，金朗副主编为本书的改版做了大量细致及卓有成效的工作。本书的改编过程中得到了有关部门、领导、专家和教师的鼎力支持，在此一并致谢！

由于编者水平所限，书中疏漏和不妥之处在所难免，恳请同行专家和广大读者随时指正。

编　者
2016 年 5 月

第一版前言

本书根据高职高专教育的培养实用性高素质技能型人才的目标，以我国现行的经济法律法规为主要内容，兼顾经济实务的法律需求，在注重法律规范与经济活动相结合的同时，突出法律对经济活动的规范。

本书的特点主要如下：

一是注重实用。经济法的特点和高职高专的教育教学特点决定了本书编写必须实用。根据教学对象的特点和教学的实际需要，我们在每章小结后都安排有练习题以及精选的案例分析题。

二是兼顾理论。基本理论是学习法律的基础和钥匙，本书在坚持实用性的基础上，对必要的法律原理进行了适当的阐释，内容实用，并努力做到理论与实践相结合。

三是可读性强。本书从实际需要出发，删繁就简，适当取舍，篇幅较短，内容较精，简洁明了，没有过多讨论历史发展、基本原则、意义作用和学术分歧。

四是编写人员构成合理。本书参编人员，均为既从事经济法教学和研究，又拥有经济法律实务经历和经验的人员，从而使理论和实务得到较好的结合。

本书可供高等职业院校、高等专科学校、成人高校及本科院校举办的二级职业技术学院和民办高校使用，也可供从事经济法律实际业务和经济管理工作者使用。

本书的作者来自浙江金融职业学院、山西金融职业学院、福建金融职业技术学院、山东轻工业学院、陕西银行学校等单位。由朱明任主编，褚义兵、陈正江和那梅任副主编，参编人员有：罗艾筠、陈青鹤、王琛、王琳雯、徐敬慧、金朗、沈雄杰、贾平等。

本书在编写过程中得到浙江金融职业学院院长周建松教授等的大力支持，同时参考了国内外大量相关著作和文献，在此，我们一并表示衷心的感谢！

编　者

2008 年 6 月

目　　录

第一编　经济法总论

第二编　经济主体法律制度

第三编　经济行为法律制度

第四编　市场规制法律制度

第五编　经济仲裁和诉讼法律制度

第一编
经济法总论

引 言

市场经济是在经济活动当事人自主决策、自由交易的基础上，经过长时期的演变发展起来的经济制度。市场经济并不是必然趋向有效率的经济制度，它的演变方向存在不确定性，在市场经济活动中，需要有一套完整的规则，否则，就不可能有序地发展。因此，需要建设与市场经济的发展和完善相适应的法制体系，使市场经济体制建立在法治基础上。在这个意义上，市场经济是法治经济，需要不断完善现有的法律，建立完善市场经济法律体系，维护基本的经济秩序，促进社会主义市场经济的发展。

第一章
经济法基本理论

 学习目标

知识目标

1. 了解经济法的概念、调整对象和地位。
2. 了解财产所有权、债权、代理制度的基本内容。
3. 掌握经济法律关系的概念及构成要素。
4. 理解经济法律责任的概念及形式。

能力目标

1. 培养学生树立经济法律意识。
2. 能正确分析现实生活中的各种经济法律关系及其构成要素。
3. 能正确区分和运用经济法律责任的三种具体形式。

 法律检索

《中华人民共和国民法通则》（以下简称《民法通则》）（1986 年 4 月 12 日第六届全国人大第四次会议通过，自 1987 年 1 月 1 日起施行）

《最高人民法院关于贯彻执行〈中华人民共和国民法通则〉若干问题的意见（试行）》（1988 年 1 月 26 日最高人民法院审判委员会通过）

 **法谚名言**

灋，刑也，平之如水，从水；廌，所以触不直者去之，从去。

——（中国·东汉）许慎

第一节　法的基本理论

一、法的概念、特征和本质

（一）法的概念

法是由国家制定和认可，并由国家强制力保证实施的行为规范体系，它通过规定权利和义务来规范人们的行为，从而确认、保证和发展有利于统治阶级的社会关系和社会秩序。

"法律"一词通常有广义和狭义两种含义。在广义上使用时，"法律"与法的概念相同。在狭义上使用时，"法律"一词专指国家立法机关制定的规范性文件，即特定或具体意义上的法律。

导学博览1-1　法字的语源

在孕育古代文明的进程中，华夏民族非常重视社会的内部稳定，早在部落联盟舜帝时期，就专设了一种"士"官来负责司法检验与审判，皋陶就是被舜帝选中的首任"士"官，皋陶因此被后世尊为华夏首任大法官。对那些怀疑有罪的人，"士"官皋陶办案，常常牵过一头浑身披着青色长毛的独角兽，亲自检验取证。传说独角兽具有某种神力，能查明案情和判断被告有罪与否。独角兽学名叫"廌"，又称"獬豸"。《异物志》亦有记载，"东北荒中，有兽名'獬豸'，一角，性忠，见人斗，则触不直者；闻人论，则咋不正者。"凭借"廌"的正直和公正神力，皋陶往往断案神妙，较好地维护了各部落的治安。"廌"也成了我国"灋"（古法字）的起源，据东汉许慎《说文解字》解说："灋，刑也；平之如水，从水；廌，所以触不直者去之，从去"。

（二）法的特征

法的特征是法在与相近社会现象（如道德、宗教、政策等）比较的过程中显示出来的特定属性。它主要表现为以下几个方面。

1. 规范性

法不是一般的社会规范，它所调整的是人们之间的相互关系或交互行为，它规定人们的行为模式，指导人们的行为性质。法律规范通常是由行为标准和行为相应的法律后果两部分组成。一是规定了人们可以做什么（允许人们这样行为），应该做什么（要求人们必须这样行为），不应该做什么（禁止人们这样行为）。二是规定了各种行为相应的法律后果，即违反了有关规定应如何处理。其他社会规范不具有这样严格的属性。

2. 国家意志性

法由国家制定或认可，这使法具有了"国家意志"属性。这一特征明显地表明了法与其他社会规范（例如道德、宗教教规或其他社会组织章程以及习惯礼仪等）的差别。

3. 国家强制性

法由国家强制力保证实施，取决于以下两个原因：一是法不能始终为人们自愿地遵守，需要通过国家强制力强迫其遵守。二是法不能自行实施，需要国家专门机关予以适用。普遍、抽象、原则的法律规定在具体实践中的运用，不能离开国家专门机关及其工作人员。

4. 以权利义务为主要内容

"可以这样行为"，即人们享有法律上的权利。"应该这样或禁止这样行为"，即人们承担法律上的义务。任何人的权利受到侵害，可以请求国家保护，任何人如果违反法律规定，国家就要追究其法律责任。

（三）法的本质

马克思主义的历史唯物主义对这个问题做出了科学的回答。法的本质根源与物质的社会关系，主要表现在以下三个方面。

1. 法是统治阶级意志的体现

这是法的阶级本质，法首先是统治阶级意志和利益的体现。

2. 法是上升为国家意志的统治阶级意志

法是国家意志。国家意志是法的本质形式，是法的本质的外在方面。它首先反映了法是一种意志现象，作为确认并体现法权关系的行为规则，法是认识的产物，而不是认识的来源。其次，反映了法作为国家意志，取得了社会普遍遵行的效力。

3. 法的内容是由统治阶级的物质生活条件决定的

法是有物质根源和物质制约性的。法所体现的统治阶级意志的内容是由其物质生活条件决定的，同时，影响法律的因素是多方面的，复杂的。

二、法律渊源和法律体系

（一）法律渊源

法律渊源亦称法律形式，指法律的存在和表现形式。《中华人民共和国宪法》（以下简称《宪法》）和《中华人民共和国立法法》（以下简称《立法法》）赋予特定的机关以特定立法权限，不同机关可以采用的立法形式不同，其制定的法律文件的效力也有所差异。具体而言，我国法律渊源主要有以下几点。

1）宪法。宪法是国家的根本大法，是一切法律的基础。我国宪法是由全国人民代表大会经严格程序制定和修改的，它规定了国家各项基本制度、公民基本权利和义务、国家机关的组成及活动基本原则。宪法具有最高法律效力，是其他一切法律、法规制定的依据。

2）法律。法律由全国人民代表大会及其常委会制定。其中由全国人民代表大会制定，调整国家和社会生活中带有普遍性的社会关系的规范性法律文件，称为基本法律（如刑法、民法、诉讼法）。由全国人民代表大会常务委员会制定，调整国家和社会生活中某一方面具体社会关系的规范性法律文件，称为一般法律（如商标法、税法）。法律的效力低于宪法，高于其他的法律形式。

3）行政法规。行政法规是指由国务院依据宪法和法律制定的有关国家行政管理活动的规范性文件。它不能与宪法和法律相抵触，它的地位和效力仅次于宪法、法律，高于地方性法规，是地方性法规的制定依据。

4）地方性法规。地方性法规是指省、自治区、直辖市的人民代表大会及其常委会，在不与宪法、法律和行政法规相抵触的前提下，根据本辖区的具体情况和实际需要制定的规范性文件。地方性法规在本辖区有法律效力。省、自治区人民政府所在地的市、经济特区所在地的市和经国务院批准的较大的市的人民代表大会及其常务委员会，也可以制定地方性法规。

5）自治条例、单行条例。民族自治地方的人民代表大会依照民族区域自治的原则，可以根据当地特点制定自治条例和单行条例，报上一级人民代表大会批准后生效。

6）特别行政区法律。特别行政区法律包括全国人民代表大会制定的特别行政区基本法和特别行政区立法机关在宪法和法律赋予的职权范围内制定的规范性文件，在特别行政区内具有普遍的约束力。

7）规章。规章包括部门规章和政府规章。部门规章是指国务院所属的各部、委员会、中国人民银行、审计署和具有行政管理职能的直属机构，为执行宪法、法律和行政法规，在本部门的权限范围内，发布的决定、命令等。部门规章一般在全国范围内有效。政府规章是省、自治区、直辖市和较大的市的人民政府，在职权范围内，在不与法律、行政法规和地方性法规相抵触的前提下制定的，对本行政区域内具体行政事项进行管理的规范性文件。

8）法律解释。法律解释包括全国人民代表大会常务委员会作出的法律解释和最高人民法院、最高人民检察院等机关作出的司法解释。我国《立法法》规定，在两种情况下需要作出法律解释：法律的规定需要进一步明确具体含义的；法律制定后出现新的情况，需要明确适用法律依据的。此等法律解释与法律具有同等效力。司法解释主要针对在审判工作中如何具体应用某一类法律或者对某一类案件、某一类问题如何应用法律而制定。

9）国际条约和协定。我国同外国缔结的国际协定或加入的国际条约，虽然不属于国内法范畴，但对国内机关、社会团体、企事业单位和公民也具有普遍约束力，是我国法律的渊源之一。

（二）法律体系

法律体系是指由各部门法构成的具有内在联系的法的整体。部门法是根据一定的标准和原则（主要是根据法律调整对象的不同）划分的同类法律规范的总称。一个立足中国国情和实际、适应改革开放和社会主义现代化建设需要、集中体现党和人民意志，以宪法为统帅，以宪法相关法、民法、商法、经济法、社会法、刑法、诉讼与非诉讼程序法等多个法律部门的法律为主干，由法律、行政法规、地方性法规与自治条例、单行条例等层次的法律规范构成的中国特色社会主义法律体系已经形成。

1）宪法及宪法相关法。宪法是国家的根本大法，由全国人民代表大会制定和修改，具有最高的法律效力，其他任何法律、法规都不得与宪法相抵触。宪法相关法是与宪法配套、直接保障宪法实施的宪法性法律规范的总和，包括《全国人民代表大会组织法》《民族区域自治法》《香港特别行政区基本法》《澳门特别行政区基本法》《立法法》《全国人民代表大会和地方各级人民代表大会选举法》《全国人民代表大会和地方各级人民代表大会代表法》《国旗法》《国徽法》等。

导学博览1-2　中国国家宪法日

一、产生背景

12月4日，是中国的"宪法日"。之所以确定这一天为"宪法日"，是因为中国现行的宪法，在1982年12月4日正式实施。宪法是国家的根本大法，是不可或缺的，将宪法实施日定为"宪法日"，意义十分重大。

二、正式确立

2014年11月1日第十二届全国人大常委会第十一次会议经表决通过了全国人大常委会关于设立国家宪法日的决定，设立每年12月4日为国家宪法日。

三、历届主题

2014年：弘扬宪法精神，建设法治中国。

2015年：弘扬宪法精神，推动创新、协调、绿色、开放、共享发展。

2）行政法。行政法是调整国家在行政管理活动中所发生的各种社会关系的法律规范的总和。我国目前没有综合性的、完整的行政法法典，有关规范分散于宪法、法律、行政法规和大量的地方性法规、规章中，主要由一般行政法和特别行政法组成。其中，一般行政法是指有关行政主体、行政行为、行政程序、行政责任等一般规定的法律法规，如《公务员法》《行政处罚法》《行政复议法》等；特别行政法是指适用于各专门行政职能部门管理活动的法律法规，包括国防、外交、人事、民政、公安、国家安全、民族、宗教、侨务、教育、科学技术、文化、体育、医药卫生、城市建设、环境保护等行政管理方面的法律法规。

3）民法。民法是调整平等主体的公民之间、法人之间、公民和法人之间的财产关系和人身关系的法律规范的总称。我国目前尚无一部完整的民法典，而是以《民法通则》为基本法律，辅之以其他单行民事法律，包括《物权法》《合同法》《担保法》《拍卖法》

《商标法》《专利法》《著作权法》《婚姻法》《继承法》《收养法》等。

4）商法。商法是调整平等主体之间的商事关系或商事行为的法律规范的总称。目前我国商法主要包括《公司法》《合伙企业法》《个人独资企业法》《外商投资企业法》《企业破产法》《保险法》《票据法》《海商法》等。

5）经济法。经济法是调整在国家干预和协调经济运行过程中发生的经济关系的法律规范的总称。在创造平等竞争环境、维护市场秩序方面，我国现已制定《反不正当竞争法》《消费者权益保护法》《产品质量法》《广告法》等。在国家宏观调控和经济管理方面，我国现已制定《预算法》《审计法》《会计法》《中国人民银行法》《价格法》《税收征收管理法》《个人所得税法》《城市房地产管理法》《土地管理法》等。

6）社会法。社会法是规范劳动关系、社会保障、社会福利和特殊群体权益保障方面社会关系的法律规范的总和。具体包括《劳动法》《劳动合同法》《工会法》《未成年人保护法》《老年人权益保障法》《妇女权益保障法》《残疾人保障法》《矿山安全法》《红十字会法》《公益事业捐赠法》等。

7）刑法。刑法是以规定犯罪和刑罚为基本内容的法律规范的总和。具体包括《刑法》和刑法修正案以及全国人民代表大会常务委员会制定的有关惩治犯罪的决定等。

8）诉讼与非诉讼程序法。诉讼与非诉讼程序法是国家制定的解决社会纠纷的诉讼活动与非诉讼活动法律规范的总称，主要集中在《刑事诉讼法》《民事诉讼法》《行政诉讼法》中。针对海事诉讼的特殊性，我国制定了《海事诉讼特别程序法》，作为对民事诉讼法的补充。为了处理国与国之间的犯罪引渡问题，制定了《引渡法》，作为对刑事诉讼法的补充。此外，我国还制定了《仲裁法》《劳动争议调解仲裁法》等非诉讼程序法。

三、依法治国和中国特色社会主义法治体系

（一）依法治国

1. 含义

依法治国就是依照体现人民意志和社会发展规律的法律治理国家，而不是依照个人意志、主张治理国家；要求国家的政治、经济运作、社会各方面的活动依照法律进行，而不受任何个人意志的干预、阻碍或破坏。

2. 基本内容

依法治国是中国共产党领导全国各族人民治理国家的基本方略。其基本内容包括以下几点。

1）依法治国的主体是中国共产党领导下的人民群众。

2）依法治国的本质是崇尚宪法和法律在国家政治、经济和社会生活中的权威，彻底否定人治，确立法大于人、法高于权的原则，使社会主义民主制度和法律不受个人意志的影响。

3）依法治国的根本目的是保证人民充分行使当家做主的权利，维护人民当家做主的地位。依法治国是一切国家机关必须遵循的基本原则。

4）全面推进依法治国基本战略的新方针：科学立法，严格执法，公正司法，全民守法。

5）立法机关要严格按照《立法法》制定法律，逐步建立起完备的法律体系，使国家各项事业有法可依。有法可依是实现依法治国的前提条件。

6）行政机关要严格依法行政。依法行政就是要求各级政府及其工作人员严格依法行使其权力，依法处理国家各种事务。它是依法治国的重要环节。

7）司法机关要公正司法、严格执法。

总之，依法治国要求各级国家机关切实做到有法必依、执法必严、违法必究。

（二）中国特色社会主义法治体系

2014 年 10 月，中国共产党第十八届中央委员会第四次全体会议首次专题讨论依法治国问题，发布《中共中央关于全面推进依法治国若干重大问题的决定》。全会提出，全面推进依法治国，总目标是建设中国特色社会主义法治体系，建设社会主义法治国家。

在中国共产党领导下，坚持中国特色社会主义制度，贯彻中国特色社会主义法治理论，形成完备的法律规范体系、高效的法治实施体系、严密的法治监督体系、有力的法治保障体系，形成完善的党内法规体系，坚持依法治国、依法执政、依法行政共同推进，坚持法治国家、法治政府、法治社会一体建设，实现科学立法、严格执法、公正司法、全民守法，促进国家治理体系和治理能力现代化。

第二节　经济法的概念、调整对象和基本原则

一、经济法的概念和调整对象

（一）经济法的概念

经济法是调整在国家干预和协调经济运行活动中所发生的经济关系的法律规范的总称。

（二）经济法的调整对象

经济法调整的是特定的经济关系，是国家在宏观调控和协调社会经济运行中发生的经济关系。具体有以下几种关系。

1. 市场主体调控关系

市场主体，主要是指在市场上从事直接和间接交易活动的经济组织，是市场生产经营活动的参与者和财产责任的承担者，包括经济组织和个人。市场主体的法律地位是指市场主体参加市场活动时在法律上所享有的主体资格。要确立和完善社会主义市场经济体制，推动社会主义市场经济的健康发展，首先必须确认市场主体的法律地位，使他们能成为独立的生产者和经营者，具有自我约束和自我发展的能力。市场主体法律主要包括：公司法、中外合资经营企业法、中外合作经营企业法、外资企业法、个人独资企业

法、合伙企业法、破产法等。

2. 市场秩序调控关系

建立统一、开放的市场体系，是实行社会主义市场经济体制的基本要求。培育市场体系，要求各种生产要素的自由流动，坚决打破条条块块的分割、封锁和垄断，充分发挥竞争机制的作用。垄断和不正当竞争会约束市场功能的实现，妨碍资源配置的优化，扰乱市场经济秩序，这就需要国家通过立法予以调整。市场秩序调控法律主要包括：反不正当竞争法、产品质量法、消费者权益保护法、反垄断法、广告法、价格法、食品卫生法等。

3. 宏观调控关系

宏观调控，是指国家为了实现经济总量的基本平衡，促进经济结构的优化，引导国民经济持续、快速、健康发展，对国民经济总体活动进行的调节和控制。宏观调控立法有助于发挥其宏观性、整体性优势，克服市场缺陷，防止并消除经济总量的失衡和经济结构的失调，优化资源配置，更好地把人民的当前利益与长远利益、局部利益与整体利益结合起来，促进经济个体与社会整体共同发展。宏观调控法律主要包括：预算法、审计法、统计法、会计法、银行法、金融法、国有资产管理法、农业法、税法、物价法等。

4. 社会分配调控关系

社会分配调控关系，是指国家对国民收入进行初次分配和再分配过程产生的经济关系，它包括国家为保证社会成员的基本生活权利而提供救助和补贴所产生的经济关系。目前，我国有关调配社会分配的法律、法规尚不健全，正处在不断建立和完善之中。

二、经济法的基本原则

经济法的基本原则，是指在经济法的立法和具体适用中所应当遵循的原则和准则。经济法的基本原则包括以下几个方面。

1. 维护公平竞争原则

维护公平竞争原则是经济法所反映现代市场经济内在要求和理念的一项核心的、基础性的原则。在经济法中，维护公平竞争的要求不仅直接体现在竞争法、反垄断法和反不正当竞争法中，而且体现在经济法的各项制度，诸如发展计划、产业政策、财政税收、金融外汇、企业组织等法律制度中。政府的经济管理和市场操作也应该做到公开、公平、公正，不得违背和破坏市场公平竞争的客观法则。我国确立社会主义市场经济体制以后，随着商品经济的发展，竞争法的地位也日益上升，维护公平竞争已成为我国经济立法和执法的重要原则。

2. 协调平衡发展原则

协调平衡发展原则是由经济法的社会性和公私交融性所决定的，是不同社会经济体制的经济法所共同遵循的一项主导性原则。由于现代市场经济关系复杂多变、矛盾丛生，作为现代新兴法律部门的经济法，已经不再是国家与私人极端对立之下维护任何一方利益的工具，也不仅仅是私人组织扩大之后的一种国家单纯为矫正社会不公、保护弱者的手段。由此，经济法既不是单纯采取强制性干预方式，也不是自行性调节方式，而是以兼容并蓄的精神，以组织协调、平衡发展、公共精神的追求为目标，消除个体追求利益所产生的流弊，促进社会在竞争的基础上团结合作。通过经济法的平衡协调，使社会整体利益与个体利益之间得以协调，维持国家利益、社会利益和个体利益之间公正合理的平衡，最终创造一个能使自由市场机制和法律得以充分发挥作用的外部环境。

3. 国家适度干预原则

国家适度干预原则是体现经济法突出特征的原则。经济法是为了适应国家对社会经济生活的干预而产生的一种法律形式。国家的干预要"适度"，即干预不宜过多，干预手段不能过于强硬。如国家调整产业结构时，决不可通过直接行政手段，强硬地限制或逼迫投资者投资于某产业（如不予颁发营业执照），而是应当通过提高税收或提高贷款利率的方式，加以间接的调控。这便是适度干预。

第三节　经济法律关系

法律关系是法律规范在指引人们的社会行为、调整社会关系的过程中所形成的人与人之间的权利和义务关系。其构成要素包括法律关系的主体、法律关系的内容、法律关系的客体三个方面。经济法律关系，是指经济法确认和调整特定的经济关系过程中形成的权利和义务关系。

一、经济法律关系的主体

经济法律关系的主体亦称经济法主体，是构成经济法律关系的基本要素之一。它是指参加经济法律关系，享有经济权利和承担经济义务的当事人。根据经济法律关系主体在经济运行中的客观形态划分，可分为以下几类。

1. 国家机关

国家机关是指从事国家管理和行使国家职能的机关，包括国家权力机关、国家行政机关和国家司法机关等。其中，国家权力机关主要作为经济决策主体出现在经济法律关系中；国家行政机关，特别是具有经济管理职能的行政机关，主要作为经济管理主体出现在经济法律关系中。

2. 企事业单位

企业是指依法设立以营利为目的从事生产、流通和服务等经营活动的经济组织，在经济法律关系中主要作为实施主体出现。事业单位是由国家财政预算拨款或其他资金来源设立的，不以营利为目的，从事文化、教育、科研、卫生等事业的单位，如学校、医院、科研院所等。事业单位主要以经济实施主体的身份参与经济法律关系。

3. 社会团体

社会团体是指公民自愿组成，为实现会员共同意愿，按照其章程开展活动的非营利性社会组织，主要包括群众团体、公益组织、文化团体、学术研究团体、协会等。社会团体成立必须提交业务主管部门的批准文件，主要作为经济实施主体参与经济法律关系；但在根据法律授权或行政机关委托实施经济管理职能时，是以经济管理主体的身份参加经济法律关系。

4. 个体工商户、农村承包经营户

个体工商户是依法经核准登记，以营利为目的，从事工商业经营的个人或家庭。个体工商户可以起字号。农村承包经营户，是指农村集体经济组织的成员，在法律允许的范围内，按照承包合同规定从事商品经营者。个体工商户、农村承包经营户主要作为经济实施主体参与经济法律关系。

5. 自然人

自然人也是重要的经济法律关系参与者，既包括本国公民，也包括居住在一国境内或在境内活动的外国公民和无国籍人。

二、经济法律关系的客体

经济法律关系的客体，是指经济法主体享有的经济权利和承担的经济义务所共同指向的对象，包括物、经济行为和智力成果等。

1. 物

物是指可为人控制和支配、具有一定经济价值、可通过具体物质形态表现存在的物品。物包括自然存在的物品和人类劳动生产的产品，以及固定充当一般等价物的货币和有价证券等。物是经济法律关系中存在最广泛的客体。

2. 经济行为

经济行为是指经济主体参与经济法律关系的过程中，为达到一定经济目的、实现其权利和义务所进行的经济活动。它包括经济管理行为、提供劳务行为和完成工作行为等。

3. 智力成果

在现代市场经济中，智力成果权利又称知识产权，知识产权是智力成果的所有人对创造性活动成果依法享有的权利，包括著作权和工业产权。工业产权主要包括专利权和商标权，此外还包括服务标记、厂商名称、货源标记或原产地名称以及制止不正当竞争的权利等。

三、经济法律关系的内容

经济法律关系的内容，是指经济法律关系主体享有的经济权利和承担的经济义务。

1. 经济权利

经济权利，是指经济法律关系主体依法享有的自己为或不为一定行为或者要求他人为或不为一定行为的资格。不同经济法律关系主体享有的经济权利各不相同，主要有经济职权、财产所有权、经营管理权、请求权。

2. 经济义务

经济义务，是指经济法律关系主体依法承担的为一定行为或不为一定行为的责任。经济权利和经济义务相互依存，没有经济权利，就不会有经济义务。经济法律关系主体不能只享有经济权利而不承担经济义务，也不能只承担经济义务而不享有经济权利。

四、经济法律关系的确立

经济法律关系的确立，是指由经济法律规范所确认的、经济法律关系主体之间的经济权利与义务在社会经济生活中的实际实现。它包括经济法律关系的设立、变更和终止。经济法律规范的存在是经济法律关系确立的前提条件，法律事实的出现是经济法律关系确立的直接原因。

所谓法律事实，是指能够引起法律关系设立、变更与终止的客观情况，依照法律事实的发生与当事人的意志有无关系，可将法律事实分为法律事件与法律行为。

1. 法律行为

法律行为可以分为合法行为与违法行为。构成法律行为应满足以下条件：首先它必须是人的行为，包括语言与身体行动，但不包括人的内心活动；其次，它必须是人有意识的行为，无意识的举动，精神病患者的举动不应当视为法律行为；再次，它必须是具有社会意义的行动，即对他人或社会产生影响的行为。

2. 法律事件

法律事件可以分为社会事件和自然事件，前者如社会革命、战争，后者如人的生老病死、地震、洪水等自然灾害。事件发生后，有的事件依据法律会直接引起法律关系的确立，如人的出生、死亡，依据法律会直接引起抚养关系、法定继承关系，但有的法律事件发生后，依据法律并不能直接引起法律关系，如洪水发生后，引起某人损害，但若某人此前未与保险公司建立保险合同关系，就不可能直接引起保险赔偿关系。可见，有的事件发生后会依法直接成为法律事实，而有的事件发生后并不必然成为法律事实。

第四节　经济法律责任

一、经济法律责任的概念和特征

1. 经济法律责任的概念

经济法律责任是指经济法律关系主体因违反经济法律、法规而依法应当承担的不利后果。它是国家用以保护现实经济法律关系的重要制度。

2. 经济法律责任的特征

1）从责任目的来看，经济法律责任侧重于保护社会公共利益不受侵犯。

2）从归责原则来看，经济法律责任侧重于公平归责，即加害人和受害人都没有过错，损害事实已经发生的情况下，以公共考虑作为价值判断标准，根据实际情况和可能，由双方当事人公平地分担损失。公平责任在经济法中广为使用，尤其是在社会保障、可持续发展和宏观调控领域。维护公平竞争是经济法的基本原则之一，它要求经济法主体在权利享有和义务承担、交易机会、利益成果享有和责任承担等各方面应是公平的。

3）从责任形式来看，限制或剥夺经营性资格和经济补偿是经济法律责任的主要形式。

二、经济法律责任的形式

据我国经济法规定，承担经济法律责任的主要形式包括民事责任、行政责任和刑事责任。

1. 民事责任

民事责任，是指经济法主体违反经济法律、法规，依法应承担的民事法律后果。最基本的民事责任包括违约责任和侵权责任，承担民事责任的方式主要有支付违约金；修理、重作、更换；停止侵害；排除妨碍；消除危险；返还财产；恢复原状；赔偿损失；消除影响，恢复名誉；赔礼道歉等。

导学博览1-3　责任竞合

责任竞合是指由于某一法律事实的出现，导致产生两种或两种以上的民事责任，这些民事责任被数个法律规范调整，彼此之间相互冲突的现象。责任竞合常常表现为违约责任和侵权责任。

例如，乘客陈某乘坐客运汽车，途中汽车与货车相撞，造成陈某受伤，经法医鉴定，伤残等级为八级。交警部门认定，货车司机应对这次交通事故负全部责任。这次交通事故产生了违约和侵权两种民事责任。

1）违约责任。从陈某购买车票坐上客车时起，陈某与客运公司形成了客运合同关系。"承运人应当在约定期间或者合理期间内将旅客、货物安全运输到约定地点。"（《合同法》第 290 条）"承运人应当对运输过程中旅客的伤亡承担损害赔偿责任，但伤亡是旅客自身健康原因造成的或者承运人证明伤亡是旅客故意、重大过失造成的除外。"(《合同法》第302条）客运公司未能依约将陈某安全送达目的地，应承担客运合同的违约责任。这种归责适用的是无过错责任原则。

2）侵权责任。而货运公司的货车司机是这次交通事故的肇事者，造成陈某受伤致残，侵犯了陈某的人身权，应负侵权责任。

在责任竞合的情况下，陈某受伤致残的损失由谁来赔偿呢？《合同法》第122条规定："因当事人一方的违约行为，侵害对方人身、财产权益的，受损害方有权选择依照本法要求其承担责任或者依照其他法律要求其承担侵权责任。"据此，陈某有权要求客运公司承担违约责任，或者要求货运公司承担侵权责任，两者可任选一种。陈某可依照有利于保护自己利益的原则进行选择，选择时要充分考虑赔偿数额的大小和对方赔偿能力的大小，以及提起诉讼的费用是否经济和执行起来是否方便等，然后择优定夺。

2. 行政责任

行政责任，是指对违反经济法的单位和个人依法追究行政制裁。行政制裁包括行政处分（行政机关针对与其有行政隶属关系的相对人采取的纪律处分）与行政处罚（行政机关针对违法单位和个人采取的非纪律性制裁）。行政处罚的主要形式有警告；罚款；没收违法所得；没收非法财物；责令停产停业；暂扣或者吊销许可证；暂扣或者吊销营业执照；行政拘留；法律、行政法规规定的其他行政处罚。行政处分的主要形式有警告、记过、记大过、降级、降职、撤职、留用察看和开除等。

导学博览1-4 行政处分和行政处罚的区别

（1）行政处分

行政处分是指国家机关、企事业单位对所属的国家工作人员违法失职行为尚不构成犯罪，依据法律、法规所规定的权限而给予的一种惩戒。主要种类有警告、记过、记大过、降级、撤职、开除等。主要依据是《行政机关公务员处分条例》《行政监察法》等。

（2）行政处罚

行政处罚是指行政机关或其他行政主体依法定职权和程序对违反行政法规尚未构成犯罪的相对人给予行政制裁的具体行政行为。主要种类有警告、罚款、没收违法所得和没收非法财物、责令停产停业、暂扣或吊销许可证、执照、拘留、其他等。依据是诸多行政管理法律、法规、规章等。

行政处罚与行政处分的区别：制裁的对象不同，制裁的行为性质不同，制裁的原则不同，惩罚的范围和程度不同，采取的形式不同，救济途径不同。

导学博览1-5 没收较大数额财产的听证程序

2003 年 12 月 20 日，四川省金堂县图书馆与原告黄某联办多媒体电子阅览室。由黄某出资金和场地，每年向金堂县图书馆缴管理费 2400 元。2004 年 4 月 2 日，黄某以其子何某的名义开通了 ADSL84992722（期限到 2005 年 6 月 30 日），在金堂县赵镇橘园路一门面房挂牌开业。4 月中旬，金堂县文体广电局市场科以整顿网吧为由要求其停办。经协商，金堂县图书馆于 5 月中旬退还黄泽富 2400 元管理费，摘除了"金堂县图书馆多媒体电子阅览室"的牌子。2005 年 6 月 2 日，金堂工商局会同金堂县文体广电局、金堂县公安局对该门面房进行检查时发现，多名未成年人在上网游戏。黄某未能出示《网络文化经营许可证》和营业执照。金堂工商局按照《互联网上网服务营业场所管理条例》第 27 条"擅自设立互联网上网服务营业场所，或者擅自从事互联网上网服务经营活动的，由工商行政管理部门或者由工商行政管理部门会同公安机关依法予以取缔，查封其从事违法经营活动的场所，扣押从事违法经营活动的专用工具、设备"的规定，决定扣留 32 台电脑主机。

黄某之父何某对该扣押行为及扣押电脑主机数量有异议遂诉至法院，请求撤销该扣留财物通知书。

裁判结果：四川省金堂县人民法院于 2006 年 5 月 25 日作出判决：一、撤销成工商《行政处罚决定书》；二、金堂工商局在判决生效之日起 30 日内重新作出具体行政行为；三、金堂工商局在本判决生效之日起 15 日内履行超期扣留原告的电脑主机 33 台所应履行的法定职责。宣判后，金堂工商局向四川省成都市中级人民法院提起上诉。成都市中级人民法院撤销一审行政判决第三项，对其他判项予以维持。

裁判要点：行政机关作出没收较大数额涉案财产的行政处罚决定时，未告知当事人有要求举行听证的权利或者未依法举行听证的，人民法院应当依法认定该行政处罚违反法定程序。

相关法条：《中华人民共和国行政处罚法》第四十二条

（资料来源：最高人民法院指导性案例 6 号）

3. 刑事责任

刑事责任，是指国家司法机关对严重违反经济法，构成犯罪的主体依法追究责任，即给予刑事处罚。刑罚分为主刑和附加刑。主刑有管制、拘役、有期徒刑、无期徒刑和死刑；附加刑有罚金、剥夺政治权利、没收财产。主刑只能独立适用，附加刑既可以独立适用，也可以作为主刑的附加刑适用。对犯罪的外国人，可以独立适用或者附加适用驱逐出境。

第五节 相关经济法律制度

一、财产所有权制度

1. 财产所有权的概念

《民法通则》第 71 条规定：财产所有权是指所有人依法对自己的财产享有占有、使用、收益和处分的权利。根据《物权法》第 2 条规定，物权是指权利人依法对特定的物享有直接支配和排他的权利，包括所有权、用益物权和担保物权。

导学博览1-6 农村承包土地的经营权和农民住房财产权抵押贷款

为依法稳妥规范推进农民住房财产权抵押贷款试点，加大金融对"三农"的有效支持，保护借贷当事人合法权益，根据《国务院关于开展农村承包土地的经营权和农民住房财产权抵押贷款试点的指导意见》（国发〔2015〕45 号）和《全国人民代表大会常务委员会关于授权国务院在北京市大兴区等 232 个试点县（市、区）、天津市蓟县等 59 个试点县（市、区）行政区域分别暂时调整实施有关法律规定的决定》等政策规定，2016 年 3 月 24 日，央行发布了《农民住房财产权抵押贷款试点暂行办法》和《农村承包土地的经营权抵押贷款试点暂行办法》，标志着农村土地经营权、住房财产权抵押贷款试点正式铺开。

农民住房财产权抵押贷款，是指在不改变宅基地所有权性质的前提下，以农民住房所有权及所占宅基地使用权作为抵押、由银行业金融机构向符合条件的农民住房所有人发放的、在约定期限内还本付息的贷款。农村承包土地的经营权抵押贷款，是指以承包土地的经营权作抵押、由银行业金融机构（以下称贷款人）向符合条件的承包方农户或农业经营主体发放的、在约定期限内还本付息的贷款。

办法强调，银行业金融机构应合理自主确定贷款抵押率、额度、期限、利率，简化贷款手续，加强贷款风险控制。要求借款人获得的"两权"抵押贷款应主要用于农业生产经营等贷款人认可的合法用途。办法要求，坚持不改变公有制性质、不突破耕地红线、不层层下达规模指标，用于抵押的承包土地没有权属争议，且不能超过农民承包土地的剩余年限。明确借款人要有其他长期稳定居住场所，并获得集体经济组织书面同意，金融机构处置抵押物时要采取多种方式，并保证农民基本居住权。

目前，浙江省农民住房财产权抵押贷款试点县（市、区）为乐清市、青田县、义乌市、瑞安市。农村承包土地经营权抵押贷款试点县（市、区）为龙泉市、长兴县、海盐县、慈溪市、温岭市、衢州市衢州区、缙云县、嵊州市、嘉善县、德清县。

2. 财产所有权的权能

财产所有权的权能包括占有、使用、收益、处分。占有权是指权利主体对其财产进行实际的占领、控制的权利。这往往是所有权人对于自己的财产进行消费（包括生产性和生活性的）、投入流通的前提条件。使用权是指依照物的性能和用途，并不毁损其物或变更其性质而加以利用的权利。收益权是通过对财产的利用获取经济利益的权利。处分权是所有权人在法律规定的范围内对财产进行处置的权利。

3. 财产所有权的取得与消灭

1）所有权的取得。财产所有权的合法取得主要有两种方式：一是原始取得。即根据法律的规定，首次取得该项财产的所有权，或不依赖原所有人的所有权和意志直接取得某项财产的所有权。取得方式主要包括：生产和扩大再生产、没收、收益、添附、拾得遗失物、发现埋藏物、善意取得、无主财产的接收等。没收、生产和扩大再生产是国家所有权特有的取得方法。二是继受取得。指通过某种法律行为或基于法律事实从原所有人处取得财产所有权。继受取得是财产所有权取得的最普遍的方法。财产所有权的继受取得，主要原因有两种：一是因法律行为而取得；二是因法律事件而取得。常见的如因买卖、受赠、继承而取得。

2）所有权的消灭。所有权的消灭，是指因一定的法律事实而使原所有人丧失所有权。引起所有权消失的原因主要有：转让所有权、抛弃所有权、所有权客体的消灭、司法机关依法采取强制措施、所有权主体消失等。

4. 财产所有权的种类

1）国家财产所有权。国家财产所有权，是指法律所确认和保护的国家对全民财产享有的占有、使用、收益和处分的权利，是国家所有制在法律上的表现。其特点是：①国家所有权的主体具有唯一性，可经国家授权，由国家机关、企事业单位行使某些权能。②国家所有权的客体具有广泛性和专属性。民法通则规定，国家财产神圣不可侵犯，禁止任何组织或者个人侵占、哄抢、私分、截流、破坏国家财产。

2）劳动群众集体所有权。劳动群众集体所有权是指集体组织对其所有财产行使占有、使用、收益和处分的权利。它是劳动群众集体所有制在法律上的体现。法律保护集体所有的财产，禁止任何组织或者个人侵占、哄抢、私分、破坏或者非法查封、扣压、冻结、没收集体所有的财产。

3）公民个人财产所有权。公民个人财产所有权是指公民个人对其所有财产享有占有、使用、收益和处分的权利，它是保护公民个人所有的合法财产的法律制度。在我国，公民个人财产所有权包括以下两种形式：①生活资料所有权。其客体主要包括：公民的合法收入、房屋、储蓄、生活用品、文物、图书资料、林木、牲畜和法律允许公民所有的其他合法财产。②生产资料所有权。其客体主要包括：生产工具、必需的原材料、必要的房屋和设备等。

二、债权制度

（一）债的概念和特征

《民法通则》第 84 条规定："债是按照合同的约定或者依照法律的规定，在当事人之间产生的特定的权利和义务关系。享有权利的人是债权人，负有义务的人是债务人。"债权人享有的权利称为债权，债务人负担的义务称为债务。债权人有权要求债务人依照法律规定或者合同的约定履行义务，债务人有义务满足债权人的要求，这种关系就称为债或债权关系。债作为一种民事法律关系，具有以下特征。

1. 债的关系的当事人都是特定的

债的主体为特定的当事人。债权人只享有要求债务人履行一定义务的权利，债务人也只向债权人履行特定的义务。这一特点，把债权关系和所有权关系区别开来。

2. 债反映的是财产流通关系

从债反映的社会关系或者调整经济关系的性质上看，它反映的是财产流通关系，即财产由一个主体让渡给另一个主体。因此，债的关系的客体可以是物、行为或智力成果。而所有权关系的客体只能是物，这也是债权关系和所有权关系的重要区别之一。

3. 债权的实现必须依靠义务人履行义务的行为

债权关系中，义务人不履行义务，债权人的权利就不能实现。而所有权的实现并不依靠义务人的行为，只要义务人不妨碍或侵犯所有权人行使所有权，其权利就可以实现。

4. 从发生根据上看，债可以因合法行为而发生，也可以因不法行为而发生

财产所有权只能根据法律规定或合法行为而发生，非法行为不会产生所有权，而债则不同。

（二）债的发生根据

债作为一种民事法律关系，它的发生必须以一定的法律事实为根据。依照《民法通则》规定，引起债权债务发生的主要根据有以下几个方面。

1. 合同

合同又称契约，是当事人之间设立、变更、终止民事法律关系的协议。任何合同的订立，都会在当事人之间产生民事权利义务关系，也就是债的关系。这是债发生的基本根据，也是最普遍根据。

2. 侵权行为

侵权行为，是指民事主体不法侵害公民或法人的财产所有权、人身权或知识产权的

行为。行为人侵犯了他人的财产或人身权利，侵权行为人就与遭受损害人之间产生特定的权利义务关系。受害人为债权人，损害人为债务人，双方的权利义务关系即因侵权行为所生之债。

3. 不当得利

不当得利，是指没有法律上或合同上的根据，取得不应获得的利益而使他人受到损害的行为。当这种法律关系发生后，即在不当得利者与利益所有人之间发生了债的关系。因不当得利而财产受到损害的一方是债权人，因不当得利而获得财产利益的一方是债务人。利益受损人有请求不当得利人返还不当得利的权利；不当得利人要承担返还的义务。二者之间的权利义务关系属于债的法律关系。

> **导学博览1-7　银行取钱余额变多属不当得利**
>
> 案件1：2016年春节前，张先生去某银行郑州金海分理处取款4.9万元。令人没想到的是，银行取钱余额变多，银行卡上非但没有扣除4.9万元，反而增加了4.9万元。由于这张卡经常有生意往来转账，张先生并没有在意。之后银行打来电话，告知张先生卡弄错了，张先生才知情。令人更加没想到的是，之后张先生取款，银行再次出错。取款4万却只扣除4000元。加上之前取款变存款，卡上总共多出了13.4万元。银行取钱余额变多属不当得利，处理不当还可能身陷牢狱之灾。
>
> 案件2：2006年许某在广州因ATM机故障，取出1000元后发现银行卡账户里只被扣除了1元，狂喜之下他取出17.5万元人民币并潜逃，事后被判处无期徒刑。此事引起了社会的广泛关注和激烈辩论，成为近年来司法界的著名案例。2008年，许某被改判为5年有期徒刑。
>
> （资料来源：观察者网，2016，http://www.guancha.cn/society/2016_03_10_353505.shtml）

4. 无因管理

无因管理指没有法定或约定的义务，为避免他人利益受到损失，而自愿为他人管理事务或财物的行为。管理人和受益人之间原无权利义务关系，因无因管理的存在，就产生了一定的权利义务关系。在无因管理之债中，管理人有权请求受益人补偿其代为管理事务支出的费用，管理人是债权人；受益人则有向管理人偿还该费用的义务，是债务人。

（三）债的转让

债的转让是指不变更债的内容，而变更当事人的法律行为。债的转让实质是发生债权或债务的转移，分为以下三种情况。

1. 债权转让

债权转让又称债权让与，指不改变债的内容，债权人将其债权全部或部分转移给第三人。例如，通过合同方式转让债权。

2. 债务转移

债务转移又称债务承担，指不改变债的内容，债务人将其债务全部或部分转移给第三人。债务承担包括免责的债务承担和并存的债务承担两种情形。

3. 债权、债务的概括转移

债权、债务的概括转移指当事人享有的债权和承担的债务一并转移于第三人享有和承担。例如，继承、企业合并、合同承受等情形。

（四）债的消灭

债为民事法律关系的一种，它因一定的法律事实而发生，也因一定的法律事实而消灭。债的消灭的原因主要有以下几个方面。

1. 履行

债务人全面正确地履行了债务，使债权人的权利实现，债权关系自然消灭。

2. 解除

债务人或债权人双方或单方根据约定或法定条件行使权利，使债权关系消灭。

3. 抵销

抵销指二人互负债务，各以其债权充当债务的履行，而使其债务与对方的债务在对等额内相互消灭。依合同法规定，抵销分为法定抵销和约定抵销。

4. 提存

债务人因债权人地址不详等原因难以履行义务，经特定程序将其标的物提交有关机关存放后，债权关系终止。提存费用由债权人承担。债权人领取提存物的权利，自提存之日起5年内不行使即消灭。

5. 免除

债权人自愿放弃债权，从而解除债务人的债务，使债权关系终止。

6. 混同

同一项债的债权人和债务人合为一人时，债权关系消灭。

三、代理制度

（一）代理的概念和特征

代理，是指代理人在代理权限范围内，以被代理人的名义与第三人进行民事活动，由此产生的民事权利义务直接归属被代理人的一种法律制度。其特征是：代理人以被代理人的名义进行代理活动；代理人在代理权限范围内独立进行意思表示；代理行为产生的民事权利和义务直接由被代理人承担。

（二）代理权行使的规则

1）代理人应当在代理权限范围内行使代理权，不得进行无权代理。

2）代理人行使代理权应当维护被代理人的利益。代理人和第三人恶意串通，损害被代理利益的，由代理人与第三人负连带责任。

3）代理人行使代理权应当符合代理人的职责要求。

4）代理人原则上应当亲自完成代理事务，不得擅自转委托。

（三）代理的种类

1. 委托代理

委托代理是指代理人根据被代理人的委托授权而进行的代理。

2. 法定代理

法定代理是指代理人根据法律的直接规定而产生的代理。

3. 指定代理

指定代理是指代理人根据人民法院或者有关机关的指定行为而产生的代理。

4. 复代理（转委托）

复代理是指代理人为了被代理人的利益需要，将其享有的代理权的全部或一部分转委托给他人行使的行为。

（四）表见代理

表见代理是指无权代理人的代理行为客观上存在足以使相对人相信其有代理权的情况，且相对人主观上为善意且无过错，由此产生的法律效果依法归于本人承担的代理。表见代理应具备以下构成条件：存在无权代理行为；第三人在客观上有理由相信无权代理人有代理权；第三人主观上是善意的且无过错。

导学博览1-8　伪造公章私签合同构成表见代理公司担责

2012年9月，罗某持乙公司的项目部章，在乙公司中标工程施工现场，以乙公司代理人身份与李某签订了《租赁合同》，租用李某建筑设备。2014年，双方因租赁物资返还和租赁费用的问题发生纠纷，李某将乙公司告上法庭。一审中，乙公司称租赁合同上的印章系罗某伪造，目前罗某因此事已被公安机关立案侦查，其公司并未签订合同或使用租赁物，李某应向罗某个人主张权利。乙公司还提供证据证明罗某并非其公司职员，并称其中标该工程后已将工程转包，但未提供证据证明。一审法院以罗某的无权代理行为构成表见代理为由，判决乙公司给付李某租赁费并返还租赁物。

　　一审判决后，乙公司向北京一中院提起上诉。二审法院经审理认为，当事人对自己提出的主张有责任提供证据加以证明。本案中，乙公司中标工程后，罗某在公司中标工程的施工现场，自称是乙公司员工，并持有该乙公司的项目部章签订合同，并开具抬头为乙公司的收据，其行为让李某有理由相信与其签订合同的相对方为乙公司，构成表见代理。乙公司虽称罗某中标后将工程转包，但未提供证据证明。李某已实际提供租赁物，乙公司应承担相应责任。据此，判决驳回上诉，维持原判。

（资料来源：北京法院网，2015，http://bjgy.chinacourt.org/article/detail/2015/04/id/1605100.shtml.）

（五）代理的终止

1. 委托代理的终止

1）代理期间届满或者代理事务完成。
2）被代理人取消委托或者代理人辞去委托。
3）代理人死亡。
4）代理人丧失民事行为能力。
5）作为被代理人或者代理人的法人终止。

2. 法定或指定代理的终止

1）被代理人取得或者恢复民事行为能力。
2）被代理人或者代理人死亡。
3）代理人丧失民事行为能力。
4）指定代理的人民法院或者指定单位取消指定。
5）由其他原因引起的被代理人和代理人之间的监护关系消灭。

四、时效制度

（一）时效制度的目的

　　时效制度是一项古老的制度，起源于罗马法的十二铜表法。民法设立时效制度的目的在于维护社会公共利益，维护经济秩序。因时效期满产生与原权利人利益相反的法律效果，因此，时效制度的实质在于对民事权利的限制。

（二）时效制度的作用

1）稳定法律秩序。实行时效制度，因法律期间的经过而使原权利人丧失权利，使长期存在的事实状态合法化，有利于稳定法律秩序。

2）促使权利人行使权利。权利人如不及时行使权利，就可能导致权利的丧失或不受法律保护，这就促使权利人在法定期间内行使权利，以维护自己的利益。

3）避免诉讼上举证困难。一种事实状态长期存在必致证据湮灭，证人死亡。实行时效制度，凡时效期满，即认为权利人丧失权利或者不受法律保护，便于及时确定法律关系。

（三）时效的种类

传统民法将时效分为两大类：占有时效和诉讼时效。占有时效又称取得时效，是指非所有权人经过法律规定的期间，对其公开、和平、连续占有的他人财产，依法取得财产所有权的法律制度。诉讼时效又称消灭时效，是指权利人在法律规定的期间内不行使权利，即丧失了依法请求人民法院依诉讼程序保护其民事权益的法律制度。我国民事立法只规定了诉讼时效，对占有时效未作明确规定。

导学博览1-9 诉讼时效

诉讼时效是指民事权利受到侵害的权利人在法定期间内不行使权利，当时效期间届满时，义务人获得诉讼时效抗辩权。在法定诉讼时效期届满后，权利人行使请求权的，人民法院不再予以保护。

1. 一般诉讼时效

一般诉讼时效指在一般情况下普遍适用的时效，如我国《民法通则》第 135 条规定："向人民法院请求保护民事权利的诉讼时效期限为 2 年，法律另有规定的除外。"这表明，我国民事诉讼的一般诉讼时效为 2 年。

2. 特别诉讼时效

特别时效优于一般时效，凡有特殊时效规定的，适用特殊时效。我国《民法通则》第 141 条规定："法律对时效另有规定的，依照法律规定。"

1）短期时效。短期时效指诉讼时效不满 2 年的时效。我国《民法通则》第 136 条规定："下列的诉讼时效期间为 1 年：①身体受到伤害要求赔偿的；②出售质量不合格的商品未声明的；③延付或拒付租金的；④寄存财物被丢失或被损坏的。"

2）长期诉讼时效。长期诉讼时效是指诉讼时效在 2 年以上 20 年以下的诉讼时效。

《产品质量法》第 45 条"因产品存在缺陷造成损害要求赔偿的诉讼时效期间为 2 年，自当事人知道或者应当知道其权益受到损害时起计算。"

《环境保护法》第 66 条"提起环境损害赔偿诉讼的时效期间为 3 年，从当事人知道或者应当知道其受到损害时起计算。"

《海商法》第 265 条"有关船舶发生油污损害的请求权，时效期间为 3 年，自损害发生之日起计算；但是，在任何情况下时效期间不得超过从造成损害的事故发生之日起 6 年。"

《合同法》第 129 条"因国际货物买卖合同和技术进出口合同争议提起诉讼或者申请仲裁的期限为 4 年，自当事人知道或者应当知道其权利受到侵害之日起计算。因其他合同争议提起诉讼或者申请仲裁的期限，依照有关法律的规定。"

3）最长诉讼时效。最长诉讼时效为 20 年。我国《民法通则》第 137 条规定"从权利被侵害之日起超过 20 年，人民法院不予保护"。

时效具有强制性，任何时效都由法律、法规强制规定，任何单位或个人对时效的延长、缩短、放弃等约定都是无效的。

■■■■■■■■■■■■■■■■■ 应 知 应 会 ■■■■■■■■■■■■■■■■■

1. 核心概念：法律、法律渊源、法律体系、经济法律关系、法律事实、经济法律责任、财产所有权、债权、代理、时效。

2. 法律的特征和本质。

3. 经济法调整对象的范围。

4. 经济法律关系主体的种类及其资格的规定。

5. 经济法律关系客体的种类。

6. 经济权利和经济义务的内容及其相互关系。

7. 承担经济法律责任的主要形式。

■■■■■■■■■■■■■■■■■ 实 训 练 习 ■■■■■■■■■■■■■■■■■

一、单项选择题

1. 经济法的调整对象是（　　）。

   A. 所有的经济关系

   B. 横向经济关系

   C. 纵向经济关系

   D. 国家干预和协调经济运行过程中所发生的经济关系

2. 下列各项中，不属于经济法律关系的是（　　）。

   A. 消费者向商场购买商品形成的买卖关系

   B. 税务局长对税务局工作人员的领导关系

   C. 消费者因商品质量问题与生产者形成的赔偿关系

   D. 税务机关与纳税人之间的征纳关系

3. 法律事实是（　　）。

   A. 客观存在的一切现象

   B. 客观存在的一切事实

   C. 能够引起法律关系设立、变更和终止的客观情况

   D. 事件和行为

4. 经济法律关系中存在最广泛的客体是（　　）。

   A. 经济行为　　　　B. 物　　　　C. 经济信息　　　D. 智力成果

5. 经济法律关系中最普遍的一类主体是（　　）。

    A. 投资者、经营者主体　　　　　　　　B. 国家权力机关

    C. 消费者主体　　　　　　　　　　　　D. 社会中介

二、多项选择题

1. 甲国家机关根据乙网站发布的信息，通过丙中介机构介绍，与丁企业签订了采购一批办公用品的合同，该合同关系的主体有（　　）。

    A. 甲国家机关　　　　B. 乙网站　　　　C. 丙中介机构　　　　D. 丁企业

2. 法律是人类共同生活的产物，是与生活密切相关的社会规范，下列说法正确的是（　　）。

    A. 法律是行为规范的一种，但是行为规范并不局限于法律

    B. 一个国家应当有多个法律体系

    C. 法律不仅规定义务，而且赋予权力和权利

    D. 法律是由国家强制力保证实施的行为规范

3. 下列各项中，可以作为法律关系客体的是（　　）。

    A. 肖像　　　　　　　　B. 发明　　　　　　C. 劳务　　　　　　　D. 产品

4. 不属于行政法规的有（　　）。

    A. 全国人大常委会制定的规范性文件　　　B. 国务院制定的规范性文件

    C. 国务院各部委发布的规范性文件　　　　D. 省级人民政府发布的规范性文件

5. 法律行为的有效要件是（　　）。

    A. 行为人具有相应的民事行为能力

    B. 意思表示真实

    C. 不违反法律或者社会公共利益

    D. 行为人的意思表示的形式必须符合法律的规定

三、实务操作题

1. 用图表的形式勾画出经济法律关系的构成要素。

2. 设计一种经济法律关系，说明各种构成要素。

第二编
经济主体法律制度

引　言

市场经济主体是参加市场经济活动，享有经济权利，承担经济义务的当事人，是构成市场经济的基本要素，是市场得以运行的基本条件。市场经济要实现有效的资源配置，就必须有一个完整的市场经济主体体系。

市场经济主体主要包括国家机关、企事业单位、社会团体和个人，其中在所有参与市场经济活动的主体中，企业是最重要的市场主体。规范企业形态、设立、变更、终止以及监管等问题的法律规范，是经济法的重要组成内容。

实践中，我国企业形态主要包括公司、合伙企业、个人独资企业、外商投资企业等，基于篇幅限制，经济主体法律制度一编中主要介绍我国公司法律制度、合伙企业法律制度、个人独资企业法律制度、与企业破产法律制度等四大内容。

第二章
公 司 法

 **学习目标**

知识目标

1. 了解公司的概念、法律特征及分类。
2. 了解公司财务会计制度。
3. 了解公司合并、分立、解散和清算的规定。
4. 了解公司股份和债券的发行以及转让条件和程序。
5. 理解有限责任公司、股份有限公司股东的权利和义务。
6. 理解有限责任公司、股份有限公司的组织机构设置。
7. 掌握有限责任公司、股份有限公司的异同。

能力目标

1. 熟知有限责任公司、股份有限公司的设立条件和程序，学习如何设立公司。
2. 能正确理解有限责任公司、股份有限公司组织机构的设置、职权和议事规则。
3. 能处理公司日常经营活动中的简单法律事务。

 法律检索

《中华人民共和国公司法》（以下简称《公司法》）（1993 年 12 月 29 日第八届全国人大常委会第五次会议通过，2013 年 12 月 28 日第十二届全国人民代表大会常务委员会第六次会议第三次修正，于 2014 年 3 月 1 日起实施）

《中华人民共和国公司登记管理条例》（以下简称《公司登记管理条例》）（国务院于 2005 年 12 月 18 日发布，自 2006 年 1 月 1 日起施行。2014 年 2 月 19 日修订，自 2014 年 3 月 1 日起施行）

假如必须等待积累去使某些单个资本增长到能够修筑铁路的程度，那么恐怕直到今天世界上还没有铁路。但是，集中通过股份公司瞬间就把这件事完成了。

——（德国）卡尔·海因里希·马克思

第一节　公司和公司法概述

一、公司概述

（一）公司的概念与特征

各国出于立法传统、法律体系的差异等原因，对公司概念的表述不尽相同。我国《公司法》第 2 条规定："公司是依照本法在中国境内设立的有限责任公司和股份有限公司。"学理上，一般认为公司是依法设立，以营利为目的，具有法人资格的经济组织。据此，公司具有以下特征。

1. 营利性

公司的设立及运作，目的在于获取利润，并将所得利润分配给股东，使出资人（股东）因此获得经济利益。这一特征使公司区别于以公益为目的的事业单位法人、社会团体法人和以行政管理为目的的国家机关法人。

2. 法定性

设立公司应当依法向公司登记机关申请设立登记。符合《公司法》规定的设立条件的，由公司登记机关分别登记为有限责任公司或者股份有限公司。法律、行政法规规定设立公司必须报经批准的，应当在公司登记前依法办理前置许可手续。

3. 法人性

公司是企业法人，具有民事权利能力和民事行为能力，能够依法享有民事权利、承担民事义务。公司有独立的名称、组织机构和住所，有独立的财产，享有法人财产权，并以其全部财产对公司债务承担责任。

（二）公司的种类

根据各国公司法的规定及理论实践，公司的种类主要包括以下几种。

1. 按照股东对公司债务所承担责任的不同，可以分为无限责任公司、有限责任公司、股份有限公司、两合公司和股份两合公司

1）无限责任公司全体股东对公司债务承担无限连带责任。

2）有限责任公司股东以其认缴的出资额为限对公司承担责任，公司以其全部资产对公司债务承担责任。

3）股份有限公司全部资本分为等额股份，股东以其所持股份对公司承担责任，公司以其全部资产对公司债务承担责任。

4）两合公司由部分无限责任股东与部分有限责任股东共同组成，前者对公司债务承担无限连带责任，后者仅承担有限责任。

5）股份两合公司由部分无限责任股东和部分有限责任股东组成，前者对公司债务承担无限连带责任，后者仅以其所持股份为限承担责任。

2. 按照公司的信用基础不同，可以分为人合公司、资合公司和人合兼资合公司

1）人合公司股东的个人信用以及股东之间的相互信任是公司成立及运营的基础，其典型代表为无限公司。

2）资合公司运营的基础在于公司资本数额，而不考虑股东个人信用及股东间信任，其典型代表为股份有限公司。

3）人合兼资合公司的运营基础兼具股东个人信用和公司资本数额两方面，其典型代表为两合公司。

3. 按照公司之间是否存在控制关系，可以分为母公司和子公司

1）母公司是指通过持有其他公司相对多数股份而实际控制其他公司经营活动的企业。

2）子公司则是其股份被其他公司持有，经营活动受其他公司控制的企业。

4. 按照公司的组织结构不同，可以分为总公司和分公司

1）总公司具有独立的法人资格，管辖公司的活动。

2）分公司是总公司的分支机构，不具有独立的法人资格，受总公司管辖。

5. 按照公司的国籍不同，可以分为本国公司、外国公司和跨国公司

1）本国公司是指依本国法律，在本国境内设立的企业。

2）外国公司是指依外国法律，在外国境内设立的企业。

3）跨国公司是指以一国为基地，通过对外投资，在多国设立分支机构或子公司，从事国际化生产和经营活动的企业。

企业集团通常是指以资本为主要联结纽带的母子公司为主体，以集团章程为共同行为的规范的母公司、子公司、参股公司及其他成员企业或机构共同组成的具有一定规模的企业法人联合体。根据《企业集团登记管理暂行规定》，登记为企业集团应当具备以下条件。

1）企业集团的母公司注册资本在5000万元人民币以上，并至少拥有5家子公司。

2）公司和其子公司的注册资本总和在1亿元人民币以上。

3）集团成员单位均具有法人资格。

4）国家试点企业集团还应符合国务院确定的试点企业集团条件。

我国现有的企业集团有：中国中钢集团公司、上海电影集团公司、中国卫星通信集团公司等。

二、公司法概述

（一）公司法的概念

公司法是规定公司法律地位，调整公司组织关系，规范公司在设立变更与终止过程中的组织行为的法律规范的总称。公司法有狭义与广义之分。狭义的公司法仅指专门调整公司问题的法典，如《公司法》。广义的公司法，是指规定公司的设立、组织、经营、解散及其他对内对外关系的法律规范的总称，除专门的公司法典外，还包括其他有关公司的法律、法规、规章、司法解释中的相关规定，如规范公司登记的《公司登记管理条例》等。

（二）我国公司立法的沿革

在我国真正意义上的公司立法是从十一届三中全会后开始的。1985年国务院出台了《公司登记管理暂行规定》；1988年国务院发布了《中华人民共和国私营企业暂行条例》，规定了有限责任公司；1992年国家体改委、国家计委、财政部等六部委联合发布了《股份制企业试点办法》，同时国家体改委出台了《股份有限公司规范意见》和《有限责任公司规范意见》。1993年12月29日，第八届全国人民代表大会常务委员会第五次会议通过了《中华人民共和国公司法》，该法于1994年7月1日起施行。

1999年12月25日第九届全国人民代表大会常务委员会第十三次会议通过了《关于修改〈中华人民共和国公司法〉的决定》，对该法进行了第一次修正；2004年8月28日第十届全国人民代表大会常务委员会第十一次会议通过了《关于修改〈中华人民共和国公司法〉的决定》，对该法进行了第二次修正；2005年10月27日第十届全国人民代表大会常务委员会第十八次会议通过了《关于修改〈中华人民共和国公司法〉的决定》，对该法进行了修订。现行《公司法》是根据2013年12月28日第十二届全国人大常委会第六次会议决定修正的，自2014年3月1日起施行。

第二节 有限责任公司

一、有限责任公司的设立

（一）有限责任公司的设立方式

有限责任公司由全体股东共同出资设立。公司资本不分成等额股份，证明股东出资额的权利证书称为出资证明书。

（二）有限责任公司的设立条件

根据我国《公司法》规定，设立有限责任公司应当具备下列条件。

1）股东符合法定人数。我国有限责任公司由 50 个以下股东出资设立，其中一人有限责任公司和国有独资公司的股东均为一人。

2）有符合公司章程规定的全体股东认缴的出资额。有限责任公司注册资本为在公司登记机关登记的全体股东认缴的出资额。公司法没有规定有限责任公司的最低注册资本限额和出资期限，一切遵守公司章程约定。若其他法律、行政法规对有限责任公司注册资本实缴、注册资本最低限额另有规定的，则从其规定。

3）股东共同制定公司章程。公司章程是有限责任公司设立的核心文件，我国立法明确要求采取共同订立的方式，有限责任公司章程须经全体股东签名、盖章。

4）有公司名称，建立符合有限责任公司要求的组织机构。公司名称是公司在社会经济活动中代表自身并与其他法律主体相区别的文字符号。作为有独立人格的公司，必须使用特定的名称，以自己的名义从事经营活动，享受权利并承担义务。公司名称必须标明"有限责任公司"或"有限公司"字样，并且符合有关法律、法规的规定。公司须依法建立与公司性质相适应的组织机构，对内进行管理，对外开展经营活动。

5）有公司住所。公司住所是公司据以开展业务进行民事活动的中心场所，是对公司进行管理、确定诉讼管辖范围的依据。根据《公司法》第 10 条规定，公司以其主要办事机构所在地为住所。

导学博览2-2 企业的名称

企业名称与自然人姓名相对应，属于企业人身权，随企业存在而存在，随企业消亡而消亡。企业以民事主体参与民事活动时需使用企业名称，企业名称经过核准登记才能取得。构成企业名称的四项基本要素是行政区划、字号、行业或经营特点、组织形式。

行政区划是指企业所在地县以上行政区划名称。企业名称中行政区划可省略"省""市""县"等字，但省略后可能造成误认的除外。行政区划名称一般应置于企业名称最前部。

字号是构成企业名称的核心要素，应由两个以上汉字组成。字号一般应置于行政区划之后，行业或经营特点之前。企业有自主选择企业名称字号的权利，但所起字号不能与国家法律、法规相悖，不能在客观上使公众产生误解和误认。企业名称字号一般不使用行业字词。

行业或经营特点应当具体反映企业的业务范围、方式或特点。确定行业或经营特点，可参考国民经济行业分类标准，也可使用概括性字词，但不能明示或暗示有超越其经营范围的业务。企业经营业务跨国民经济行业分类大类的，可以选择大类名称或使用概括性语言，避免脱离实际而盲目追求"大名称"。

目前，我国企业组织形式称谓多样，概括起来，公司名称可分为两大类：有限责任公司或股份有限公司。公司类名称必须标明"有限责任公司"或"股份有限公司"字样，"有限责任公司"亦可简称为"有限公司"；一般企业类名称常用名词如"中心""店""场""城""厂"等。

（三）有限责任公司设立的程序

有限责任公司设立的程序比较简单，主要包括以下几个步骤。

（1）股东订立公司章程

章程要由公司全体股东一致同意，记载法定内容，股东要在章程上签名、盖章。有限责任公司章程应当载明下列事项：公司名称和住所；公司经营范围；公司注册资本；股东的姓名或者名称；股东的出资方式、出资额和出资时间；公司的机构及其产生办法、职权、议事规则；公司法定代表人；股东会会议认为需要规定的其他事项。

（2）缴纳出资

股东依照公司章程规定的出资方式、出资额、出资期限等足额缴纳所认缴的全部出资。①出资方式。股东可以用货币出资，也可以用实物、知识产权、土地使用权等可以用货币估价并可依法转让的非货币财产作价出资；但是，法律、行政法规规定不得作为出资的财产除外。对作为出资的非货币财产应当评估作价，核实财产，不得高估或者低估作价。法律、行政法规对评估作价有规定的，从其规定。②出资缴纳。股东应当按期足额缴纳章程中所认缴的出资。股东以货币出资的，应当将货币出资足额存入有限责任公司在银行开设的账户；以非货币财产出资的，应当依法办理其财产权的转移手续。③出资责任。股东不按照规定缴纳所认缴的出资的，除应当向公司足额缴纳外，还应当向已足额缴纳出资的股东承担违约责任。

股东在公司登记后，不得抽逃出资。公司成立后，发现作为设立公司出资的非货币财产的实际价额显著低于公司章程所定价额的，应当由交付该出资的股东补足其差额；公司设立时的其他股东承担连带责任。

（3）申请设立登记

法律、行政法规规定设立公司必须报经批准的，应当在公司登记前依法办理批准手续。除此之外，全体股东可指定代表或共同委托代理人向公司登记机关报送公司登记申请书、公司章程等文件，申请设立登记。依法设立的公司，由公司登记机关发给公司营业执照。公司营业执照签发日期为公司成立日期。公司营业执照应当载明公司的名称、住所、注册资本、经营范围、法定代表人姓名等事项。

有限责任公司设立后，应当向股东签发出资证明书。

导学博览2-3 "二维码"营业执照从2014年3月1日起全国启用

　　记者从国家工商总局获悉，为了配合登记制度改革，国家工商总局对四部规章进行了修改，取消了企业法人注册资金最低限额的规定。同时，带有二维码的新版营业执照将自3月1日起全国启用。

　　据了解，目前工商部门颁发的各类市场主体执照共有15种，记载事项不统一、规格大小不同。新版营业执照大幅度合并执照种类，统一规格，易于公众识记，便于执照印制管理。对执照记载事项依法适当增减、规范，相对统一，方便登记管理，突出登记信息公示，尽量减少非登记信息，应用二维码技术，方便公众辨认等。修改后的营业执照样式统一为8种样式，版式统一为一种(正本为A3大小、副本为A4大小)。营业执照记载事项由精简前的8～10项统一规范为6～8项，新版营业执照自3月1日起全国启用。

　　　　　　　　(资料来源：袁国礼. 2014年2月27日. "二维码"营业执照从下月起全国启用. 京华时报，007版)

二、有限责任公司的组织机构

（一）股东会

1. 股东会的性质和组成

有限责任公司的股东会由全体股东组成，是公司最高权力机构。股东会是非常设机构，以会议形式行使权力，对公司的重大事项作出决议。

2. 股东会的职权

根据《公司法》第38条规定，股东会行使下列职权：决定公司的经营方针和投资计划；选举和更换非由职工代表担任的董事、监事，决定有关董事、监事的报酬事项；审议批准董事会的报告；审议批准监事会或者监事的报告；审议批准公司的年度财务预算方案、决算方案；审议批准公司的利润分配方案和弥补亏损方案；对公司增加或者减少注册资本作出决议；对发行公司债券作出决议；对公司合并、分立、解散、清算或者变更公司形式作出决议；修改公司章程；公司章程规定的其他职权。

　　由于一人有限责任公司不设股东会，股东作出上述决定时，应当采用书面形式，并由股东签名后置备于公司。

　　国有独资公司也不设股东会，股东会职权由国有资产监督管理机构行使。国有资产监督管理机构可以授权公司董事会行使股东会的部分职权，决定公司的重大事项，但公司的合并、分立、解散、增加或者减少注册资本和发行公司债券，必须由国有资产监督管理机构决定。其中，重要的国有独资公司合并、分立、解散、申请破产的，应当由国有资产监督管理机构审核后，报本级人民政府批准。

3. 股东会的会议制度

1）会议形式。有限责任公司股东会作出决议原则上采取召集会议的方式，但股东以书面形式一致表示同意的，可以不召开股东会会议，直接作出决定，并由全体股东在决定文件上签名、盖章。

2）会议种类。有限责任公司股东会会议分为定期会议和临时会议两类。定期会议应当依照公司章程的规定按时召开，一般是一年召开一次。代表 1/10 以上表决权的股东；1/3 以上的董事；监事会或者不设监事会的公司监事提议召开临时会议的，应当召开临时会议。

3）会议的召集和主持。有限责任公司首次股东会会议由出资最多的股东召集和主持。以后召开的股东会会议，若有限责任公司设有董事会的，则由董事会召集，董事长主持；董事长不能履行职务或者不履行职务的，由副董事长主持；副董事长不能履行职务或者不履行职务的，由半数以上董事共同推举一名董事主持。若有限责任公司不设董事会的，股东会会议由执行董事召集和主持。

董事会或者执行董事不能履行或者不履行召集股东会会议职责的，由监事会或者不设监事会的公司的监事召集和主持；监事会或者监事不召集和主持的，代表 1/10 以上表决权的股东可以自行召集和主持。

除公司章程另有规定或者全体股东另有约定的外，召开股东会会议，应当于会议召开 15 日前通知全体股东。此外，股东会应当对所议事项的决定作成会议记录，出席会议的股东应当在会议记录上签名。

4）会议的表决规则。按照《公司法》规定，股东会会议由股东按照出资比例行使表决权；但是，公司章程另有规定的除外。一般而言，有限责任公司股东会的决议分为普通决议和特别决议，前者以过半数表决权同意为通过，而后者则采用资本绝对多数议决方式，即以 2/3 以上表决权同意为通过。《公司法》对普通决议的表决方式和程序未作限制，而是授权公司章程规定；而特别决议则有明确规定，即股东会会议作出修改公司章程、增加或者减少注册资本的决议，以及公司合并、分立、解散或者变更公司形式的决议，必须经代表 2/3 以上表决权股东通过。

（二）董事会

1. 董事会的性质和组成

董事会是负责公司经营管理决策的最高执行机构。普通有限责任公司董事会由 3～13 名董事组成，股东人数较少或者规模较小的有限责任公司，可以只设一名执行董事，不设董事会。两个以上的国有企业或者两个以上的其他国有投资主体投资设立的有限责任公司以及国有独资公司，其董事会成员中应当有公司职工代表；其他有限责任公司董事会成员中可以有公司职工代表。董事会中的职工代表由公司职工通过职工代表大会、职工大会或者其他形式民主选举产生。

董事会设董事长 1 人，可以设副董事长。普通有限责任公司的董事长、副董事长的产生办法由公司章程规定，而国有独资公司董事长、副董事长由国有资产监督管理机构从董事会成员中指定。

此外，董事任期由公司章程规定，但每届任期不得超过三年。董事任期届满，连选可以连任。董事任期届满未及时改选，或者董事在任期内辞职导致董事会成员低于法定人数的，在改选出的董事就任前，原董事仍应当依照法律、行政法规和公司章程的规定，履行董事职务。

2. 董事会的职权

根据《公司法》第 47 条规定，董事会对股东会负责，行使下列职权：召集股东会会议，并向股东会报告工作；执行股东会的决议；决定公司的经营计划和投资方案；制订公司的年度财务预算方案、决算方案；制订公司的利润分配方案和弥补亏损方案；制订公司增加或者减少注册资本以及发行公司债券的方案；制定公司合并、分立、解散或者变更公司形式的方案；决定公司内部管理机构的设置；决定聘任或者解聘公司经理及其报酬事项，并根据经理的提名决定聘任或者解聘公司副经理、财务负责人及其报酬事项；制定公司的基本管理制度；公司章程规定的其他职权。

3. 董事会的召集和主持

董事会会议由董事长召集和主持；董事长不能履行职务或者不履行职务的，由副董事长召集和主持；副董事长不能履行职务或者不履行职务的，由半数以上董事共同推举一名董事召集和主持。

4. 董事会的议事规则

除《公司法》有规定外，董事会的议事方式和表决程序由公司章程规定。董事会决议的表决，实行一人一票。

董事会应当对所议事项的决定作成会议记录，出席会议的董事应当在会议记录上签名。

5. 经理

经理是主持公司的日常经营管理工作，隶属于董事会并向董事会负责的辅助执行机关。根据《公司法》规定，有限责任公司可以设经理，由董事会决定聘任或者解聘。经理对董事会负责，行使下列职权：主持公司的生产经营管理工作，组织实施董事会决议；组织实施公司年度经营计划和投资方案；拟订公司内部管理机构设置方案；拟订公司的基本管理制度；制定公司的具体规章；提请聘任或者解聘公司副经理、财务负责人；决定聘任或者解聘除应由董事会决定聘任或者解聘以外的负责管理人员；董事会授予的其他职权。公司章程对经理职权另有规定的，从其规定。

导学博览2-4 董事会决议

原告李建军系被告上海佳动力环保科技有限公司（简称佳动力公司）的股东，并担任总经理。佳动力公司股权结构为：葛永乐持股 40%，李建军持股 46%，王泰胜持股 14%。3 位股东共同组成董事会，由葛永乐担任董事长，另 2 人为董事。公司章程规定：董事会行使包括聘任或者解聘公司经理等职权；董事会须由 2/3 以上的董事出席方才有效；董事会对所议事项作出的决定应由占全体股东 2/3 以上的董事表决通过方才有效。2009 年 7 月 18 日，佳动力公司董事长葛永乐召集并主持董事会，三位董事均出席，会议形成了"鉴于总经理李建军不经董事会同意私自动用公司资金在二级市场炒股，造成巨大损失，现免去其总经理职务，即日生效"等内容的决议。该决议由葛永乐、王泰胜及监事签名，李建军未在该决议上签名。李建军后请求法院依法撤销该董事会决议。

裁判结果：上海市黄浦区人民法院于 2010 年 2 月 5 日作出判决：撤销被告佳动力公司于 2009 年 7 月 18 日形成的董事会决议。宣判后，佳动力公司提出上诉。上海市第二中级人民法院于 2010 年 6 月 4 日作出民事判决：一、撤销上海市黄浦区人民法院民事判决；二、驳回李建军的诉讼请求。

裁判理由：法院生效裁判认为：根据《中华人民共和国公司法》第 22 条第 2 款的规定，董事会决议可撤销的事由包括：一、召集程序违反法律、行政法规或公司章程；二、表决方式违反法律、行政法规或公司章程；三、决议内容违反公司章程。从召集程序看，三位董事均出席董事会，未违反法律、行政法规或公司章程的规定。从表决方式看，董事会决议由三位股东（兼董事）中的两名表决通过，故在表决方式上未违反法律、行政法规或公司章程的规定。从决议内容看，佳动力公司章程规定董事会有权解聘公司经理，董事会决议内容中"总经理李建军不经董事会同意私自动用公司资金在二级市场炒股，造成巨大损失"的陈述，仅是董事会解聘李建军总经理职务的原因，而解聘李建军总经理职务的决议内容本身并不违反公司章程。

董事会决议解聘李建军总经理职务的原因如果不存在，并不导致董事会决议撤销。首先，公司法尊重公司自治，公司内部法律关系原则上由公司自治机制调整，司法机关原则上不介入公司内部事务；其次，佳动力公司的章程中未对董事会解聘公司经理的职权作出限制，并未规定董事会解聘公司经理必须要有一定原因，该章程内容未违反公司法的强制性规定，应认定有效，因此佳动力公司董事会可以行使公司章程赋予的权力作出解聘公司经理的决定。故法院应当尊重公司自治，无需审查佳动力公司董事会解聘公司经理的原因是否存在，即无需审查决议所依据的事实是否属实，理由是否成立。综上，原告李建军请求撤销董事会决议的诉讼请求不成立，依法予以驳回。

相关法条：《中华人民共和国公司法》第 22 条

（资料来源：最高人民法院指导性案例 10 号）

（三）监事会

1. 监事会的性质及组成

有限责任公司的监事会是公司内部监督机构，向股东会负责并报告工作。普通有限责任公司监事会的成员不得少于 3 人，股东人数较少或者规模较小的有限责任公司，可以设 1～2 名监事，不设监事会。国有独资公司必须要设监事会，且成员不得少于 5 人。

监事会应当包括股东代表和适当比例的公司职工代表，其中职工代表的比例不得低于 1/3，具体比例由公司章程规定。监事会中的职工代表由公司职工通过职工代表大会、职工大会或者其他形式民主选举产生。

普通有限责任公司的监事会设主席 1 人，由全体监事过半数选举产生。国有独资公司的监事会主席由国有资产监督管理机构从监事会成员中指定。

监事的任期每届为 3 年。监事任期届满，连选可以连任。董事、高级管理人员不得兼任监事。

2. 监事会的职权

根据《公司法》第 54 条规定，监事会、不设监事会的公司监事行使下列职权：检查公司财务；对董事、高级管理人员执行公司职务的行为进行监督，对违反法律、行政法规、公司章程或者股东会决议的董事、高级管理人员提出罢免的建议；当董事、高级管理人员的行为损害公司的利益时，要求董事、高级管理人员予以纠正；提议召开临时股东会会议，在董事会不履行本法规定的召集和主持股东会会议职责时召集和主持股东会会议；向股东会会议提出提案；依照公司法规定，对董事、高级管理人员提起诉讼；公司章程规定的其他职权。

此外，监事可以列席董事会会议，并对董事会决议事项提出质询或者建议。监事会、不设监事会的公司的监事发现公司经营情况异常，可以进行调查，必要时，可以聘请会计师事务所等协助其工作，费用由公司承担。

3. 监事会的召集、主持及表决

监事会每年度至少召开 1 次会议，监事可以提议召开临时监事会会议。监事会会议由监事会主席负责召集和主持，监事会主席不能履行职务或者不履行职务的，由半数以上监事共同推举一名监事召集和主持监事会会议。

4. 监事会的议事方式和表决程序

除《公司法》有规定的外，由公司章程规定。监事会决议应当经半数以上监事通过。监事会应当对所议事项的决定作成会议记录，出席会议的监事应当在会议记录上签名。

三、一人有限责任公司的特殊规定

一人有限责任是指只有一个自然人股东或者一个法人股东的有限责任公司。《公司法》对一人有限责任公司作了如下规定：

1）一个自然人只能投资设立一个一人有限责任公司。该一人有限责任公司不能投资设立新的一人有限责任公司。

2）一人有限责任公司应当在公司登记中注明自然人独资或者法人独资，并在公司营业执照中载明。

3）一人有限责任公司章程由股东制定。

4）一人有限责任公司不设股东会。

5）一人有限责任公司应当在每一会计年度终了时编制财务会计报告，并经会计师事务所审计。

6）一人有限责任公司的股东不能证明公司财产独立于股东自己的财产的，应当对公司债务承担连带责任。

四、国有独资公司的特殊规定

国有独资公司，是指国家单独出资、由国务院或者地方人民政府授权本级人民政府国有资产监督管理机构履行出资人职责的有限责任公司。《公司法》对国有独资公司的设立和组织机构规定如下。

1）国有独资公司章程由国有资产监督管理机构制定，或者由董事会制订报国有资产监督管理机构批准。

2）国有独资公司不设股东会，由国有资产监督管理机构行使股东会职权。国有独资公司设董事会，董事每届任期不得超过 3 年。董事会成员中应当有公司职工代表。董事会成员由国有资产监督管理机构委派；但是，董事会成员中的职工代表由公司职工代表大会选举产生。董事会设董事长 1 人，可以设副董事长。董事长、副董事长由国有资产监督管理机构从董事会成员中指定。国有独资公司设经理，由董事会聘任或者解聘。经国有资产监督管理机构同意，董事会成员可以兼任经理。国有独资公司的董事长、副董事长、董事、高级管理人员，未经国有资产监督管理机构同意，不得在其他有限责任公司、股份有限公司或者其他经济组织兼职。

3）国有独资公司监事会成员不得少于 5 人，其中职工代表的比例不得低于 1/3，具体比例由公司章程规定。监事会成员由国有资产监督管理机构委派；但是，监事会成员中的职工代表由公司职工代表大会选举产生。监事会主席由国有资产监督管理机构从监事会成员中指定。

五、有限责任公司的股权转让

有限责任公司股东之间可以相互转让其全部或者部分股权。股东向股东以外的人转让股权，应当经其他股东过半数同意。股东应就其股权转让事项书面通知其他股东征求同意，其他股东自接到书面通知之日起满 30 日未答复的，视为同意转让。其他股东半数以上不同意转让的，不同意的股东应当购买该转让的股权；不购买的，视为同意转让。

经股东同意转让的股权，在同等条件下，其他股东有优先购买权。在特定情形下，股东可以请求公司按照合理的价格收购其股权。自然人股东死亡后，其合法继承人可以继承股东资格，但是公司章程另有规定的除外。

人民法院依照法律规定的强制执行程序转让股东的股权时，应当通知公司及全体股东，其他股东在同等条件下有优先购买权。其他股东自人民法院通知之日起满 20 日不行使优先购买权的，视为放弃优先购买权。

转让股权后，公司应当注销原股东的出资证明书，向新股东签发出资证明书，并相应修改公司章程和股东名册中有关股东及其出资额的记载。对公司章程的该项修改不需再由股东会表决。

第三节　股份有限公司

一、股份有限公司的设立

（一）股份有限公司的设立方式

股份有限公司的设立，可以采取发起设立或者募集设立的方式。发起设立，是指由发起人认购公司应发行的全部股份而设立公司。募集设立，是指由发起人认购公司应发行股份的一部分，其余股份向社会公开募集或者向特定对象募集而设立公司。

（二）股份有限公司的设立条件

根据《公司法》第77条规定，设立股份有限公司，应当具备下列条件。

1）发起人符合法定人数。发起人是订立发起人协议，承办、筹备股份有限公司设立，并对公司设立承担责任的人。设立股份有限公司，应当有2人以上200人以下为发起人，其中须有半数以上的发起人在中国境内有住所。发起人应当签订发起人协议，明确各自在公司设立过程中的权利和义务。

2）有符合公司章程规定的全体发起人认购的股本总额或者募集的实收股本总额。采取发起设立方式设立的，注册资本为在公司登记机关登记的全体发起人认购的股本总额。在发起人认购的股份缴足前，不得向他人募集股份。采取募集方式设立的，注册资本为在公司登记机关登记的实收股本总额。

3）股份发行、筹办事项符合法律规定。以发起设立方式设立股份有限公司的，发起人应当书面认足公司章程规定其认购的股份；以募集设立方式设立股份有限公司的，除发起人按规定认购的股份外，其余股份应当向社会公开募集。公开募集股份要经国务院证券管理部门批准，公告招股说明书，由依法设立的证券公司承销，由银行代收股款。

4）发起人制定公司章程，采用募集方式设立公司的，公司章程必须经创立大会通过。章程的内容与制定程序同有限责任公司相比，所记载的事项更多，制订程序更为复杂。根据《公司法》第82条规定，股份有限公司章程应当载明下列事项：公司名称和住所；公司经营范围；公司设立方式；公司股份总数、每股金额和注册资本；发起人的姓名或者名称、认购的股份数、出资方式和出资时间；董事会的组成、职权和议事规则；公司法定代表人；监事会的组成、职权和议事规则；公司利润分配办法；公司的解散事由与清算办法；公司的通知和公告办法；股东大会会议认为需要规定的其他事项。以发起方式设立股份有限公司的，章程经发起人制订后，由董事会向公司登记机关报送，申请设立登记。但若以募集方式设立股份有限公司的，发起人制订的章程并不能当然地推定为全体认股人的意思，所以必须经创立大会决议通过，再由董事会向公司登记机关报送，申请设立登记。

5）有公司名称，建立符合股份有限公司要求的组织机构。设立股份有限公司也必须要有公司名称，而且必须在公司名称中标明股份有限公司或者股份公司字样。股份有限公司必须依法建立与公司性质相适应的组织机构。

6）有公司住所。公司以其主要办事机构所在地作为住所。

（三）股份有限公司设立的程序

1. 发起设立程序

发起设立程序通常包括签订发起人协议、订立公司章程、发起人认购股份和缴纳股款、选任董事和监事、申请设立登记等步骤。

2. 募集设立程序

股份有限公司的募捐设立程序则较为复杂，具体包括以下几点。

1）签订发起人协议。发起人协议是在公司设立过程中，由发起人订立的关于公司设立事项的协议。发起人协议的作用在于确定所设公司的基本性质和结构，协调发起人之间的关系及其权利和义务。

2）申请名称预先核准。发起人在签订设立公司协议后，即应向工商行政管理部门提出公司名称预先核准的申请。预先核准的公司名称保留期为6个月。

3）制定公司章程。

4）发起人认购股份，缴纳股款。除法律、行政法规另有规定外，发起人认购的股份不得少于公司股份总数的35%。

5）向社会公开募集股份。公告招股说明书，并制作认股书。股份由依法设立的证券公司承销，由银行代收股款。

6）验资。发行股份的股款缴足后，必须经依法设立的验资机构验资并出具证明。

7）召开创立大会。发起人应当自股款缴足之日起30日内主持召开公司创立大会。创立大会由发起人、认股人组成。创立大会应有代表股份总数过半数的发起人、认股人出席，方可举行。创立大会依法行使职权，对相关事项作出决议，必须经出席会议的认股人所持表决权过半数通过。创立大会选举董事会、监事会成员。

8）申请设立登记。董事会应于创立大会结束后30日内，向公司登记机关申请设立登记。

二、股份有限公司的组织机构

（一）股东大会

股东大会的性质、组成、职权与有限责任公司的股东会相同。

（1）股东大会种类

股东大会分为定期会议和临时会议。定期会议每年应当召开一次。有下列情形之一时，应当在2个月内召开临时股东大会：董事人数不足公司法规定人数或者公司章程所定人数的2/3时；公司未弥补的亏损达实收股本总额1/3时；单独或者合计持有公司10%以上股份的股东请求时；董事会认为必要时；监事会提议召开时；公司章程规定的其他情形。

（2）股东大会召集、主持

股东大会会议由董事会召集，董事长主持；董事长不能履行职务或者不履行职务的，由副董事长主持；副董事长不能履行职务或者不履行职务的，由半数以上董事共同推举一名董事主持。董事会不能履行或者不履行召集股东大会会议职责的，监事会应当及时召集和主持；监事会不召集和主持的，连续 90 日以上单独或者合计持有公司 10%以上股份的股东可以自行召集和主持。

召开股东大会会议，应当将会议召开的时间、地点和审议的事项于会议召开 20 日前通知各股东；临时股东大会应当于会议召开 15 日前通知各股东；发行无记名股票的，应当于会议召开 30 日前公告会议召开的时间、地点和审议事项。

（3）股东大会临时提案

单独或者合计持有公司 3%以上股份的股东，可以在股东大会召开 10 日前提出临时提案并书面提交董事会；董事会应当在收到提案后 2 日内通知其他股东，并将该临时提案提交股东大会审议。临时提案的内容应当属于股东大会职权范围，并有明确议题和具体决议事项。

（4）股东大会表决

除公司持有的本公司股份没有表决权外，股东出席股东大会会议，所持每一股份有一表决权。股东大会作出普通决议，必须经出席会议的股东所持表决权过半数通过；股东大会作出特别决议时必须经出席会议的股东所持表决权的 2/3 以上通过。特别决议事项包括修改公司章程、增加或者减少注册资本的决议，以及公司合并、分立、解散或者变更公司形式。股东可以委托代理人出席股东大会会议，代理人应当向公司提交股东授权委托书，并在授权范围内行使表决权。

股东大会应当对所议事项的决定作成会议记录，主持人、出席会议的董事应当在会议记录上签名。会议记录应当与出席股东的签名册及代理出席的委托书一并保存。

（5）累积投票制

股东大会选举董事或者监事时，每一股份拥有与应选董事或者监事人数相同的表决权，股东拥有的表决权可以集中使用。根据《公司法》第 106 条规定，股东大会选举董事、监事，可以依照公司章程的规定或者股东大会的决议，实行累积投票制。

导学博览2-5　累积投票制

某公司要选 5 名董事，公司股份共 1000 股，股东共 10 人，其中 1 名大股东持有 510 股，即拥有公司 51%股份；其他 9 名股东共计持有 490 股，合计拥有公司 49% 的股份。若按直接投票制度，每一股有一表决权，则控股 51%的大股东就能够使自己推选的 5 名董事全部当选，其他股东毫无话语权。但若采取累积投票制，表决权的总数就成为 1000×5=5000，控股股东总计拥有的表决权为 2550，其他 8 名股东合计拥有的表决权为 2450。根据累积投票制，股东可以集中投票给一个或几个董事候选人，从理论上来说，其他股东至少可以使自己的 2 名董事当选，而控股比例超过半数的股东也最多只能选上 3 名自己的董事。

（二）董事会

1. 董事会性质、组成及职权

股份有限公司董事会性质、职权与有限责任公司基本相同，组成上股份有限公司董事会的成员为 5～19 人，董事长和副董事长由董事会以全体董事的过半数选举产生。

2. 董事会会议召集主持

董事会每年度至少召开两次常务会议，每次会议应当于会议召开 10 日前通知全体董事和监事。代表 1/10 以上表决权的股东、1/3 以上董事或者监事会，可以提议召开董事会临时会议。董事长应当自接到提议后 10 日内，召集和主持董事会会议。董事会召开临时会议，可以另定召集董事会的通知方式和通知时限。

董事长召集和主持董事会会议，检查董事会决议的实施情况。副董事长协助董事长工作，董事长不能履行职务或者不履行职务的，由副董事长履行职务；副董事长不能履行职务或者不履行职务的，由半数以上董事共同推举 1 名董事履行职务。

3. 董事会议事规则

董事会会议应有过半数的董事出席方可举行。董事会作出决议，必须经全体董事的过半数通过。董事会决议的表决，实行一人一票。

董事会会议，应由董事本人出席；董事因故不能出席，可以书面委托其他董事代为出席，委托书中应载明授权范围。董事会应当对会议所议事项的决定作成会议记录，出席会议的董事应当在会议记录上签名。董事应当对董事会的决议承担责任。董事会的决议违反法律、行政法规或者公司章程、股东大会决议，致使公司遭受严重损失的，参与决议的董事对公司负赔偿责任。但经证明在表决时曾表明异议并记载于会议记录的，该董事可以免除责任。

（三）监事会

股份有限公司设监事会，其性质及职权与有限责任公司相同。

股份有限公司监事会的成员不得少于 3 人，应当包括股东代表和适当比例的公司职工代表，其中职工代表的比例不得低于 1/3，具体比例由公司章程规定。监事会中的职工代表由公司职工通过职工代表大会、职工大会或者其他形式民主选举产生。

股份有限公司监事会设主席一人，可以设副主席。监事会主席和副主席由全体监事过半数选举产生。监事会主席召集和主持监事会会议；监事会主席不能履行职务或者不履行职务的，由监事会副主席召集和主持监事会会议；监事会副主席不能履行职务或者不履行职务的，由半数以上监事共同推举一名监事召集和主持监事会会议。

股份有限公司监事会每 6 个月至少召开一次会议。监事可以提议召开临时监事会会议。监事会的议事方式和表决程序，除本法有规定的外，由公司章程规定。监事会决议应当经半数以上监事通过。监事会应当对所议事项的决定作成会议记录，出席会议的监事应当在会议记录上签名。

三、股份有限公司的股份发行和转让

（一）股份的概念

股份是股份有限公司资本的基本构成单位，由股东出资所形成的公司全部资本被划分为等额股份，股东基于其持有的股份对公司享有权利并承担义务。股票是公司签发的证明股东所持股份的凭证，以股票形式表现股份，是为了流转的便利。

（二）股份的发行

1. 股份发行的概念及种类

股份发行是股份有限公司将经核定应发行的股份出售给各认股人以获取资本的行为。股份发行有公开发行与不公开发行、设立发行与新股发行之分。

公开发行是向公司外的社会公众公开出售公司的股份，这是股份有限公司股份发行的基本种类。不公开发行是指向公司的发起人、股东、内部职工或其他特定人发行股份。

设立发行是指公司在设立过程中为了筹集到法定资本数额而进行的股份发行。股份有限公司的设立可以采取发起设立和募集设立两种方式，设立发行因此也有发起设立的发行和募集设立的发行两种。新股发行是指公司于成立以后再次发行股份。

2. 股份发行的原则

1）公平公正原则，股份的发行，实行公平、公正的原则。

2）同股同权原则，即同种类的每一股份应当具有同等权利；同次发行的同种类股票，每股的发行条件和价格应当相同；任何单位或者个人所认购的股份，每股应当支付相同价额。

3）禁止折价发行原则，即股票发行价格可以按票面金额，也可以超过票面金，但不得低于票面金额。

4）禁止公司成立前交付股票原则，即股份有限公司向股东正式交付股票的时间必须在公司成立后，不允许公司成立前向股东交付股票。

5）向特殊主体应发行记名股票原则，即公司发行的股票可以是记名股票，也可以是无记名股票，但公司向发起人、法人发行的股票，应当为记名股票，并应当记载该发起人、法人的名称或者姓名，不得另立户名或者以代表人姓名记名。

3. 新股发行的规则

股份有限公司在设立后可以发行新股用于扩大生产经营规模或者是法律规定其他用途。公司发行新股必须具备下列条件：具备健全且运行良好的组织机构；具有持续盈利能力，财务状况良好；最近3年财务会计文件无虚假记载，无其他重大违法行为；经国务院批准的国务院证券监督管理机构规定的其他条件。

股份有限公司发行新股时，股东大会应当对新股种类及数额、新股发行价格、新股发行的起止日期、向原有股东发行新股的种类及数额等事项作出决议，而且必须公告新股招股说明书和财务会计报告，并制作认股书。此外，股份有限公司发行新股募足股款

后，必须向公司登记机关办理变更登记并公告。

（三）股份的转让

1. 股份转让的概念

股份转让是指通过转移股票所有权而转移股东权的法律行为，我国《公司法》第138条规定，股东持有的股份可以依法转让。

2. 股份转让的方式

记名股票和无记名股票的转让存在差异。记名股票，由股东以背书方式或者法律、行政法规规定的其他方式转让；转让后由公司将受让人的姓名或者名称及住所记载于股东名册。但是，股东大会召开前20日内或者公司决定分配股利的基准日前5日内，不得进行股东名册的变更登记。无记名股票的转让，由股东将该股票交付给受让人后即发生转让的效力。

3. 股份转让的限制

1）股东转让其股份，应当在依法设立的证券交易场所进行或者按照国务院规定的其他方式进行。

2）发起人持有的本公司股份，自公司成立之日起1年内不得转让。公司公开发行股份前已发行的股份，自公司股票在证券交易所上市交易之日起1年内不得转让。

3）公司董事、监事、高级管理人员应当向公司申报所持有的本公司的股份及其变动情况，在任职期间每年转让的股份不得超过其所持有本公司股份总数的25%；所持本公司股份自公司股票上市交易之日起1年内不得转让。公司董事、监事、高级管理人员离职后半年内，不得转让其所持有的本公司股份。当然，公司章程可以对公司董事、监事、高级管理人员转让其所持有的本公司股份作出其他限制性规定。

4. 股份的收购

《公司法》第143条规定，公司不得收购本公司股份。但是，有下列情形之一的除外：减少公司注册资本；与持有本公司股份的其他公司合并；将股份奖励给本公司职工；股东因对股东大会作出的公司合并、分立决议持异议，要求公司收购其股份的。

公司不得接受本公司的股票作为质押权的标的。

记名股票被盗、遗失或者灭失，股东可以依照民事诉讼法规定的公示催告程序，请求人民法院宣告该股票失效。人民法院宣告该股票失效后，股东可以向公司申请补发股票。

第四节　公司董事、监事、高级管理人员的任职资格和义务

一、董事、监事、高级管理人员的任职资格

《公司法》第147条明确下列人员不得担任公司的董事、监事、高级管理人员。

1）无民事行为能力或者限制民事行为能力的人。

2）因贪污、贿赂、侵占财产、挪用财产或者破坏社会主义市场经济秩序，被判处刑罚，执行期满未逾 5 年，或者因犯罪被剥夺政治权利，执行期满未逾 5 年。

3）担任破产清算的公司、企业的董事或者厂长、经理，对该公司、企业的破产负有个人责任的，自该公司、企业破产清算完结之日起未逾 3 年。

4）担任因违法被吊销营业执照、责令关闭的公司、企业的法定代表人，并负有个人责任的，自该公司、企业被吊销营业执照之日起未逾 3 年。

5）个人所负数额较大的债务到期未清偿。

另外，根据《公务员法》的有关规定，国家公务员不得兼任公司的董事、监事、高级管理人员。公司如果违反规定选举、委派具有上述情形的董事、监事或者聘任高级管理人员的，该选举、委派或者聘任无效。董事、监事、高级管理人员在任职期间出现上述所列情形的，公司应当解除其职务，重新选任。

二、董事、监事、高级管理人员的义务

根据《公司法》规定，公司董事、监事、高级管理人员对公司负有忠实和勤勉义务。公司董事、监事、高级管理人员的忠实和勤勉义务具体包括以下几点。

1）董事、监事、高级管理人员不得利用职权收受贿赂或者其他非法收入，不得侵占公司的财产。

2）不得挪用公司资金。

3）不得将公司资金以其个人名义或者以其他个人名义开立账户存储。

4）不得违反公司章程的规定，未经股东会、股东大会或者董事会同意，将公司资金借贷给他人或者以公司财产为他人提供担保。

5）不得违反公司章程的规定或者未经股东会、股东大会同意，与本公司订立合同或者进行交易。

6）不得未经股东会或者股东大会同意，利用职务便利为自己或者他人谋取属于公司的商业机会，自营或者为他人经营与所任职公司同类的业务。

7）不得接受他人与公司交易的佣金，归为己有。

8）不得擅自披露公司秘密。

9）不得违反对公司忠实义务的其他行为。

董事、监事、高级管理人员违反上述规定所得的收入应当归公司所有。董事、监事、高级管理人员执行公司职务时违反法律、行政法规或者公司章程的规定，给公司造成损失的，应当承担赔偿责任。

三、股东诉讼

股东诉讼包括两种形式，股东直接诉讼和股东代表诉讼。

（一）股东直接诉讼

股东直接诉讼，是指股东为了自己的利益而基于股份所有人地位向其他侵犯自己利益的人提起的诉讼。此处侵犯自己利益的人包括股东所在的公司及董事或其他股东。

我国《公司法》规定，董事、高级管理人员违反法律、行政法规或者公司章程的规定，损害股东利益的，股东可以向人民法院提起诉讼。他人侵犯公司合法权益，给公司造成损失的，有诉讼权的股东可以通过监事会或者监事、董事会或者董事向人民法院提起诉讼，也可以直接向人民法院提起诉讼。

（二）股东代表诉讼

股东代表诉讼，又称派生诉讼、股东代位诉讼，是指当公司的合法权益受到不法侵害而公司却怠于起诉时，公司的股东以自己的名义起诉，而所获赔偿归于公司的诉讼。

我国公司法规定，公司董事、高级管理人员执行公司职务时违反法律、行政法规或者公司章程的规定，给公司造成损失的，有限责任公司的股东、股份有限公司连续 180 日以上单独或者合计持有公司 1%以上股份的股东，可以书面请求监事会或者不设监事会的有限责任公司的监事向人民法院提起诉讼。监事执行公司职务时违反法律、行政法规或者公司章程的规定，给公司造成损失的，前述股东可以书面请求董事会或者不设董事会的有限责任公司的执行董事向人民法院提起诉讼。

监事会、不设监事会的有限责任公司的监事，或者董事会、执行董事收到前款规定的股东书面请求后拒绝提起诉讼，或者自收到请求之日起 30 日内未提起诉讼，或者情况紧急、不立即提起诉讼将会使公司利益受到难以弥补的损害的，前述股东有权为了公司的利益以自己的名义直接向人民法院提起诉讼。

第五节　公 司 债 券

一、公司债券的概念

公司债券是指公司依照法定程序发行、约定在一定期限还本付息的有价证券。公司债券与股票相比，二者都是筹集资金的手段，均可转让、流通，都属于公司资产，但是二者也存在明显的区别。

（一）代表的权利不同

公司债券的持有人仅为公司的债权人，其不享有对公司的管理权，对公司的经营状况不承担责任。股票的持有人是公司的股东，股东是公司组织的内部成员，可以参与公司经营管理事务并以其所认购的股份为限对公司承担有限责任。

（二）风险的负担不同

公司债券债权人不承担风险责任或只承担较小的风险责任，到清偿期限时，公司必须偿还原本，如果公司破产或者公司解散，公司债权人有权得到公司的公平清偿；而股东必须承担出资额范围内的有限责任。如果公司破产或解散，只能参与公司剩余财产的分配。

（三）利益的分配不同

公司债券的持有人无论公司有无盈余，均可要求公司依照固定利率还本付息；股东则只有在公司有税后利润时，才有分配股息红利的请求权，且在公司存续期间，原则上不能请求返还股本。

债券的历史比股票悠久，最早的债券形式是在奴隶制时代产生的公债券。据文献记载，希腊和罗马在公元前4世纪就开始出现国家向商人、高利贷者和寺院借债的情况。进入封建社会之后，公债就得到进一步的发展，许多封建主、帝王和共和国每当遇到财政困难、特别是发生战争时便发行公债。

12世纪末期，在当时经济最发达的意大利城市佛罗伦萨，政府曾向金融业者募集公债。其后热那亚、威尼斯等城市相继仿效。15世纪末16世纪初，美洲新大陆被发现，欧洲和印度之间的航路开通，贸易进一步扩大。为争夺海外市场而进行的战争使得荷兰、英国等竞相发行公债，筹措资金。

在1600年设立的东印度公司，是历史上最古老的股份公司，它除了发行股票之外，还发行短期债券，并进行买卖交易。美国在独立战争时期，也曾发行多种中期债券和临时债券，这些债券的发行和交易便形成了美国最初的证券市场。19世纪30年代后，美国各州大量发行州际债券。

19世纪40～50年代由政府担保的铁路债券迅速增长，有力地推动了美国的铁路建设。19世纪末到20世纪初，欧美资本主义各国相继进入垄断阶段，为确保原料来源和产品市场，建立和巩固殖民统治，加速资本的积聚和集中，股份公司发行大量的公司债，并不断创造出新的债券种类，这样就逐渐形成了今天多品种、多样化的债券体系。

（资料来源：魏玲. 1998. 股票与债券. 北京：中国财政经济出版社.）

二、公司债券的种类

公司债券根据不同的标准可以分成不同种类。

1. 记名公司债券和无记名公司债券

记名公司债券和无记名公司债券是根据公司债券上是否记载债权人的姓名或名称为标准划分的。记名公司债券是指在公司债券上记载债权人的姓名或名称的债券。公司发行记名公司债券时，应当在公司债券存根簿上载明下列事项：债券持有人的姓名或者名称及住所；债券持有人取得债券的日期及债券的编号；债券总额，债券的票面金额、利率、还本付息的期限和方式；债券的发行日期。记名公司债券由债券持有人以背书方式或者法律、行政法规规定的其他方式转让；转让后由公司将受让人的姓名或者名称及住所记载于公司债券存根簿。

无记名公司债券是指在公司债券上不记载债权人的姓名或名称的债券。公司发行无记名公司债券时，应当在公司债券存根簿上载明债券总额、利率、偿还期限和方式、发行日期及债券的编号。无记名公司债券的转让较记名债券简单，其只须由债券持有人将该债券交付给受让人后即发生转让的效力，无须进行背书及债权人变更记载手续。

2. 可转换公司债券与非转换公司债券

可转换公司债券与非转换公司债券是根据公司债券是否可以转换为公司股份为标准划分的。可转换公司债券也称为换股公司债券，是指在一定条件下可以转换为公司股票的债券。《公司法》第162条规定，上市公司经股东大会决议可以发行可转换为股票的公司债券，并在公司债券募集办法中规定具体的转换办法。公司应当按照其转换办法向债券持有人换发股票，但债券持有人对转换股票或者不转换股票有选择权。公司发行可转换为股票的公司债券，应当在债券上标明可转换公司债券字样，并在公司债券存根簿上载明可转换公司债券的数额。非转换公司债券则是不能转换为公司股票的债券。

三、公司债券的发行

（一）公司债券的发行条件

无论是有限责任公司还是股份有限公司，发行公司债券都应当符合《证券法》规定的发行条件。《证券法》第16条规定，公开发行公司债券，应当符合下列条件：①股份有限公司的净资产不低于3000万元人民币，有限责任公司的净资产不低于6000万元人民币；②累计债券余额不超过公司净资产的40%；③最近三年平均可分配利润足以支付公司债券一年的利息；④筹集的资金投向符合国家产业政策；⑤债券的利率不超过国务院限定的利率水平；⑥国务院规定的其他条件。

公开发行公司债券筹集的资金，必须用于核准的用途，不得用于弥补亏损和非生产性支出。上市公司发行可转换为股票的公司债券，除应当符合上述发行债券的条件外，还应当符合《证券法》关于公开发行股票的条件，并报国务院证券监督管理机构核准。

凡有下列情形之一，不得再次发行公司债券：①前一次公开发行的公司债券尚未募足；②对已公开发行的公司债券或者其他债务有违约或者延迟支付本息的事实，仍处于继续状态；③违反《证券法》规定，改变公开发行公司债券所募资金的用途。

（二）公司债券的发行程序

根据《公司法》和《证券法》的有关规定，发行公司债券必须经过以下几个程序。

1）由董事会制定方案，股东会或股东大会做出决议，国有独资公司发行债券应由国家授权投资的机构或者国家授权的部门做出决定。

2）申请批准。在做出上述决议或者决定后，公司应当向国务院授权的部门或者国务院证券监督管理机构报请批准。申请公开发行公司债券，应当向审批机关报送下列文件：公司营业执照、公司章程、公司债券募集办法、资产评估报告和验资报告、国务院授权的部门或者国务院证券监督管理机构规定的其他文件。此外，根据《证券法》规定聘请保荐人的，还应当报送保荐人出具的发行保荐书。

3）公告债券募集办法。发行公司债券的申请经批准后，应当公告公司债券募集办法。公司债券募集办法中应当载明下列主要事项：公司名称；债券募集资金的用途；债券总额和债券的票面金额；债券利率的确定方式；还本付息的期限和方式；债券担保情况；债券的发行价格、发行的起止日期；公司净资产额；已发行的尚未到期的公司债券总额；公司债券的承销机构。

四、公司债券的转让

公司债券可以转让，转让价格由转让人与受让人约定。公司债券在证券交易所上市交易的，按照证券交易所的交易规则转让。

记名公司债券，由债券持有人以背书方式或者法律、行政法规规定的其他方式转让；转让后由公司将受让人的姓名或者名称及住所记载于公司债券存根簿。无记名公司债券的转让，由债券持有人将该债券交付给受让人后即发生转让的效力。

第六节 公司财务会计制度

公司应当依照法律、行政法规和国务院财政主管部门的规定建立本公司的财务、会计制度。这是设立公司和管理公司的基本要求，也是必不可少的制度。

一、公司财务会计制度的概念

公司财务会计制度是公司财务制度和会计制度的统称，简称"财会制度"，其具体指法律、法规及公司章程中所确立的一系列公司财务会计规程。其中公司财务制度，是指关于公司资金管理、成本费用的计算、营业收入的分配、货币的管理、公司的财务报告、公司纳税等方面的规程。公司会计制度，是指公司会计体制、组织、会计记账、会计核算等方面的规程。它是公司生产经营过程中各种财务制度的具体反映。公司的财务制度正是通过公司的会计制度来实现的。

二、公司财务会计报告制度

（一）公司财务会计报告的制作

公司的财务会计报告是反映公司生产经营的成果和财务状况的总结性书面文件。公司财务会计报告的制作由董事会负责，没有设立董事会的有限责任公司则由执行董事负责。财务会计报告的时间是每一会计年度终了时，而且必须依法经会计师事务所审计。

（二）公司财务会计报告的主要内容

公司财务会计报告是由一系列财务会计报表及附属明细表组成，其具体包括资产负债表、损益表、财务状况变动表、现金流量表、财务情况说明书和利润分配表等内容。其中资产负债表是反映公司在某一特定日期静态的财务状况，即公司资产、负债以及所有者权益等情况的会计报表，是公司最重要的会计报表，能较为全面地反映公司资金来源及其运用情况。损益表是指反映公司在一定时期内的收入、费用和净利，说明其经营成果的报表，是计算一定期间内损失和收益状况的动态会计报表。损益表以收入、费用、利润 3 个会计要素为基础，向人们提供一定期间内公司营业是盈余还是亏损的实际情况。财务状况变动表是综合反映一定会计期间内营运资金来源和运用及其增减变动情况的报表。财务情况说明书是指对公司资产负债表、损益表、财务状况变动表等会计报表所列示的资料和未能列示的但对公司财务状况有重大影响的其他重要事项所作出的必要说明。利润分配表是反映公司年度利润分配情况与年末分配利润结余情况的会计报表。

导学博览2-7　全国企业信用信息公示系统

依据《中华人民共和国政府信息公开条例》、国务院《注册资本登记制度改革方案》，全国企业信用信息公示系统（图 2-1）于 2014 年 2 月上线运行。公示的主要内容包括：各级工商机关登记在册的所有商事主体（含按传统登记模式登记在册的各类市场主体）的注册登记、许可审批、年度报告、行政处罚、抽查结果、经营异常状态等信息。用户可登录 http://gsxt.saic.gov.cn/，输入市场主体名称或注册号进行查询，注册号是精确查询，市场主体名称是模糊查询。

图 2-1　全国企业信用信息公示系统

（三）公司财务会计报告的报送程序

有限责任公司应当依照公司章程规定的期限将财务会计报告送交各股东。股份有限公司的财务会计报告应当在召开股东大会年会的 20 日前置备于本公司，供股东查阅；公开发行股票的股份有限公司必须公告其财务会计报告。

三、公司盈余的分配制度

（一）公积金制度

公积金又称储备金，是指公司为了增加自身财力，扩大业务范围和预防意外亏损，依照法律和公司章程的规定以及股东会决议而从公司税后利润中提取的累积资金。我国《公司法》规定了法定公积金、任意公积金、资本公积金 3 种。

1. 法定公积金

法定公积金又称强制公积金，是公司法规定必须从税后利润中提取的公积金。对法定公积金，公司既不得以其章程或股东会议予以取消，也不得削减其法定比例。根据《公司法》规定，公司分配当年税后利润时，应当提取利润的 10% 列入公司法定公积金。公司法定公积金累计额为公司注册资本的 50% 以上的，可以不再提取。法定公积金有专门用途，主要用于弥补亏损、扩大公司生产经营、转增资本，其中转为资本时，所留存的该项公积金不得少于转增前公司注册资本的 25%。

2. 任意公积金

任意公积金是指根据公司章程、股东大会或董事会决议而从公司税后利润中提取的公积金。《公司法》规定，公司从税后利润中提取法定公积金后，经股东会决议，可以提取任意公积金。但立法对于任意公积金提取的比例、最低提取额以及其用途均无强制性规定，完全由公司视情况自由决定，这是任意公积金与法定公积金的区别所在。

3. 资本公积金

资本公积金是指依照法律法规规定直接从公司有关收入中提取形成的公积金。资本公积金与前述两种公积金的最大区别就在于它的提取不需要以公司盈余为提取前提，只要公司收入中出现法律规定的情况，就应当纳入提取范围。一般而言，资本公积金的来源主要包括股票溢价款、法定财产的重估增值、公司接受赠予所得的财产等。资本公积金的用途与法定公积金的用途基本一样，只是资本公积金不得用于弥补公司的亏损。

（二）公司盈余的分配顺序

公司经营所得和其他所得，依法缴纳所得税后的利润即为公司盈余。公司盈余的分配顺序为：①弥补上一年度亏损。②提取法定公积金。③提取任意公积金。公司在提取法定公积金后，经股东会决议，可以提取任意公积金。④分配给股东。

有限责任公司依照股东实缴的出资比例进行分配；股份有限公司按照股东持有的股份进行分配，但股份有限公司章程规定不按持股比例分配的除外。此外，若公司发行优先股的，普通股股东只有在优先股股东分配后才能受偿。

第七节　公司合并、分立、增资、减资和解散

一、公司的合并

（一）公司合并的概念和形式

公司的合并是指 2 个或 2 个以上的公司主体变更为一个公司主体的行为。公司合并有 2 种形式：新设合并和吸收合并。新设合并指 2 个以上的公司合并成一个新公司，原公司主体资格消灭的合并形式。吸收合并是指 2 个以上公司合并，其中一个公司主体资

格继续存在，其他公司均解散并入存在公司中的合并方式。

（二）公司合并的程序

合并属于公司的重要法律行为，涉及公司的存续、公司股东和债权人的利益，必须遵守严格的程序。根据我国《公司法》的规定，公司合并一般包括以下程序。

1）公司董事会拟定公司合并方案，订立合并协议。

2）公司股东会或股东大会作出合并决议。在有限责任公司，必须经代表 2/3 以上有表决权的股东通过；在股份有限公司，必须经出席会议的股东所持表决权的 2/3 以上通过。

3）由合并各方签订正式协议。

4）编制资产负债表及财产清单。

5）履行债权人保护程序。公司应当自作出合并决议之日起 10 日内通知债权人，并于 30 日内在报纸上公告。债权人自接到通知书之日起 30 日内，未接到通知书的自公告之日起 45 日内，可以要求公司清偿债务或者提供相应的担保。

6）进行资本的合并和财产的移转。完成了催告债权人的程序后，合并的公司即可进行资本的合并及财产的移转。

7）办理登记手续。公司合并后，应在法定期限内到登记主管机关提出申请，提交有关文件，分别办理变更登记、注销登记或设立登记。

（三）公司合并的法律后果

公司合并后，必然使原有公司发生比较大的变动。一般而言，公司合并将产生以下三种法律后果。

1. 公司的消灭、变更和新设

在新设合并中，参与合并的公司均消灭，在此基础上产生一个新的公司。在吸收合并时，只有一个公司继续存在，其余公司消灭，但存续公司的资本、股东等发生了变化，存续公司应修改公司章程，并办理变更登记。

2. 权利义务的概括移转

公司合并时，合并各方的债权、债务，应当由合并后存续的公司或者新设的公司承继。

3. 股东资格的当然承继

合并前公司的股东继续成为合并后存续公司或新设公司的股东。原来股东的股份按照合并协议的规定转换为合并后公司的股份。

二、公司的分立

（一）公司分立的概念和形式

公司分立指一个公司依法分为 2 个或 2 个以上公司的法律行为。公司分立有两种形式：派生分立和新设分立。派生分立是指公司将一部分资产分离出去，设立一个或多个公司的设立方式。新设分立是指原公司主体资格消灭，公司资产全部转移到两个以上的新公司中的设立行为。

（二）公司分立的程序

与公司合并一样，分立也属于公司的重大法律行为，必须严格依照法律规定的程序进行。

1）拟订分立方案。董事会拟订分立方案，并报股东会或股东大会作出决议，分立决议通过程序与合并相同。

2）签署分立协议。公司分立经股东会通过后，由分立后的各公司的代表根据股东会的决议，就资产分割、债权债务的分担、股权安排等事项及其具体实施办法达成协议。

3）编制资产负债表和财产清单，进行财产分割。

4）通知或公告债权人。公司应当自作出分立决议之日起10日内通知债权人，并于30日内在报纸上公告。

5）办理登记手续。因分立而存续的公司，其登记事项发生变化的，应当申请变更登记；因分立而解散的公司，应当申请注销登记；因分立而新设立的公司，应当申请设立登记。

（三）公司分立的法律后果

公司分立后，必然使原有公司发生比较大的变动。一般而言，公司分立将产生以下三种法律后果。

1. 债权债务的变化

《公司法》第177条规定，公司分立前的债务由分立后的公司承担连带责任。但是，公司在分立前与债权人就债务清偿达成的书面协议另有约定的除外。

2. 公司的解散、变更和新设

在新设分立形式中，原公司解散，新公司设立。在派生分立形式中，原公司存续，但主体因股东、注册资本等发生变化而必须进行变更，新公司设立。

3. 股东身份及持股额的变化

由于公司的"一分为二"或"一分为多"，原公司的股东可能变成了新公司的股东。由于公司分立一般要导致原公司规模的缩小，就留在原公司的股东而言，虽然股东身份没有变化，但在原公司的持股份额却可能发生变化。

三、公司的增资和减资

（一）公司增资

公司增资，是指在公司成立后，经权力机构决议，依法定程序在原有注册资本的基础上予以扩大，增加公司实有资本总额的法律行为。由于公司增加注册资本金是增强公司对外偿债的实力，一般不会损害公司债权人的利益，所以《公司法》对增资的规定比较简单。一般而言，公司可以根据自身需要由董事会拟订增资方案并提交股东会决议通过即可。增资方式根据不同的公司而不同，有限责任公司的主要途径是股东增加出资，情况比较简单；股份有限公司可以通过发行新股来增加注册资本，也可以将公积金转为注册资本，情况比较复杂。但不论是何种公司，在增资过程中均须严格遵守《公司法》关于缴纳出资或缴纳股款的有关规定。

（二）公司减资

公司减资指公司成立后，经权力机构决议，依法定程序使其注册资本在原有基础上进行削减的法律行为。公司原则上不许减资，但由于各种原因，公司不得不减资，如过多资本金闲置不用或亏损过大而不得已通过减资以使公司注册资本额与公司资产额相当。为此，公司对减资规定较为严格。《公司法》规定，公司需要减少注册资本时，必须编制资产负债表及财产清单。公司应当自作出减少注册资本决议之日起 10 日内通知债权人，并于 30 日内在报纸上公告。债权人自接到通知书之日起 30 日内，未接到通知书的自公告之日起 45 日内，有权要求公司清偿债务或者提供相应的担保。此外，公司减资后的注册资本不得低于法定的最低限额。

公司无论增加还是减少注册资本，都必须经代表 2/3 以上表决权的股东决议通过，而且都应当依法向公司登记机关办理变更登记。

四、公司的解散

（一）公司解散的概念

公司解散是指已成立的公司根据章程规定或股东会决议或法定事由，而停止其对外经营活动，并开始处理未了结事务，以最终消灭法人资格的法律行为。由于公司法人人格消灭后，其法律地位及权利义务并无继承可言，因而在公司法人人格正式消灭之前，必须处理有关事务，了结各种法律关系。解散程序需要一个过程，在这个过程中，公司法人人格暂时保留，直至清算完结，才正式消灭。

（二）公司解散的原因

根据《公司法》第 181 条规定，我国公司解散原因主要有以下几项。
1）公司章程规定的营业期限届满或者公司章程规定的其他解散事由出现。
2）股东会或者股东大会决议解散。
3）因公司合并或者分立需要解散。
4）依法被吊销营业执照、责令关闭或者被撤销。
5）人民法院依法予以解散。
公司经营管理发生严重困难，继续存续会使股东利益受到重大损失，通过其他途径不能解决的，持有公司全部股东表决权 10%以上的股东，可以请求人民法院解散公司。

（三）公司解散的法律后果

公司解散后，会产生以下法律后果。

1）公司应当在解散事由出现之日起 15 日内成立清算组，进入清算程序；若是合并分立导致的解散，虽无须清算，但也必须依法处理现有的债权债务。

2）公司的权利能力受到限制，不得继续经营业务，只能在清算范围内从事活动。

3）在解散过程中，由清算组接管公司代表机关和业务执行机关，行使对内执行清算业务、对外代表公司的权力。

（四）公司清算

公司清算是指公司解散后，依照法定程序清理公司债权债务，处理公司剩余财产，最终向公司登记机关申请注销登记，使公司法人资格归于消灭的法律行为。公司清算，按其原因一般可以分为三类。

1. 公司清算的种类

（1）普通清算

普通清算指公司自行组织清算机构依法进行的清算。普通清算一般适用于自愿解散的情况，往往是针对那些资产能够抵偿债务，并且公司机关能够自行组织清算工作的公司而采取的清算形式。

导学博览2-8 股东的清算义务

上海存亮贸易有限公司（简称存亮公司）向被告常州拓恒机械设备有限公司（简称拓恒公司）供应钢材，拓恒公司尚欠货款 1395228.6 元。被告房某、蒋某和王某为拓恒公司的股东，拓恒公司未年检，被工商部门吊销营业执照，至今未组织清算。因其怠于履行清算义务，导致公司财产流失、灭失，存亮公司的债权得不到清偿。存亮公司故请求法院判令拓恒公司偿还货款 1395228.6 元及违约金，房某、蒋某和王某对拓恒公司的债务承担连带清偿责任。

被告蒋某、王某辩称：第一，2 人从未参与过拓恒公司的经营管理；第二，拓恒公司实际由大股东房某控制，两人无法对其进行清算；第三，拓恒公司由于经营不善，在被吊销营业执照前已背负了大量债务，资不抵债，并非由于蒋某、王某怠于履行清算义务而导致拓恒公司财产灭失；第四，蒋某、王某也曾委托律师对拓恒公司进行清算，但由于拓恒公司财物多次被债权人哄抢，导致无法清算，因此蒋某、王某不存在怠于履行清算义务的情况。故请求法院驳回存亮公司对蒋某、王某的诉讼请求。被告拓恒公司、房某未到庭参加诉讼，亦未作答辩。

法院经审理查明：2007 年 6 月 28 日，存亮公司与拓恒公司建立钢材买卖合同关系。存亮公司履行了 7095006.6 元的供货义务，拓恒公司已付货款 5699778 元，尚欠货款 1395228.6 元。另外，房某、蒋某和王某为拓恒公司的股东，所占股份分别为 40%、30%、30%。拓恒公司因未进行年检，2008 年 12 月 25 日被工商部门吊销营业执照，至今股东未组织清算。现拓恒公司无办公经营地，账册及财产均下落不明。拓恒公司在其他案件中因无财产可供执行被中止执行。

裁判结果：上海市松江区人民法院于 2009 年 12 月 8 日作出判决：一、拓恒公司偿付存亮公司货款 1395228.6 元及相应的违约金；二、房某、蒋某和王某对拓恒公司的上述债务承担连带清偿责任。宣判后，蒋某、王某提出上诉。上海市第一中级人民法院驳回上诉，维持原判。

裁判要点：有限责任公司的股东、股份有限公司的董事和控股股东，应当依法在公司被吊销营业执照后履行清算义务，不能以其不是实际控制人或者未实际参加公司经营管理为由，免除清算义务。

相关法条：《中华人民共和国公司法》第 20 条、第 184 条

（资料来源：最高人民法院指导性案例 9 号）

（2）特别清算

特别清算指公司解散时不能由自己组织进行普通清算，或进行普通清算中发生严重障碍，由有关政府机关或法院介入而进行的清算。

（3）破产清算

破产清算指公司因经营管理不善，不能清偿到期债务，根据债权人或债务人的申请，由法院依法宣布破产并负责组织清算组进行的清算。

2. 公司清算的程序

（1）依法成立清算组

清算组成立后，公司原组织机构停止履行职权，由清算组作为公司的代表机构，负责处理公司解散的有关事务。有限责任公司的清算组由股东组成，股份有限公司的清算组由董事或者股东大会确定的人员组成。在清算期间，清算组成员应当忠于职守，依法履行清算义务，不得利用职权收受贿赂或者其他非法收入，不得侵占公司财产。清算组成员因故意或者重大过失给公司或者债权人造成损失的，应当承担赔偿责任。

（2）通知和公告债权人

清算组应当自成立之日起 10 日内通知债权人，并于 60 日内在报纸上公告。

（3）债权的申报与登记

债权人应当自接到通知书之日起 30 日内，未接到通知书的自公告之日起 45 日内，向清算组申报其债权。债权人申报债权，应当说明债权的有关事项，并提供证明材料。清算组应当对债权进行登记。

（4）公司财产的清理

清算组在清理公司财产、编制资产负债表和财产清单后，应当制定清算方案，并报股东会、股东大会或者人民法院确认。清算组在清理公司财产、编制资产负债表和财产清单后，发现公司财产不足清偿债务的，应当依法向人民法院申请宣告破产。公司经人民法院裁定宣告破产后，清算组应当将清算事务移交给人民法院。

（5）清偿债务、分配财产

清偿公司财产在分别支付清算费用、职工的工资、社会保险费用和法定补偿金，缴纳所欠税款，清偿公司债务后的剩余财产，有限责任公司按照股东的出资比例分配，股份有限公司按照股东持有的股份比例分配。

（6）制作清算文件、注销登记并公告

公司清算结束后，清算组应当制作清算报告，报股东会、股东大会或者人民法院确认，并报送公司登记机关，申请注销公司登记。登记机关核准注销登记后发布公告，载明公司名称、住所、注册号、注销原因、注销时间等事项。

第八节 违反《公司法》的法律责任

我国《公司法》第 12 章明确规定了违反该法所应承担的行政责任、刑事责任和民事责任三种责任形式，其中主要规定的是行政责任。

一、公司设立登记中违法行为所应当承担的法律责任

根据《公司法》第 199 条规定，办理公司登记时虚报注册资本、提交虚假材料或者采取其他欺诈手段隐瞒重要事实取得公司登记的，由公司登记机关责令改正，对虚报注册资本的公司，处以虚报注册资本金额 5%以上 15%以下的罚款；对提交虚假材料或者采取其他欺诈手段隐瞒重要事实的公司，处以 5 万元以上 50 万元以下的罚款；情节严重的，撤销公司登记或者吊销营业执照。

未依法登记为有限责任公司或者股份有限公司，而冒用有限责任公司或者股份有限公司名义的，或者未依法登记为有限责任公司或者股份有限公司的分公司，而冒用有限责任公司或者股份有限公司的分公司名义的，由公司登记机关责令改正或者予以取缔，可以并处 10 万元以下的罚款。

外国公司违反公司法规定，擅自在中国境内设立分支机构的，由公司登记机关责令改正或者关闭，可以并处 5 万元以上 20 万元以下的罚款。

公司登记事项发生变更时，未依照公司法规定办理有关变更登记的，由公司登记机关责令限期登记；逾期不登记的，处以 1 万元以上 10 万元以下的罚款。

二、违反公司注册资本管理规定所应当承担的法律责任

公司的发起人、股东虚假出资，未交付或者未按期交付作为出资的货币或者非货币财产的，由公司登记机关责令改正，处以虚假出资金额 5%以上 15%以下的罚款。公司的发起人、股东在公司成立后，抽逃其出资的，由公司登记机关责令改正，处以所抽逃出资金额 5%以上 15%以下的罚款。

公司不依照公司法规定提取法定公积金的，由县级以上人民政府财政部门责令如数补足应当提取的金额，可以对公司处以 20 万元以下的罚款。

三、违反公司财务会计管理规定所应当承担的法律责任

公司违反公司法规定，在法定的会计账簿以外另立会计账簿的，由县级以上人民政府财政部门责令改正，处以5万元以上50万元以下的罚款。

公司在依法向有关主管部门提供的财务会计报告等材料上作虚假记载或者隐瞒重要事实的，由有关主管部门对直接负责的主管人员和其他直接责任人员处以3万元以上30万元以下的罚款。

四、公司合并、分立、解散中违法行为所应当承担的法律责任

公司在合并、分立、减少注册资本或者进行清算时，不依照公司法规定通知或者公告债权人的，由公司登记机关责令改正，对公司处以1万元以上10万元以下的罚款。

公司在进行清算时，隐匿财产，对资产负债表或者财产清单作虚假记载或者在未清偿债务前分配公司财产的，由公司登记机关责令改正，对公司处以隐匿财产或者未清偿债务前分配公司财产金额5%以上10%以下的罚款；对直接负责的主管人员和其他直接责任人员处以1万元以上10万元以下的罚款。公司在清算期间开展与清算无关的经营活动的，由公司登记机关予以警告，没收违法所得。清算组不依照公司法规定向公司登记机关报送清算报告，或者报送清算报告隐瞒重要事实或者有重大遗漏的，由公司登记机关责令改正。

清算组成员利用职权徇私舞弊、谋取非法收入或者侵占公司财产的，由公司登记机关责令退还公司财产，没收违法所得，并可以处以违法所得1倍以上5倍以下的罚款。

五、公司登记机关及其工作人员违法行为所应承担的法律责任

公司登记机关对不符合公司法规定条件的登记申请予以登记，或者对符合本法规定条件的登记申请不予登记的，对直接负责的主管人员和其他直接责任人员，依法给予行政处分。

公司登记机关的上级部门强令公司登记机关对不符合本法规定条件的登记申请予以登记，或者对符合本法规定条件的登记申请不予登记的，或者对违法登记进行包庇的，对直接负责的主管人员和其他直接责任人员依法给予行政处分。

六、社会中介机构及其人员违法行为所应承担的法律责任

承担资产评估、验资或者验证的机构提供虚假材料的，由公司登记机关没收违法所得，处以违法所得1倍以上5倍以下的罚款，并可以由有关主管部门依法责令该机构停业、吊销直接责任人员的资格证书，吊销营业执照。

承担资产评估、验资或者验证的机构因过失提供有重大遗漏的报告的，由公司登记机关责令改正，情节较重的，处以所得收入1倍以上5倍以下的罚款，并可以由有关主管部门依法责令该机构停业、吊销直接责任人员的资格证书，吊销营业执照。

承担资产评估、验资或者验证的机构因其出具的评估结果、验资或者验证证明不实，给公司债权人造成损失的，除能够证明自己没有过错的外，在其评估或者证明不实的金

额范围内承担赔偿责任。

上述违法行为构成犯罪的，应当依法追究刑事责任。此外，公司违反规定应当同时承担民事赔偿责任和缴纳罚款、罚金的，其财产不足以支付时，先承担民事赔偿责任。

■■■■■■■■■■■■■■■■■■■ 应 知 应 会 ■■■■■■■■■■■■■■■■■■■

1. 核心概念：公司、法人、有限责任公司、股份有限公司、章程、股份、股票、债券。

2. 设立有限责任公司和股份有限公司应具备的条件。

3. 股东出资的规定。

4. 公司组织机构的规定。

5. 公司董事、监事、高级管理人员的任职资格和义务。

6. 股票、债券的发行条件与转让。

7. 违反公司法的法律责任。

■■■■■■■■■■■■■■■■■■■ 实 训 练 习 ■■■■■■■■■■■■■■■■■■■

一、单项选择题

1. 有限责任公司的"有限责任"是指（   ）。

　　A. 公司以其全部资产对债权人承担责任

　　B. 股东仅以其出资额为限对公司承担责任

　　C. 公司以其注册资本对债权人承担责任

　　D. 股东以其认缴额为限对公司承担责任

2. 股份有限公司董事会须有（   ）的董事出席方可举行。

　　A. 1/3 以上　　　　B. 1/2　　　　　　C. 1/2 以上　　　　D. 2/3

3. 根据《公司法》的规定，设立的有限责任公司，其股东人数不得超过一定数额，该数额是（   ）。

　　A. 5 人　　　　　　B. 20 人　　　　　C. 25 人　　　　　D. 50 人

4. 有限责任公司的成立日期是（   ）。

　　A. 股东全部缴纳出资之日　　　　　B. 法定验资机构验资之日

　　C. 营业执照签发之日　　　　　　　D. 分公司设立之日

5. 有限责任公司董事会的职权包括（   ）。

　　A. 决定公司的经营方针　　　　　　B. 决定公司的经营计划

　　C. 选举和更换董事　　　　　　　　D. 修改公司章程

6. 股份有限公司对（   ）股东可以发行无记名股。

　　A. 法人

　　B. 发起人

C. 国家授权投资的机构或部门

D. 社会公众

7. 有限责任公司的权力机构是（　　）。

　　A. 股东会　　　　　　B. 董事会　　　　　C. 经理　　　　　D. 监事会

8. 根据我国《公司法》的规定,下列人员中,可以担任股份有限公司监事的是（　　）。

　　A. 公司职工代表

　　B. 公司董事

　　C. 公司经理

　　D. 公司财务负责人

9. 根据《公司法》的规定,持有公司股份（　　）以上的股东,请求召开临时股东大会的,应当在两个月内召开临时股东大会。

　　A. 5%　　　　　　　B. 10%　　　　　　C. 15%　　　　　　D. 20%

10. 根据我国《公司法》的规定,股份有限公司的董事、监事、经理应当向公司申报所持有的本公司的股份,并在一定期限内不得转让。该期间是指（　　）。

　　A. 公司成立之日起 3 年内　　　　　　B. 公司成立之日起 5 年内

　　C. 任职期满后 3 年内　　　　　　　　D. 任职期间内

二、多项选择题

1. 下列选项中,股份公司应当在两个月内召开临时股东大会的法定情形有(　　)。

　　A. 董事人数不足公司章程所定人数的 2/3 时

　　B. 公司未弥补的亏损达公司实收股本总额 1/3 时

　　C. 单独或者合计持有公司百分之十以上股份的股东请求时

　　D. 1/3 以上董事提议时

　　E. 监事会提议召开时

2. 公司独立性的含义是指（　　）。

　　A. 公司具有独立于其他经济组织的法律地位

　　B. 公司具有独立于股东的法律人格

　　C. 公司法定代表人的行为就是公司的行为

　　D. 公司享有独立的财产权

　　E. 公司须以其全部财产对其债务承担独立责任

3. 甲、乙两个自然人准备设立一从事商品批发的有限责任公司,经咨询得到以下的咨询意见,其中正确的有（　　）。

　　A. 有限公司最低注册资本应当达到 50 万元人民币

　　B. 公司必须设立董事会

　　C. 公司可以不设监事会

　　D. 公司章程中确定的注册资本数必须在公司成立之前全部缴足

　　E. 公司不得向社会公开募集股份

4. 下列关于分公司特征的表述,正确的有（　　）。

  A. 分公司享有独立的财产权

  B. 分公司必须依法设立股东会、董事会、监事会等内部机构

  C. 设立分公司必须依法进行工商登记

  D. 分公司企业所得税由总公司缴纳

  E. 分公司的民事责任由总公司承担

5. 依据《公司法》，实行累积投票制的前提有（ ）。

  A. 股东大会作出决议   B. 董事会认为必要

  C. 监事会认为必要   D. 公司章程作出规定

  E. 单独或者合计持有公司百分之十以上股份的股东请求时

三、实务操作题

  1. 某股份有限公司董事会由 11 名董事组成。2016 年 5 月 10 日，公司董事长李某召集并主持召开董事会会议，出席会议的共 8 名董事，另有 3 名董事因事请假。董事会会议讨论了下列事项：①鉴于公司董事会成员工作任务加重，决定给每位董事涨工资 30%；②鉴于监事会成员中的职工代表张某生病，决定由本公司职工王某参加监事会；③鉴于公司的财务会计工作日益繁重，拟将财务科升级为财务部，并向社会公开招聘会计人员 3 名，招聘会计人员事宜及财务科升格为财务部的方案经股东大会通过后实施；④鉴于公司的净资产额已达 2900 万元，符合有关公司发行债券的法律规定，决定发行公司债券 1000 万元。

  上述事项经过表决有 5 名董事同意而通过。

  根据以上材料回答以下问题：

  1）公司董事会的召开和表决程序是否符合法律规定？为什么？

  2）公司董事会通过的事项有无不符合法律规定之处？为什么？

  2. 甲、乙、丙 3 个发起人设立了正大纺织有限公司，公司经营多年后，甲打算将其持有的 30% 的股份转让给丁。甲将转让股份的具体情况书面告知乙和丙。乙表示同意转让，丙表示反对转让。

  事后甲认为其本人与乙都同意转让，所以已经符合法定的过半数通过的条件，遂要求公司协助其办理股权变更登记手续，但遭到公司的拒绝。公司的理由是：第一、甲转让股权给他人应当召开公司股东会进行表决，但事实上甲只是采用书面通知的方式进行；第二、股东将股权转让给他人，需要股东过半数通过，但这半数不应当包括转让者本人；第三、股份转让需要修改公司章程，也必须经股东会表决通过，但事实上公司还未就公司章程修改召开过股东会。

  根据以上材料回答以下问题：

  1）公司所说的三条理由是否成立？为什么？

  2）你认为本案应当如何处理？

第三章

合伙企业法

 学习目标

知识目标

1. 了解合伙企业的概念、法律特征。
2. 了解有限合伙和普通合伙的区别。
3. 理解合伙企业的设立条件、程序财产及合伙企业事务的执行方式。
4. 掌握合伙企业的入伙与退伙、解散与清算的规定。

能力目标

1. 学习如何设立合伙企业。
2. 能正确管理合伙企业事务和使用合伙企业财产。
3. 能处理好合伙企业债务清偿、清算、入伙和退伙。

 法律检索

《中华人民共和国合伙企业法》（以下简称《合伙企业法》）（1997 年 2 月 23 日第八届全国人大常委会第二十四次会议通过，2006 年 8 月 27 日第十届全国人大常委会第二十三次会议修订，自 2007 年 6 月 1 日起施行）

 法谚名言

虽然个人之间可以通过契约的途径，以完全非中央化的方式从事生产活动，但是交易需要成本这一事实意味着企业将要出现。人们将以企业的方式组织原先由市场交易方式进行的生产活动，只要组织企业生产的成本少于通过市场的成本。

——（美国）罗纳德·哈利·科斯

第一节　合伙企业法概述

一、合伙企业概述

（一）合伙企业概念

合伙是指两个以上的自然人、法人或其他组织为了共同目的，以协议的方式约定共同出资、合伙经营、共享收益、共担风险的营利性组织。根据《合伙企业法》第2条规定，我国的合伙企业是指自然人、法人和其他组织依法在中国境内设立的普通合伙企业和有限合伙企业。

普通合伙企业是指由普通合伙人组成，合伙人对合伙企业债务承担无限连带责任的合伙企业形式；有限合伙企业是指由普通合伙人和有限合伙人组成，普通合伙人对合伙企业债务承担无限连带责任，有限合伙人以其认缴的出资额为限对合伙企业债务承担责任的合伙企业形式。

（二）合伙企业法律特征

1. 合伙企业成立的基础是合伙协议

合伙企业是人合性企业，是合伙人在相互信任基础上的自愿联合，合伙协议成为合伙人权利义务、责任承担等法律问题的基础性文件，是合伙企业存在和经营的前提。

2. 合伙人共同出资，合伙经营

合伙人的共同出资是合伙企业从事生产经营活动必需的物质条件，出资的方式可以是货币、实物，也可以是技术、劳务；但有限合伙人不能以劳务出资。

3. 合伙人共享收益，共担风险

合伙企业的收益由全体合伙人共同享有；相应地，合伙企业的经营风险，也应由全体合伙人共同承担。

二、合伙企业法的概念和内容

合伙企业法是调整合伙企业在设立、经营、变更、终止过程中形成的各种社会关系的法律规范的总称。《中华人民共和国合伙企业法》于1997年2月23日第八届全国人大常委会第二十四次会议通过，自1997年8月1日起施行。2006年8月27日，第十届全国人大常委会第二十三次会议审议通过了《合伙企业法（修订案）》，并于2007年6月1日起施行。现行的《合伙企业法》自施行以来，对确立合伙企业的法律地位，规范合伙企业的设立与经营，保护合伙企业及其合伙人的合法权益，发挥了积极作用。此外，其他法律、法规中关于合伙企业的规定也属于广义合伙企业法的范畴。

导学博览3-1　合伙企业财产份额能否继承

　　张某，2009年与好友陈某、刘某合伙办了一家服装厂，以普通合伙形式到工商局进行了注册登记，三人苦心经营，到2013年时，公司总资产已经超过千万，张某与合伙人准备继续投资扩大规模，不料张某在一起交通事故中不幸身亡。

　　张某妻子准备代张某继续处理合伙企业的事务，却遭到了共同合伙人陈某和刘某的坚决反对，二人认为张某妻子能力有限，不适合参与企业管理工作。张某妻子难以理解，一气之下将陈某、刘某诉至法院。

　　法院审理后认定，普通合伙企业建立在合伙人相互信任的基础上，需要合伙人对外承担无限连带责任，具有一定的人合性。根据我国《合伙企业法》相关规定，当作为合伙人的自然人死亡后，其继承人若想继承其在合伙企业中的财产份额须经全体合伙人一致同意，若无合伙协议约定，且无法征得其余合伙人一致同意的，则应将其财产份额退还该继承人。

第二节　普通合伙企业

一、普通合伙企业的设立

　　普通合伙企业的设立，是指合伙人依照法定程序使合伙企业成立。

　　（一）设立条件

　　设立合伙企业，应当具备下列条件。

　　1）有2个以上合伙人。合伙人为自然人的，应当具有完全民事行为能力。国有独资公司、国有企业、上市公司以及公益性的事业单位、社会团体不得成为普通合伙人。

　　2）有书面合伙协议。合伙协议由全体合伙人协商一致，以书面形式订立，应当载明下列事项：①合伙企业的名称和主要经营场所的地点；②合伙的目的和合伙经营范围；③合伙人的姓名或者名称、住所；④合伙人的出资方式、数额和缴付期限；⑤利润分配、亏损分担方式；⑥合伙事务的执行；⑦入伙与退伙；⑧争议解决办法；⑨合伙企业的解散与清算；⑩违约责任。

　　合伙协议经全体合伙人签名、盖章后生效。合伙人按照合伙协议享有权利，履行义务。修改或者补充合伙协议，应当经全体合伙人一致同意；但是，合伙协议另有约定的除外。合伙协议未约定或者约定不明确的事项，由合伙人协商决定；协商不成的，依照《合伙企业法》和其他有关法律、行政法规的规定处理。

　　3）有合伙人认缴或实际缴付的出资。合伙人可以用货币、实物、知识产权、土地使用权或者其他财产权利出资，也可以用劳务出资。合伙人以实物、知识产权、土地使用权或者其他财产权利出资，需要评估作价的，可以由全体合伙人协商确定，也可以由全体合伙人委托法定评估机构评估。合伙人以劳务出资的，其评估办法由全体合伙人协商确定，并在合伙协议中载明，但有限合伙人不得以劳务出资。

合伙人应当按照合伙协议约定的出资方式、数额和缴付期限，履行出资义务。以非货币财产出资的，依照法律、行政法规的规定，需要办理财产权转移手续的，应当依法办理。有限合伙人应当按照合伙协议的约定按期足额缴纳出资；未按期足额缴纳的，应当承担补缴义务，并对其他合伙人承担违约责任。

4）有合伙企业的名称和生产经营场所。普通合伙企业名称中应当标明"普通合伙"字样，固定的生产经营场所和必要的生产经营条件，是合伙企业开展生产经营活动的物质基础。

5）法律、行政法规规定的其他条件。

（二）设立程序

申请设立合伙企业，应当由全体合伙人指定的代表或者共同委托的代理人向企业登记机关申请设立登记。申请时应当向企业登记机关提交：全体合伙人签署的设立登记申请书；全体合伙人的身份证明；全体合伙人指定代表或者共同委托代理人的委托书合伙协议；全体合伙人对各合伙人认缴或者实际缴付出资的确认书；主要经营场所证明；国务院工商行政管理部门规定提交的其他文件。合伙企业经依法登记，领取合伙企业营业执照后，方可从事经营活动。

合伙企业的经营范围中有属于法律、行政法规或者国务院规定在登记前须经批准的项目的，应当依法经过批准。

申请人提交的登记申请材料齐全、符合法定形式，企业登记机关能够当场登记的，应予当场登记，发给合伙企业营业执照。其他情形下，企业登记机关应当自受理申请之日起 20 日内，作出是否登记的决定。予以登记的，发给合伙企业营业执照；不予登记的，应当给予书面答复，并说明理由。

二、普通合伙企业的财产

（一）财产构成

1. 全体合伙人的出资

全体合伙人的出资具体包括，合伙人实际缴付出资的货币、实物、土地使用权、知识产权及其他财产权利；作为普通合伙人出资的劳务在合伙企业运营期间转化成的物化利益。

2. 合伙企业收益

合伙企业收益指合伙企业在其经营过程中，以合伙企业名义取得的收益，具体包括营业利润、投资净收益以及营业外收支净额等。

3. 依法取得的其他财产

根据法律、行政法规的规定合法取得的其他财产，如合伙企业因接受赠与、遗赠等非经营行为所获得的财产与财产权利，各项财产所生孳息；企业自身商号权益等。

（二）财产处置

1. 合伙企业财产分割限制

合伙人在合伙企业清算前，不得请求分割合伙企业的财产；但是，《合伙企业法》另有规定的除外。合伙人在合伙企业清算前私自转移或者处分合伙企业财产的，合伙企业不得以此对抗善意第三人。

2. 合伙企业财产转让限制

除合伙协议另有约定外，合伙人向合伙人以外的人转让其在合伙企业中的全部或者部分财产份额时，须经其他合伙人一致同意。合伙人之间转让在合伙企业中的全部或者部分财产份额时，应当通知其他合伙人。

合伙人向合伙人以外的人转让其在合伙企业中的财产份额的，在同等条件下，其他合伙人有优先购买权；但是，合伙协议另有约定的除外。

3. 合伙企业财产出质限制

普通合伙人以其在合伙企业中的财产份额出质的，须经其他合伙人一致同意；未经其他合伙人一致同意，其行为无效，由此给善意第三人造成损失的，由行为人依法承担赔偿责任。

三、普通合伙企业的经营

（一）合伙人的权利和义务

1. 合伙人的权利

合伙人的权利主要有以下几点。
1）合伙人对执行合伙事务享有同等权利。
2）执行合伙企业事务的合伙人对外代表合伙企业。
3）不执行合伙事务的合伙人有权监督、检查执行事务合伙人执行合伙事务的情况。
4）合伙人分别执行合伙事务的，执行事务合伙人可以对其他合伙人执行的事务提出异议。提出异议时，应当暂停该项事务执行。如发生争议，依法作出决定。受委托执行合伙事务的合伙人不按照合伙协议或者全体合伙人的决定执行事务的，其他合伙人可以决定撤销该委托。
5）合伙人为了解合伙企业的经营状况和财务状况，有权查阅合伙企业会计账簿等财务资料。

2. 合伙人的义务

合伙人具有以下义务。

1）执行事务合伙人应当定期向其他合伙人报告事务执行情况以及合伙企业的经营和财务状况，其执行合伙事务所产生的收益归合伙企业，所产生的费用和亏损由合伙企业承担。

2）普通合伙人不得自营或者同他人合作经营与本合伙企业相竞争的业务。除合伙协议另有约定或者经全体合伙人一致同意外，普通合伙人不得同本合伙企业进行交易。

3）合伙人不得从事损害本合伙企业利益的活动。

（二）普通合伙企业事务的执行

1. 普通合伙企业事务的执行方式

普通合伙企业中各合伙人对执行合伙事务享有同等权利，可以采取两种方式执行合伙企业事务：①全体合伙人共同执行；②委托一个或者数个合伙人执行。按照合伙协议或经全体合伙人决定，委托一个或者数个合伙人对外代表合伙企业，执行合伙事务。作为合伙人的法人、其他组织，由其委派的代表执行合伙企业事务。

2. 普通合伙企业事务执行的决议

合伙人对合伙企业有关事项作出决议，按照合伙协议约定的表决办法办理。合伙协议未约定或者约定不明确的，实行合伙人一人一票并经全体合伙人过半数通过的表决办法。除合伙协议另有约定外，合伙企业的下列事项应当经全体合伙人一致同意：①改变合伙企业的名称；②改变合伙企业的经营范围、主要经营场所的地点；③处分合伙企业的不动产；④转让或者处分合伙企业的知识产权和其他财产权利；⑤以合伙企业名义为他人提供担保；⑥聘任合伙人以外的人担任合伙企业的经营管理人员。

（三）普通合伙企业责任的承担

被聘任的合伙企业的经营管理人员应当在合伙企业授权范围内履行职务。被聘任的合伙企业的经营管理人员，超越合伙企业授权范围履行职务，或者在履行职务过程中因故意或者重大过失给合伙企业造成损失的，依法承担赔偿责任。

合伙人执业活动中因故意或者重大过失造成的合伙企业债务，以合伙企业财产对外承担责任后，该合伙人应当按照合伙协议的约定对给合伙企业造成的损失承担赔偿责任。

> **导学博览3-2　特殊的普通合伙企业**
>
> 特殊的普通合伙企业的特殊性主要体现在服务内容和责任承担方式上。
>
> （1）服务内容
>
> 以专门知识和技能为客户提供有偿服务的专业服务机构，才可以设立为特殊的普通合伙企业。如律师事务所、会计师事务所、设计师事务所等。特殊的普通合伙企业必须在其企业名称中标明"特殊普通合伙"字样，以区别于普通合伙企业。
>
> （2）责任承担
>
> 在特殊的普通合伙企业中，一个合伙人或者数个合伙人在执业活动中因故意或者

在特殊的普通合伙企业中，一个合伙人或者数个合伙人在执业活动中因故意或者重大过失造成合伙企业债务的，应当承担无限责任或者无限连带责任，其他合伙人以其在合伙企业中的财产份额为限承担责任。合伙人在执业活动中非因故意或者重大过失造成的合伙企业债务以及合伙企业的其他债务，由全体合伙人承担无限连带责任。

特殊的普通合伙企业应当建立执业风险基金、办理职业保险。执业风险基金用于偿付合伙人执业活动造成的债务。执业风险基金应当单独立户管理。

（四）普通合伙企业的利润分配与亏损分担

合伙企业的利润分配、亏损分担，按照合伙协议的约定办理；合伙协议未约定或者约定不明确的，由合伙人协商决定；协商不成的，由合伙人按照实缴出资比例分配、分担；无法确定出资比例的，由合伙人平均分配、分担。

普通合伙企业合伙协议不得约定将全部利润分配给部分合伙人或者由部分合伙人承担全部亏损。有限合伙企业不得将全部利润分配给部分合伙人；但是合伙协议另有约定的除外。

（五）普通合伙企业与第三人的关系

1. 普通合伙企业与善意第三人的关系

合伙企业对合伙人执行合伙事务以及对外代表合伙企业权利的限制，不得对抗善意第三人。第三人有理由相信有限合伙人为普通合伙人并与其交易的，该有限合伙人对该笔交易承担与普通合伙人同样的责任。

2. 普通合伙企业与债务人的关系

合伙企业对其债务，应先以其全部财产进行清偿。普通合伙企业不能清偿到期债务的，全体合伙人承担无限连带责任；有限合伙企业不能清偿到期债务的，全体普通合伙人承担无限连带责任，有限合伙人以其认缴的出资额为限承担责任。

普通合伙人之间的分担比例对债权人没有约束力，债权人可根据自己的利益，请求承担无限连带责任的合伙人中的一人或者数人承担全部清偿责任。合伙人由于承担无限连带责任，清偿数额超过其应当分担亏损比例的，有权就超过部分，向其他未支付或未足额支付应分担数额的合伙人追偿。

导学博览3-3　合伙债务承担

李某、王某、赵某3人合伙经营一水果店，三人出资均等，在当地工商局取得合伙企业营业执照。经营期间，由于资金周转困难，于2009年10月以水果店名义向银行借款15万元。借款于2010年4月到期。由于经营亏损，2011年8月，3人将水果店所欠银行借款分到个人名下，书面约定3人各自偿还5万元借款及利息，银行认可协议并盖章。后银行多次向三人催收未果，无奈起诉。现水果店仍未注销。法院判决3人各自偿还5万元借款及利息，并互负连带清偿责任。

3. 普通合伙人个人债务的承担

合伙人发生与合伙企业无关的债务,相关债权人不得以其债权抵销其对合伙企业的债务,也不得代位行使该合伙人在合伙企业中的权利。

普通合伙人的自有财产不足清偿其与合伙企业无关的债务的,该合伙人可以以其从合伙企业中分取的收益用于清偿;债权人也可以依法请求人民法院强制执行该合伙人在合伙企业中的财产份额用于清偿。

人民法院强制执行普通合伙人的财产份额时,应当通知全体合伙人,其他合伙人有优先购买权;其他合伙人未购买,又不同意将该财产份额转让给他人的,依法为该合伙人办理退伙结算,或者办理削减该合伙人相应财产份额的结算。

四、入伙与退伙

(一) 入伙

入伙是指合伙企业存续期间,合伙人以外的第三人加入合伙,取得合伙人资格的行为。

1. 入伙的条件和程序

新合伙人入伙,除合伙协议另有约定外,应当经全体合伙人一致同意,并依法订立书面入伙协议。订立入伙协议时,原合伙人应当向新合伙人如实告知原合伙企业的经营状况和财务状况。

2. 新合伙人的权利和责任

入伙的新合伙人与原合伙人享有同等权利,承担同等责任。入伙协议另有约定的,从其约定。新入伙的普通合伙人对入伙前合伙企业的债务承担无限连带责任。

(二) 退伙

退伙是指合伙人退出合伙企业,从而丧失合伙人资格的行为。

1. 退伙事由

合伙人退伙,一般有两种原因:一是自愿退伙,二是法定退伙。

(1) 自愿退伙

自愿退伙,是指合伙人基于自愿的意思表示而退伙的行为。自愿退伙包括协议退伙和通知退伙两种情况。

1) 协议退伙。合伙协议约定合伙期限的,在合伙企业存续期间,有下列情形之一的,合伙人可以退伙:合伙协议约定的退伙事由出现;经全体合伙人一致同意;发生合伙人难以继续参加合伙的事由;其他合伙人严重违反合伙协议约定的义务。

2) 通知退伙。合伙协议未约定合伙期限的,合伙人在不给合伙企业事务执行造成不利影响的情况下,可以退伙,但应当提前 30 日通知其他合伙人。

合伙人违反上述规定退伙的，应当赔偿由此给合伙企业造成的损失。

（2）法定退伙

法定退伙，是指合伙人因出现法律规定的事由而退出合伙企业的行为。法定退伙包括当然退伙和除名退伙 2 种情况。

1）当然退伙。普通合伙人有下列情形之一的，当然退伙：作为合伙人的自然人死亡或者被依法宣告死亡；个人丧失偿债能力；作为合伙人的法人或者其他组织依法被吊销营业执照、责令关闭、撤销，或者被宣告破产；法律规定或者合伙协议约定合伙人必须具有相关资格而丧失该资格；合伙人在合伙企业中的全部财产份额被人民法院强制执行。

合伙人被依法认定为无民事行为能力人或者限制民事行为能力人的，经其他合伙人一致同意，可以依法转为有限合伙人，普通合伙企业依法转为有限合伙企业。其他合伙人未能一致同意的，该无民事行为能力或者限制民事行为能力的合伙人退伙。

退伙事由实际发生之日为退伙生效日。

2）除名退伙。合伙人有下列情形之一的，经其他合伙人一致同意，可以决议将其除名：未履行出资义务；因故意或者重大过失给合伙企业造成损失；执行合伙事务时有不正当行为；发生合伙协议约定的事由。

对合伙人的除名决议应当书面通知被除名人。被除名人接到除名通知之日，除名生效，被除名人退伙。被除名人对除名决议有异议的，可以自接到除名通知之日起 30 日内，向人民法院起诉。

2. 退伙结算

合伙人退伙，其他合伙人应当与该退伙人按照退伙时的合伙企业财产状况进行结算，退还退伙人的财产份额。退伙人对给合伙企业造成的损失负有赔偿责任的，相应扣减其应当赔偿的数额。退伙时有未了结的合伙企业事务的，待该事务了结后进行结算。

退伙人在合伙企业中财产份额的退还办法，由合伙协议约定或者由全体合伙人决定，可以退还货币，也可以退还实物。

退伙人对基于其退伙前的原因发生的合伙企业债务，承担无限连带责任。合伙人退伙时，合伙企业财产少于合伙企业债务的，退伙人应当依法分担亏损。

3. 合伙财产份额的继承

普通合伙人死亡或者被依法宣告死亡的，对该合伙人在合伙企业中的财产份额享有合法继承权的继承人，按照合伙协议的约定或者经全体合伙人一致同意，从继承开始之日起，取得该合伙企业的合伙人资格。

有下列情形之一的，合伙企业应当向普通合伙人的继承人退还被继承合伙人的财产份额：①继承人不愿意成为合伙人；②法律规定或者合伙协议约定合伙人必须具有相关资格，而该继承人未取得该资格；③合伙协议约定不能成为合伙人的其他情形。

普通合伙人的继承人为无民事行为能力人或者限制民事行为能力人的，经全体合伙人一致同意，可以依法成为有限合伙人，普通合伙企业依法转为有限合伙企业。全体合伙人未能一致同意的，合伙企业应当将被继承合伙人的财产份额退还该继承人。

第三节　有限合伙企业

一、有限合伙企业的设立

有限合伙企业的设立需要满足以下条件。

1）有 2 个以上 50 个以下的合伙人。有限合伙企业由 2 个以上 50 个以下的合伙人设立，其中至少有一个合伙人是普通合伙人。有限合伙企业仅剩有限合伙人的，应当解散；有限合伙企业仅剩普通合伙人的，应转为普通合伙企业。

2）有特定的企业名称和生产经营场所。有限合伙企业名称中应当标明"有限合伙"字样，固定的生产经营场所和必要的生产经营条件，是合伙企业开展生产经营活动的物质基础。

3）有书面合伙协议。有限合伙企业的合伙协议除载明上述事项外，还应当载明下列事项：普通合伙人和有限合伙人的姓名或者名称、住所；执行事务合伙人应具备的条件和选择程序；执行事务合伙人权限与违约处理办法；执行事务合伙人的除名条件和更换程序；有限合伙人入伙、退伙的条件、程序以及相关责任；有限合伙人和普通合伙人相互转变程序。

4）有实际缴付的出资。有限合伙人可以用货币、实物、知识产权、土地使用权或者其他财产权利出资，但不得以劳务出资。

5）法律、行政法规规定的其他条件。

二、有限合伙企业事务的执行

有限合伙企业由普通合伙人执行合伙事务。执行事务合伙人可以要求在合伙协议中确定执行事务的报酬及报酬提取方式。

有限合伙人不执行合伙事务，不得对外代表有限合伙企业。有限合伙人未经授权以有限合伙企业名义与他人进行交易，给有限合伙企业或者其他合伙人造成损失的，该有限合伙人应当承担赔偿责任。

第三人有理由相信有限合伙人为普通合伙人并与其交易的，该有限合伙人对该笔交易承担与普通合伙人同样的责任。

有限合伙人的下列行为，不视为执行合伙事务：参与决定普通合伙人入伙、退伙；对企业的经营管理提出建议；参与选择承办有限合伙企业审计业务的会计师事务所；获取经审计的有限合伙企业财务会计报告；对涉及自身利益的情况，查阅有限合伙企业财务会计账簿等财务资料；在有限合伙企业中的利益受到侵害时，向有责任的合伙人主张权利或者提起诉讼；执行事务合伙人怠于行使权利时，督促其行使权利或者为了本企业的利益以自己的名义提起诉讼；依法为本企业提供担保。

三、有限合伙人的权利和债务承担

（一）有限合伙人的权利

有限合伙人的权利有以下几点。

1）有限合伙人可以同本有限合伙企业进行交易；但是，合伙协议另有约定的除外。

2）有限合伙人可以自营或者与他人合作经营与本有限合伙企业相竞争的业务，但是合伙协议另有约定的除外。

3）有限合伙人可以将其在有限合伙企业中的财产份额出质；但是合伙协议另有约定的除外。

4）有限合伙人可以按照合伙协议的约定向合伙人以外的人转让其在有限合伙企业中的财产份额，但应当提前 30 日通知其他合伙人。

（二）有限合伙人的债务承担

有限合伙企业不能清偿到期债务的，全体普通合伙人承担无限连带责任，有限合伙人以其认缴的出资额为限承担责任。因此当合伙企业财产不足以清偿到期债务时，有限合伙人不承担剩余债务的清偿义务。

有限合伙人的自有财产不足清偿其与合伙企业无关的债务的，该合伙人可以以其从有限合伙企业中分取的收益用于清偿；债权人也可以依法请求人民法院强制执行该合伙人在有限合伙企业中的财产份额用于清偿。人民法院强制执行有限合伙人的财产份额时，应当通知全体合伙人。在同等条件下，其他合伙人有优先购买权。

四、入伙、退伙和转伙

（一）入伙

新入伙的有限合伙人对入伙前有限合伙企业的债务，以其认缴的出资额为限承担责任。

（二）退伙

有限合伙人有下列情形之一的，当然退伙：作为合伙人的自然人死亡或者被依法宣告死亡；作为合伙人的法人或者其他组织依法被吊销营业执照、责令关闭、撤销，或者被宣告破产；合伙人在合伙企业中的全部财产份额被人民法院强制执行。

作为有限合伙人的自然人在有限合伙企业存续期间丧失民事行为能力的，其他合伙人不得因此要求其退伙。

作为有限合伙人的自然人死亡、被依法宣告死亡或者作为有限合伙人的法人及其他组织终止时，其继承人或者权利承受人可以依法取得该有限合伙人在有限合伙企业中的资格。

有限合伙人退伙后，对基于其退伙前的原因发生的有限合伙企业债务，以其退伙时从有限合伙企业中取回的财产承担责任。

（三）转伙

除合伙协议另有约定外，普通合伙人转变为有限合伙人，或者有限合伙人转变为普通合伙人，应当经全体合伙人一致同意。

有限合伙人转变为普通合伙人的，对其作为有限合伙人期间有限合伙企业发生的债务承担无限连带责任。普通合伙人转变为有限合伙人的，对其作为普通合伙人期间合伙企业发生的债务承担无限连带责任。

第四节 合伙企业的解散与清算

一、合伙企业的解散

合伙企业有下列情形之一的，应当解散：①合伙期限届满，合伙人决定不再经营；②合伙协议约定的解散事由出现；③全体合伙人决定解散；④合伙人已不具备法定人数满 30 日；⑤合伙协议约定的合伙目的已经实现或者无法实现；⑥依法被吊销营业执照、责令关闭或者被撤销；⑦法律、行政法规规定的其他原因。

二、合伙企业的清算

合伙企业解散，应当由清算人进行清算。

（一）清算人的确定

合伙企业清算清算人由全体合伙人担任；经全体合伙人过半数同意，可以自合伙企业解散事由出现后 15 日内指定一个或者数个合伙人，或者委托第三人，担任清算人。自合伙企业解散事由出现后 15 日内未确定清算人的，合伙人或者其他利害关系人可以申请人民法院指定清算人。

（二）清算事务

清算人在清算期间执行下列事务：清理合伙企业财产，分别编制资产负债表和财产清单；处理与清算有关的合伙企业未了结事务；清缴所欠税款；清理债权、债务；处理合伙企业清偿债务后的剩余财产；代表合伙企业参加诉讼或者仲裁活动。

清算人自被确定之日起 10 日内将合伙企业解散事项通知债权人，并于 60 日内在报纸上公告。债权人应当自接到通知书之日起 30 日内，未接到通知书的自公告之日起 45 日内，向清算人申报债权。债权人申报债权，应当说明债权的有关事项，并提供证明材料。清算人应当对债权进行登记。清算期间，合伙企业存续，但不得开展与清算无关的经营活动。

> **导学博览3-4 合伙人未经清算能直接起诉退回合伙投资吗？**
>
> 王某与何某于 2012 年 1 月协议合伙经营无烟煤，王某出资 37 万元，由何某出场地并由何某实际操作合伙事务，合伙经营期间 1 年。双方合伙经营两个月后，双方不再继续经营，何某也外出经商。现在王某欲直接起诉请求何某退回出资 37 万元。能否得到法律支持？
>
> 根据《合伙企业法》规定，合伙人未经合伙清算，直接起诉要求退还合伙资金是不能得到支持的。合伙财产在支付清算费用后，先清偿所欠招用的职工工资和劳动保险费用、再清偿所欠税款、然后清偿合伙债务，如有剩余的，返还合伙人的出资；仍有剩余的，由合伙人分配利润。王某及何某应对合伙期间经营状况进行审计

并清算，确定盈亏数额。如果是盈余或者持平，王某才有可能退还合伙资金。如果是亏损，那么不仅不能收回出资，而且还会将其出资和合伙期间积累的财产一并用于债务清偿。

（三）财产分配及债务承担

合伙企业财产在支付清算费用和职工工资、社会保险费用、法定补偿金以及缴纳所欠税款、清偿债务后的剩余财产，依照规定进行分配。

合伙企业的利润分配、亏损分担，按照合伙协议的约定办理；合伙协议未约定或者约定不明确的，由合伙人协商决定；协商不成的，由合伙人按照实缴出资比例分配、分担；无法确定出资比例的，由合伙人平均分配、分担。

（四）注销登记

清算结束，清算人应当编制清算报告，经全体合伙人签名、盖章后，在 15 日内向企业登记机关报送清算报告，申请办理合伙企业注销登记。

合伙企业注销后，原普通合伙人对合伙企业存续期间的债务仍应承担无限连带责任。合伙企业不能清偿到期债务的，债权人可以依法向人民法院提出破产清算申请，也可以要求普通合伙人清偿。合伙企业依法被宣告破产的，普通合伙人对合伙企业债务仍应承担无限连带责任。

第五节　违反《合伙企业法》的法律责任

一、合伙企业的法律责任

合伙企业有以下情形的，要依法承担相应的法律责任。

1）合伙企业提交虚假文件或者采取其他欺骗手段，取得合伙企业登记的，由企业登记机关责令改正，处以 5 千元以上 5 万元以下的罚款；情节严重的，撤销企业登记，并处以 5 万元以上 20 万元以下的罚款。

2）合伙企业未在其名称中标明"普通合伙""特殊普通合伙"或者"有限合伙"字样的，由企业登记机关责令限期改正，处以 2 千元以上 1 万元以下的罚款。

3）合伙企业未领取营业执照，而以合伙企业或者合伙企业分支机构名义从事合伙业务的，由企业登记机关责令停止，处以 2 千元以上 5 万元以下的罚款。

4）合伙企业登记事项发生变更时，未依照规定办理变更登记的，由企业登记机关责令限期登记；逾期不登记的，处以 2 千元以上 2 万元以下的罚款。

二、合伙人的法律责任

合伙人有以下情形的，要依法承担相应的法律责任。

1）合伙企业登记事项发生变更，执行合伙事务的合伙人未按期申请办理变更登记的，应当赔偿由此给合伙企业、其他合伙人或者善意第三人造成的损失。

2）合伙人执行合伙事务，或者合伙企业从业人员利用职务上的便利，将应当归合伙企业的利益据为己有的，或者采取其他手段侵占合伙企业财产的，应当将该利益和财产退还合伙企业；给合伙企业或者其他合伙人造成损失的，依法承担赔偿责任。

3）合伙人对法律规定或者合伙协议约定必须经全体合伙人一致同意始得执行的事务擅自处理，给合伙企业或者其他合伙人造成损失的，依法承担赔偿责任。

4）不具有事务执行权的合伙人擅自执行合伙事务，给合伙企业或者其他合伙人造成损失的，依法承担赔偿责任。

5）合伙人违反法律或者合伙协议约定，从事与本合伙企业相竞争的业务或者与本合伙企业进行交易的，该收益归合伙企业所有；给合伙企业或者其他合伙人造成损失的，依法承担赔偿责任。

6）合伙人违反合伙协议的，应当依法承担违约责任。

三、清算人的法律责任

清算人未依法向企业登记机关报送清算报告，或者报送清算报告隐瞒重要事实，或者有重大遗漏的，由企业登记机关责令改正。由此产生的费用和损失，由清算人承担和赔偿。

清算人执行清算事务，牟取非法收入或者侵占合伙企业财产的，应当将该收入和侵占的财产退还合伙企业；给合伙企业或者其他合伙人造成损失的，依法承担赔偿责任。

清算人违反法律规定，隐匿、转移合伙企业财产，对资产负债表或者财产清单作虚假记载，或者在未清偿债务前分配财产，损害债权人利益的，依法承担赔偿责任。

四、其他人的法律责任

有关行政管理机关的工作人员违反法律规定，滥用职权、徇私舞弊、收受贿赂、侵害合伙企业合法权益的，依法给予行政处分。构成犯罪的，依法追究刑事责任。承担民事赔偿责任和缴纳罚款、罚金，其财产不足以同时支付的，先承担民事赔偿责任。

■■■■■■■■■■■■■■■■ 应 知 应 会 ■■■■■■■■■■■■■■■■

1．核心概念：合伙企业、普通合伙企业、特殊的普通合伙企业、有限合伙企业。
2．普通合伙企业设立的条件。
3．普通合伙企业财产转让的限制。
4．普通合伙企业损益分配的规定。
5．入伙、退伙的规定。
6．特殊的普通合伙企业的规定。
7．有限合伙企业的特殊规定。

━━━━━━━━━━━━━━━━━━━ 实 训 练 习 ━━━━━━━━━━━━━━━━━━━

一、单项选择题

1. 关于合伙企业利润分配，合伙协议未作约定且合伙人协商不成，下列正确的是（　　）。

　　A. 应当由全体合伙人平均分配

　　B. 应当由全体合伙人按实缴出资比例分配

　　C. 应当由全体合伙人按合伙协议约定的出资比例分配

　　D. 应当按合伙人的贡献决定如何分配

2. 普通合伙企业合伙人李某因车祸遇难，生前遗嘱指定 16 岁的儿子李明为其全部财产继承人。下列表述错误的是（　　）。

　　A. 李明有权继承其父在合伙企业中的财产份额

　　B. 如其他合伙人均同意，李明可以取得有限合伙人资格

　　C. 如合伙协议约定合伙人必须是完全行为能力人，则李明不能成为合伙人

　　D. 应当待李明成年后由其本人作出其是否愿意成为合伙人的意思表示

3. 甲是某有限合伙企业的有限合伙人，持有该企业 15%的份额。在合伙协议无特别约定的情况下，甲在合伙期间未经其他合伙人同意实施了下列行为，其中违反《合伙企业法》规定的是（　　）。

　　A. 将自购的机器设备出租给合伙企业使用

　　B. 以合伙企业的名义购买汽车一辆归合伙企业使用

　　C. 以自己在合伙企业中的财产份额向银行提供质押担保

　　D. 提前一个月通知其他合伙人将其部分合伙份额转让给合伙人以外的人

4. 甲、乙、丙、丁成立一普通合伙企业，一年后甲转为有限合伙人。此前，合伙企业欠银行债务 30 万元，该债务直至合伙企业因严重资不抵债被宣告破产仍未偿还。对该 30 万元银行债务的偿还，下列选项正确的是（　　）。

　　A. 乙、丙、丁应按合伙份额对该笔债务承担清偿责任，甲无须承担责任

　　B. 各合伙人均应对该笔债务承担无限连带责任

　　C. 乙、丙、丁应对该笔债务承担无限连带责任，甲无须承担责任

　　D. 合伙企业已宣告破产，债务归于消灭，各合伙人无须偿还该笔债务

5. 王东、李南、张西约定共同开办一家餐馆，王东出资 20 万元并负责日常经营，李南出资 10 万元，张西提供家传菜肴配方，但李南和张西均只参与盈余分配而不参与经营劳动。开业两年后，餐馆亏损严重，李南撤回了出资，并要求王东和张西出具了"餐馆经营亏损与李南无关"的字据。下列选项正确的是（　　）。

　　A. 王东、李南为合伙人，张西不是合伙人

　　B. 王东、张西为合伙人，李南不是合伙人

　　C. 王东、李南、张西均为合伙人

D. 王东和张西所出具的字据无效

二、多项选择题

1. 根据《合伙企业法》的规定，下列有关普通合伙企业的说法错误的是（　　）。
    A. 合伙人为自然人的，可以是限制民事行为能力人
    B. 利润分配和亏损分担办法是合伙协议应该记载的事项
    C. 合伙企业解散清算委托第三人担任清算人的，需要经全体合伙人一致同意
    D. 合伙人之间约定的合伙企业亏损的分担比例对合伙人和债权人均有约束力

2. 甲是某普通合伙企业合伙人，因病身亡，其继承人只有乙。关于乙继承甲的合伙财产份额的下列表述中，符合《合伙企业法》规定的有（　　）。
    A. 乙可以要求退还甲在合伙企业的财产份额
    B. 乙只能要求退还甲在合伙企业的财产份额
    C. 乙因继承财产份额而当然成为合伙企业的合伙人
    D. 经其他合伙人同意，乙因继承而成为合伙企业的合伙人

3. 关于特殊的普通合伙企业，下列表述正确的有（　　）。
    A. 适用于以专业知识和专门技能为客户提供有偿服务的专业服务机构
    B. 一个合伙人在执业活动中造成合伙企业债务的，其他合伙人承担有限责任
    C. 企业名称中应当标明"特殊普通合伙"字样
    D. 应当建立执业风险基金

4. 某普通合伙企业的下列事项中，除合伙协议另有约定外，需要经全体合伙人一致同意的有（　　）。
    A. 合伙人甲提议，改变合伙企业的名称
    B. 合伙人乙提议，以合伙企业的一处门面房为其他企业提供抵押担保
    C. 合伙人丙提议，转让合伙企业的注册商标
    D. 合伙人丁提议，聘任合伙人以外的张某担任合伙企业的经营管理人员

5. 根据《合伙企业法》的规定，除合伙协议另有约定外，有限合伙企业的下列事项中，应当经全体合伙人一致同意的有（　　）。
    A. 有限合伙人按照合伙协议的约定向合伙人以外的人转让其在合伙企业中的全部或者部分财产份额
    B. 普通合伙人之间转让其在合伙企业中的全部或者部分财产份额
    C. 有限合伙企业的普通合伙人转变为有限合伙人
    D. 有限合伙企业的有限合伙人转变为普通合伙人

三、实务操作题

1. 列表对比普通合伙企业与有限合伙企业的区别。
2. 3~4人一组，撰写一份合伙企业协议。
3. 案例分析。
    王山、吴江、严庆和周林四人欲设立一有限合伙企业"建军汽车修理厂"，并就有

关事项订立了合伙协议，约定王山和吴江、严庆为普通合伙人，各自的出资为 5 万元货币、作价 8 万元技术和 3 万元的劳务，周林为有限合伙人，出资为价值 20 万元的房产一套。在汽车修理厂经营过程中：周林经常对外代表合伙企业承接业务；王山自营一家名为"王山汽修厂"的个人独资企业；吴江未经同意，以自己的汽车配件店为汽修厂提供汽车配件。

　　请问：该合伙企业在经营中有什么不妥之处？

第四章

个人独资企业法

 学习目标

知识目标

1. 了解个人独资企业的概念和法律特征。
2. 掌握个人独资企业的设立条件、设立程序和事务执行。
3. 理解个人独资企业投资人的权利、义务以及违反个人独资企业法的法律责任。

能力目标

1. 能够完成个人独资企业的设立申请。
2. 能够进行个人独资企业企业日常事务的管理。
3. 能够处理个人独资企业存续期间出现的简单法律问题。

 法律检索

《中华人民共和国个人独资企业法》（以下简称《个人独资企业法》）（1999 年 8 月 30 日第九届全国人大常委会第十一次会议通过，自 2000 年 1 月 1 日起施行）

 法谚名言

现代企业管理的重大责任，就在于谋求企业目标与个人目标两者的一致，两者越一致管理效果就越好。

—— 毛仲强

第一节 个人独资企业法概述

一、个人独资企业概述

（一）个人独资企业的概念

个人独资企业是指依法在中国境内设立，由单个自然人投资，全部资产为投资人个人所有，投资人以其个人财产对企业债务承担无限责任的经营实体。

（二）个人独资企业的特征

1. 由单个自然人投资和控制

在我国，只有符合条件的自然人才能成为个人独资企业的投资人，法人、其他组织以及事业单位、社会团体都不能投资设立个人独资企业。

2. 企业的财产为投资人个人所有

投资人向企业的投入所形成各项资产和权益都归于投资人一人所有。

3. 投资者以个人的全部财产对企业债务承担无限责任

个人独资企业是非法人企业，投资人以其全部财产对企业经营债务及其他债务承担无限责任 ，当企业资产不能清偿到期债务时，投资人应以其所有的其他财产清偿。

4. 内部机构设置简单，经营管理方式灵活

个人独资企业的投资人既是企业的所有者，又是企业的经营者，法律对其内部机构和经营管理方式的规定不像公司和其他企业那样严格。

导学博览4-1　个人独资企业纳税方式

根据国务院《关于个人独资企业和合伙企业征收所得税问题的通知》（国发〔2000〕16号）和财政部、国家税务总局关于印发，《关于个人独资企业和合伙企业投资者征收个人所得税的规定》的通知（财税〔2000〕91号）文件规定，自2000年1月1日起停止对个人独资企业和合伙企业征收企业所得税，只对其投资者的经营所得征收个人所得税。因此，单位应缴纳个人所得税，纳税人为投资者。

如果单位财务制度健全、账目清晰，并能按期办理纳税申报这一实际情况，单位适合实行查账征收方式。投资者生产经营所得比照"个体工商户生产经营所得"应税项目计征个人所得税，适用5%～35%的5级超额累进税率。

二、个人独资企业法的概念和内容

个人独资企业法是指调整在国家协调经济运行过程中发生的关于个人独资企业设立、经营、变更、终止等活动的各种经济关系的法律规范的总称。

为了规范个人独资企业的行为，保护个人独资企业投资人和债权人的合法权益，维护社会经济秩序，促进社会主义市场经济的发展，第九届全国人大常委会第十一次会议于 1999 年 8 月 30 日通过了《中华人民共和国个人独资企业法》，自 2000 年 1 月 1 日起施行。这部法律从我国国情出发，又借鉴了国外相关法律的通行做法而制定，对于促进我国个人独资企业规范经营、健康发展、发展社会主义多种经济模式，创造社会财富具有重要的现实意义。

除此之外，涉及个人独资企业的规范性文件还包括《个人独资企业登记管理办法》、《企业名称登记管理规定》等。

第二节　个人独资企业的设立

一、个人独资企业的设立条件

设立个人独资企业，应当同时具备下列条件。

1）投资人为一个自然人。

2）有合法的企业名称。个人独资企业的名称应当符合名称登记管理有关规定，并与其责任形式及从事的营业相符合。个人独资企业的名称中不得使用"有限"、"有限责任"或者"公司"字样。

3）有投资人申报的出资。基于投资人对企业债务承担无限责任，《个人独资企业法》对于出资额没有规定最低限额。

4）有固定的生产经营场所和必要的生产经营条件。

5）有必要的从业人员。

二、个人独资企业的设立程序

个人独资企业经登记机关依法核准登记，领取营业执照后，方可从事经营活动。个人独资企业应当在登记机关核准的登记事项内依法从事经营活动。根据《个人独资企业登记管理办法》，设立个人独资企业需遵循以下要求。

（一）提交申请

设立个人独资企业，应当由投资人或者其委托的代理人向个人独资企业所在地登记机关申请设立登记。个人独资企业的登记事项应当包括：企业名称、企业住所、投资人姓名和居所、出资额和出资方式、经营范围及方式。

投资人申请设立登记，应当向登记机关提交下列文件：投资人签署的个人独资企业设立申请书；投资人身份证明；企业住所证明；国家工商行政管理局规定提交的其他文件。

从事法律、行政法规规定须报经有关部门审批的业务的，应当提交有关部门的批准文件。委托代理人申请设立登记的，应当提交投资人的委托书和代理人的身份证明或者资格证明。

（二）工商登记

登记机关应当在收到设立申请文件之日起 15 日内，对符合《个人独资企业法》规定条件的，予以登记，发给营业执照；对不符合《个人独资企业法》规定条件的，不予登记，并应当给予书面答复，说明理由。

个人独资企业的营业执照的签发日期，为个人独资企业成立日期。在领取个人独资企业营业执照前，投资人不得以个人独资企业名义从事经营活动。

三、个人独资企业的分支机构

个人独资企业设立分支机构，应当由投资人或者其委托的代理人向分支机构所在地的登记机关申请登记，领取营业执照。分支机构经核准登记后，应将登记情况报该分支机构隶属的个人独资企业的登记机关备案。分支机构的民事责任由设立该分支机构的个人独资企业承担。

第三节　个人独资企业的投资人及事务管理

一、个人独资企业的投资人

（一）投资人的权利

个人独资企业投资人对企业财产享有所有权，独资企业成立时的出资和经营过程中增值的财产都归企业投资人所有。投资人对企业名称、商誉、知识产权等无形财产也享有独立排他的财产权利。

个人独资企业投资人的权利可以依法转让或继承。由于独资企业投资人的人格与企业人格密不可分，投资人对企业财产享有充分的支配与处置权，可以将企业部分财产或整个企业转让他人。当投资人死亡或被宣告死亡时，其继承人可以对独资企业行使继承权。

导学博览4-2　个人独资企业投资人限制

个人独资企业出资是让很多人感到困惑的地方，有些人所谓的"一人公司"或者"一块钱注册一个企业"，都是对个人独资企业的误解。

个人独资企业由一个自然人投资，财产为投资人个人所有，投资人以其个人财产对企业债务承担无限责任，个人独资企业根本不是公司法人。

在投资者身份上，首先要求是中国公民，其次法律规定某些职业者不能成为投资人，如国家公务员、党政机关领导干部、警官、法官、检察官、商业银行工作人员。在出资问题上也存在着误解。个人独资企业法确实没有最低出资额的规定，只是概括地表述应有投资人申报的出资。但是任何企业要正常经营都是需要必要投入的，个人独资企业也不例外，没有与拟开展业务相应的投入，工商部门是不会批准设立申请的。

（二）投资人责任

个人独资企业投资人对企业债务承担无限责任。个人独资企业在申请企业设立登记时明确以投资人个人财产作为出资的，以个人财产对企业债务承担无限责任；明确以家庭共有财产作为出资的，以家庭共有财产对企业债务承担无限责任。

个人独资企业投资人以个人财产或者以家庭共有财产作为出资的，应当在设立申请书中予以明确。

二、个人独资企业事务管理

个人独资企业投资人可以自行管理企业事务，也可以委托或者聘用其他具有民事行为能力的人负责企业的事务管理。

投资人委托或者聘用他人管理个人独资企业事务，应当与受托人签订书面合同，明确委托的具体内容和授予的权利范围。当然，投资人对受托人职权的限制，不得对抗善意第三人，即当善意第三人不知受托人为越权代理仍与后者为民事法律行为，则该民事法律行为之民事法律后果仍由投资人承担。

受托人应对个人独资企业负有诚信、勤勉义务，按照与投资人签订的合同负责个人独资企业的事务管理，并且不得有下列行为：利用职务上的便利，索取或者收受贿赂；利用职务上或者工作上的便利侵占企业财产；挪用企业的资金归个人使用或借贷给他人；擅自将企业资金以个人名义或者以他人名义开立账户储存；擅自以企业财产提供担保；未经投资人同意，从事与本企业相竞争的业务；未经投资人同意，同本企业订立合同或者进行交易；未经投资人同意，擅自将企业的商标或者其他知识产权转让给其他人使用；泄露本企业的商业秘密；法律、行政法规禁止的其他行为。

三、个人独资企业的权利和义务

（一）权利

个人独资企业可以依法申请金融机构贷款，通过各种合法方式取得土地使用权，并享有法律、行政法规规定的其他权利。

任何单位和个人不得违反法律、行政法规的规定，以任何方式强制个人独资企业提供财力、物力、人力；对于违法强制提供财力、物力、人力的行为，个人独资企业有权拒绝。

（二）义务

个人独资企业应当依法设置会计账簿，进行会计核算。

个人独资企业招用职工的，应当依法与职工签订劳动合同，保障职工的劳动安全，按时、足额发放职工工资。

个人独资企业应当按照国家规定参加社会保险，为职工缴纳社会保险费。

第四节　个人独资企业的变更、解散和清算

一、个人独资企业的变更

个人独资企业的变更，是指改变个人独资企业的名称、企业负责人、经营地址、经营范围、经营方式、企业种类等主要登记事项。

依照《个人独资企业法》的规定，个人独资企业在存续期间，上述登记事项发生变更的，应当在作出变更决定之日起 15 日内依法向原登记机关办理变更登记。个人独资企业办理变更登记时，应当提交申请书及有关证件。工商行政管理机关自受理个人独资企业变更申请之日起 15 日内，作出是否批准的决定。

二、个人独资企业的解散

按照《个人独资企业法》的规定，个人独资企业出现下列情形之一的，应当解散：投资人决定解散；投资人死亡或者被宣告死亡，无继承人或者继承人决定放弃继承；被依法吊销营业执照；法律、行政法规规定的其他情形。

三、个人独资企业的清算

个人独资企业解散时，应当进行清算。

（一）通知和公告债权人

个人独资企业解散，可由投资人自行清算或者由债权人申请法院指定清算人进行清算。投资人自行清算的，应当在清算前 15 日内书面通知债权人，无法通知的，应当予以公告，债权人应当在接到通知之日起 30 日内，未接到通知的应当在公告之日起 60 日内，向投资人申报债权。

（二）财产清偿顺序

个人独资企业解散的，财产应当按照下列顺序清偿：所欠职工工资和社会保险费用；所欠税款；其他债务。个人独资企业财产不足以清偿债务的，投资人应当以其个人的其他财产予以清偿。

（三）持续偿债责任

个人独资企业解散后，原投资人对个人独资企业存续期间的债务仍应承担偿还责任，但债权人在 5 年内未向债务人提出偿债请求的，该责任消灭。

（四）注销登记

个人独资企业清算结束后，投资人或者人民法院指定的清算人应当编制清算报告，

并于 15 日内到登记机关办理注销登记。

第五节　违反《个人独资企业法》的法律责任

一、投资人的法律责任

投资人提交虚假文件或采取其他欺骗手段，取得企业登记的，责令投资人改正，并对其处以 3 千元以下的罚款。投资者未领取营业执照，以个人独资企业的名义从事经营活动的，责令投资者停止经营活动，并对其处以 3 千元以下的罚款。

投资人在清算前或清算期间隐匿或转移财产，逃避债务的，依法追回其财产，并按照有关规定予以处罚；构成犯罪的，依法追究刑事责任。投资人应当承担民事赔偿责任和缴纳罚款、罚金，其财产不足以支付的，或者被判处没收财产的，应当先承担民事赔偿责任。

二、个人独资企业的法律责任

个人独资企业使用的名称与其在登记机关登记的名称不相符合的，责令限期改正，处以 2 千元以下的罚款。个人独资企业涂改、出租、转让营业执照的，责令改正，没收违法所得，处以 3 千元以下的罚款；情节严重的，吊销营业执照。

个人独资企业成立后无正当理由超过 6 个月未开业的，或者开业后自行停业连续 6 个月以上的，吊销营业执照。个人独资企业伪造营业执照的，责令其停业，没收违法所得，处 5 五千元以下的罚款，构成犯罪的，依法追究刑事责任。

个人独资企业登记事项发行变更时，未按个人独资企业法规定办理有关变更登记的，责令限期办理变更登记；逾期不办理的，处以 2 千元以下的罚款。

个人独资企业违反个人独资企业法规定，侵犯职工合法权益，未保障职工劳动安全，不缴纳社会保险费用的，按照有关法律、行政法规予以处罚，并追究有关责任人员的责任。

三、受托人的法律责任

投资人委托或者聘用的人员管理个人独资企业事务时违反双方订立的合同，给投资人造成损害的，应承担民事赔偿责任。

投资人委托或者聘用的人员违反《个人独资企业法》第 20 条规定，侵犯个人独资企业财产权利的，责令退还侵占的财产，给企业造成损失的，依法承担赔偿责任，有违法所得的，没收违法所得，构成犯罪的，依法追究刑事责任。

四、有关机关和人员的法律责任

对违反法律、行政法规的规定强制个人独资企业提供财力、物力、人力的机关和人员，按照有关法律、行政法规予以处罚，并追究有关责任人员的责任。

登记机关对不符合个人独资企业法规定条件的个人独资企业予以登记，或对符合个人独资企业法规定条件的企业不予登记的，对直接责任人员依法给予行政处分；构成犯罪的，依法追究刑事责任。

登记机关的上级部门的有关主管人员强令登记机关对不符合个人独资企业法规定条件的企业予以登记，或者对符合个人独资企业法规定条件的企业不予登记的，或者对登记机关的违法登记行为进行包庇的，对直接责任人员依法给予行政处分；构成犯罪的，依法追究刑事责任。

登记机关对符合法定条件的申请不予登记或者超过法定时限不予答复的，当事人可依法申请行政复议或提起行政诉讼。

应 知 应 会

1. 核心概念：个人独资企业、个人独资企业法。
2. 个人独资企业的设立条件。
3. 个人独资企业投资人的规定。
4. 个人独资企业的事务管理。
5. 个人独资企业的债务清偿。

实 训 练 习

一、单项选择题

1. 个人独资企业的投资人对企业债务承担的责任有（　　）。
    A. 以出资额为限承担责任　　　　　B. 以企业财产为限承担责任
    C. 以其个人财产承担无限责任　　　D. 以其个人财产承担无限连带责任
2. 个人独资企业分支机构的民事责任由（　　）。
    A. 设立分支机构的个人独资企业承担
    B. 分支机构独立承担
    C. 设立分支机构的个人独资企业的投资人承担
    D. 设立分支机构的个人独资企业和其投资人共同承担
3. 个人独资企业投资人对受托人或者被聘用人员职权限制的效力，正确的是（　　）。
    A. 不能对抗任何人　　　　　　　　B. 可以对抗任何人
    C. 不得对抗善意第三人　　　　　　D. 在一定的情况下可以对抗善意第三人
4. 甲以个人财产设立一独资企业，后甲病故，其妻和其子女（均已满18岁）都明确表示不愿继承该企业，该企业只得解散。该企业解散时，应由（　　）进行清算。
    A. 其子女进行清算　　　　　　　　B. 其妻进行清算
    C. 其妻和其子女共同进行清算　　　D. 债权人申请法院指定清算人进行清算
5. 甲开办一个人独资企业，在设立企业时甲对企业投资40万元用于购买生产原料、机器设备等。现甲准备将部分企业财产变卖，此时企业欠有外债20万余元，债权人对甲的行为提出异议。下列对甲行为的说法，正确的是（　　）。
    A. 甲对企业财产不享有处分权，未经法定程序作出决定，其变卖行为是违法的

  B. 甲减少出资前应当征得债权人的同意，甲擅自变卖企业财产的行为应当予以撤销

  C. 如果甲变卖部分企业财产后剩余财产价值仍大于负债数额，那么甲的行为是合法的

  D. 甲对企业的财产依法享有所有权，其个人对企业债务承担无限责任，变卖行为是合法有效的，不需要经过债权人同意

二、多项选择题

  1. 个人独资企业聘用的经营管理人员，未经投资人同意，不得从事的行为有（　　）。

   A. 从事与本企业相竞争的业务　　　　B. 同本企业订立合同或者进行交易

   C. 将企业专利权转让给他人使用　　　D. 将企业商标权转让给他人使用

  2. 下列内容中符合《个人独资企业法》规定的有（　　）。

   A. 公务员、警官、法官不得成为个人独资企业的投资人

   B. 个人独资企业为非法人企业，没有注册资本的限额规定

   C. 个人独资企业投资人对聘用人员职权的限制不得对抗善意的第三人

   D. 个人独资企业不能设立分支机构

  3. 下列各项中，可以作为个人独资企业出资方式的是（　　）。

   A. 货币　　　　　　B. 实物　　　　　　C. 专利权　　　　　D. 劳务

  4. 某个人独资企业决定解散，并进行清算。该企业财产状况如下：企业尚有可用于清偿的财产 10 万元；欠缴税款 3 万元；欠职工工资 1 万元；欠社会保险费用 0.5 万元；欠甲公司到期债务 5 万元；欠乙未到期债务 2 万元。根据《个人独资企业法》的规定，该个人独资企业在清偿所欠税款前，应先行清偿的款项有（　　）。

   A. 所欠职工工资 1 万元　　　　　　　B. 所欠社会保险费用 0.5 万元

   C. 所欠甲公司到期债务 5 万元　　　　D. 所欠乙未到期债务 2 万元

  5. 李某以个人财产 2 万元出资设立个人独资企业，因经营不善被迫清算，清算后企业尚欠债务 6 万元未能偿还。经查，李某有个人存款 0.7 万元、股票投资 2.5 万元；李某家庭有房屋租金收入 0.8 万元、国债投资 2 万元。对于未能偿还的债务，可用于偿还的有（　　）。

   A. 李某个人存款 0.7 万元　　　　　　B. 李某家庭房屋租金收入 0.8 万元

   C. 李某个人的股票投资 2.5 万元　　　D. 李某家庭的国债投资 2 万元

三、实务操作题

  1. 完成一份个人独资企业设立申请书。

  2. 案例分析。

  2009 年 5 月 9 日，王河申请设立一家个人独资企业"青青彩印中心"。2012 年 9 月 4 日，王河因经营不善，决定解散企业。经过自行清算，企业剩余财产 2.5 万元，所欠职工工资 1 万元，社会保险费 5 千元，税款 3 千元，经营性债务 3 万元。

  请问：该企业财产应如何清偿？

学习目标

知识目标

1. 了解破产的概念、程序和法律责任。
2. 理解破产原因（界限）、破产的申请和受理。
3. 熟悉管理人、债权人会议相关规定。
4. 掌握破产债权的申报和确认，破产费用和共益债务的构成，破产财产的确认、变价和分配。

能力目标

熟悉企业破产程序，能够运用破产法理论，分析企业破产过程中的简单法律问题。

 法律检索

《中华人民共和国企业破产法》（以下简称《企业破产法》）（2006 年 8 月 27 日第十届全国人民代表大会常务委员会第二十三次会议通过，自 2007 年 6 月 1 日起施行）

《最高人民法院关于适用〈中华人民共和国企业破产法〉若干问题的规定（一）》（2011 年 8 月 29 日由最高人民法院审判委员会第 1527 次会议通过，自 2011 年 9 月 26 日起施行）

《最高人民法院关于适用〈中华人民共和国企业破产法〉若干问题的规定（二）》（2013 年 7 月 29 日由最高人民法院审判委员会第 1586 次会议通过，自 2013 年 9 月 16 日起施行）

 **法谚名言**

破产既是债权人保护自己利益的一种手段，也是企业新陈代谢的一个契机。

——（英国）艾伦

第一节 企业破产法概述

一、破产概述

（一）破产的概念

破产是在企业法人不能清偿到期债务，且资产不足以清偿全部债务或者明显缺乏清偿能力时，由债权人或债务人诉请法院，依法定程序将债务人全部财产抵偿所欠债务，不足部分不再清偿的法律制度。

■ 关联法条

《最高人民法院关于适用〈中华人民共和国企业破产法〉若干问题的规定（一）》规定，下列情形同时存在的，人民法院应当认定债务人不能清偿到期债务：①债权债务关系依法成立；②债务履行期限已经届满；③债务人未完全清偿债务。

债务人的资产负债表，或者审计报告、资产评估报告等显示其全部资产不足以偿付全部负债的，人民法院应当认定债务人资产不足以清偿全部债务，但有相反证据足以证明债务人资产能够偿付全部负债的除外。

债务人账面资产虽大于负债，但存在下列情形之一的，人民法院应当认定其明显缺乏清偿能力：①因资金严重不足或者财产不能变现等原因，无法清偿债务；②法定代表人下落不明且无其他人员负责管理财产，无法清偿债务；③经人民法院强制执行，无法清偿债务；④长期亏损且经营扭亏困难，无法清偿债务；⑤导致债务人丧失清偿能力的其他情形。

（二）破产原因

破产原因又称破产界限，是提出破产申请，从而启动破产程序的客观事实，也是人民法院据以宣告债务人破产的法律标准。我国破产法规定的破产原因是，债务人不能清偿到期债务且具有下列情形之一的：①资产不足以清偿全部债务；②明显缺乏清偿能力。

相关当事人以对债务人的债务负有连带责任的人未丧失清偿能力为由，主张债务人不具备破产原因的，人民法院应不予支持。

导学博览5-1 破产制度历史

破产一词源于拉丁语 fallitux，是"失败"的意思。破产法来源于罗马法。在古罗马时代，不能偿还欠款的债务人，可被降为奴隶，由债权人出卖，以所得价款受偿。所以，当债务人无法清偿欠款时，大都逃亡，所遗财产由国家强制处分。以后，逐渐演变为由法院负责分配债务人的财产，并用法律的形式加以固定，从而出现了破产法。罗马法中关于财产管理命令的制度，就是后来破产制度的早期形式。中世纪的意大利受它的影响很大，1244 年的《威尼斯条例》、1341 年的《米兰条例》和 1415 年的《佛罗伦萨条例》等，都比较详细地规定了对商人破产问题的处理。1538 年以后，法国开始颁行关于破产的法令。1673 年，法王路易十四把破产条例列入《商事敕令》中。1807 年的《法国商法典》第 3 卷规定了破产法。由于当时破产法仅适用于商人，故学者称之为"商人破产主义"。后来许多国家扩大破产法的适用范围，也适用于非商人，学者称之为"一般破产主义"。15、16 世纪的德意志，继承罗马法和意大利法，并与本国原有法律相结合，出现了相当于破产程序的立法，最早的是 1855 年的《普鲁士破产法》。后来欧洲大陆各国的破产法规，大多是参照《法国商法典》和《普鲁士破产法》制定的，形成了大陆法系的破产法。英国早在 1542 年亨利八世时代，就颁布了成文的《破产条例》。后于 1571 年、1861 年、1869 年、1883 年陆续颁布了《破产法》。但由于规定不尽一致，适用极为不便，1913 年进行整理，1914 年颁布了《破产整理法》。以后，为美国的破产法所仿效，形成英美法系的破产法。

在中国封建时代，传统上认为钱债是"细故"，不仅没有专门的法令，也没有破产这一名词。商店倒闭则按习惯办理，如有"奸商诈骗，则按诈欺罪惩罚"。清光绪三十二年（1906）始仿日本法制，制定破产律，但第二年便明令废止。"中华民国"时期，1915 年曾拟订破产律草案，1934 年颁布《商人债务清理暂行条例》，1935 年公布并施行《破产法》，1937 年曾加以修订。1949 年 10 月中华人民共和国建立，在 1956 年私营工商业社会主义改造完成以前，遇有私营企业倒闭，曾按一般破产程序办理。

二、企业破产法的概念和运用范围

（一）企业破产法概念

企业破产法是调整企业在破产清算、和解、重整过程中形成的各种社会关系的法律规范的总称。

1986 年，我国通过《中华人民共和国企业破产法（试行）》，其适用范围仅限于全民所有制企业法人。随着我国经济体制改革的深入发展，企业并购、破产案件日渐增多，已有的企业破产法已不能适应企业发展的需要。2006 年 8 月 27 日，第十届全国人大常委会第二十三次会议通过了《中华人民共和国企业破产法》，于 2007 年 6 月 1 日起实施。

（二）企业破产法的适用范围

《企业破产法》适用于中华人民共和国领域内的所有企业法人。按企业资产的所有制性质来分类，企业法人主要包括：全民所有制企业法人、集体所有制企业法人、中外合资经营企业法人、中外合作经营企业法人以及外商独资企业法人，以及它们之间的具有法人资格的联营企业和其他各类具有法人资格的企业或公司等。按照企业法律属性的不同：企业法人主要包括：公司制企业法人（有限责任公司和股份有限公司）和非公司制企业法人（多为尚未转制的国有企业、集体企业）。

商业银行、证券公司、保险公司等金融机构不能清偿到期债务，并且资产不足以清偿全部债务或者明显缺乏清偿能力时，国务院金融监督管理机构可以向人民法院提出对该金融机构进行重整或者破产清算的申请。金融机构实施破产的，国务院可以依据本法和其他有关法律的规定制定实施办法。

依照《企业破产法》开始的破产程序，对债务人在中华人民共和国领域外的财产发生效力。

第二节 破产申请的提出和受理

一、破产申请的提出

破产申请，是指有权申请破产的人基于法定的事实和理由向有管辖权的法院请求对债务人进行重整、和解或者破产清算的意思表示。破产申请必须由相应的主体提出，法院不得自行依职权开始破产程序。

（一）申请主体

1. 债权人

债务人不能清偿到期债务，债权人即可向人民法院提出对债务人进行重整或者破产清算的申请。债权人向人民法院提出破产申请，应当提交破产申请书和债务人不能清偿到期债务的有关证据。破产申请书应当载明下列事项：①申请人、被申请人的基本情况；②申请目的；③申请的事实和理由；④人民法院认为应当载明的其他事项。

2. 债务人

债务人不能清偿到期债务，并且资产不足以清偿全部债务或者明显缺乏清偿能力的，可以向人民法院提出重整、和解或者破产清算申请。债务人提出申请的，除应当提交破产申请书和有关证据外，还应当向人民法院提交财产状况说明、债务清册、债权清册、有关财务会计报告、职工安置预案以及职工工资的支付和社会保险费用的缴纳情况。

3. 对债务人负有清算责任的人

企业法人已解散但未清算或者未清算完毕，资产不足以清偿债务的，依法负有清算责任的人应当向人民法院申请破产清算。清算责任人依据不同的企业法人而有不同：国有企业的清算责任人为国有资产管理机构，集体企业的清算责任人为开办者，有限责任公司的清算责任人为全体股东，股份有限责任公司的清算人则为由股东大会选定的股东。

（二）申请的撤回

破产申请的撤回，是指破产申请主体向人民法院提出关于债务人企业的破产申请后又否定其申请的意思表示。我国《企业破产法》第9条规定"人民法院破产受理申请前，申请人可以请求撤回申请"。

二、破产申请的受理

破产案件由债务人住所地人民法院管辖。人民法院受理破产案件，一般要经过立案、发布通知和公告等程序。

（一）立案

债权人提出破产申请的，人民法院应当自收到破产申请之日起 5 日内通知债务人。债务人对债权人的申请有异议的，可以自收到人民法院的通知之日起 7 日内向人民法院提出。法院将在异议期满后 10 日内作出是否受理的裁定。人民法院对债务人或者清算责任人提出的破产申请，应当自收到破产申请之日起 15 日内裁定是否受理。有特殊情况需要延长裁定受理期限的，人民法院经上一级人民法院批准，可将裁定受理时间延长 15 日。

（二）通知和公告

人民法院受理破产申请的，应当自裁定作出之日起 5 日内送达申请人。债权人提出申请的，人民法院应当自裁定作出之日起 5 日内送达债务人。人民法院应当自裁定受理破产申请之日起 25 日内通知已知债权人，并予以公告。通知和公告应当载明下列事项：①申请人、被申请人的名称或者姓名；②人民法院受理破产申请的时间；③申报债权的期限、地点和注意事项；④管理人的名称或者姓名及其处理事务的地址；⑤债务人的债务人或者财产持有人应当向管理人清偿债务或者交付财产的要求；⑥第一次债权人会议召开的时间和地点；⑦人民法院认为应当通知和公告的其他事项。

法院受理破产申请后，必须通知债权人，但该通知的送达仅以已知的债权人为限，未知的债权人可以通过公告形式来达到通知目的。

导学博览5-2　企业破产申请的受理

2015 年 12 月 14 日，杭州市萧山区人民法院发布公告称，根据债务人浙江登峰交通集团有限公司等 21 家企业的申请，已经分别裁定受理上述公司的破产申请。目前处置程序已经启动，将最大程度保障债权人利益。

据了解，进入破产程序的 21 家公司均为登峰集团的关联企业。浙江登峰交通集团组建于 1997 年，以交通建设、公路投资起家，近年来，逐步扩展至以房地产建设为主，进行休闲度假、景观房产的综合开发。登峰集团近年来进入经营困难期，导致资金周转困难而申请破产，从前期的专业机构评审情况来看，企业破产涉及债务数十亿元，资不抵债达十多亿元。确切数据，管理人团队还在做进一步统计与评审。

据登峰破产处置工作小组有关负责人介绍，登峰集团及其关联公司业务范围主要涉及公路、桥梁、房地产开发、物业等行业。这次登峰集团破产虽然受到国内房地产市场疲软影响，但主要还是近几年来企业自身经营不善，扩张脚步快所致。一方面企业在某房地产建设项目开发拿地、村民拆迁、小镇景观建设等方面投入了大量沉淀资金，同时缺乏回笼资金；另一方面企业为了融资兼并了一些负债企业，债务成本过大，后续资金跟不上，导致资金链断裂。

据悉，登峰集团债务组成来源主要有银行和企业借款、民间借贷、基金公司融资等。目前法院已经启动债权人登记程序，第一次债权人会议将于 2016 年 3 月 10 日至 11 日召开。

（三）不予受理和驳回申请

人民法院裁定不受理破产申请的，应当自裁定作出之日起 5 日内送达申请人并说明理由。申请人对裁定不服的，可以自裁定送达之日起 10 日内向上一级人民法院提起上诉。

人民法院受理破产申请后至破产宣告前，经审查发现债务人未达到破产界限的，可以裁定驳回申请。申请人对裁定不服的，可以自裁定送达之日起 10 日内向上一级人民法院提起上诉。

（四）破产申请受理的效力

破产申请受理的效力具有以下几点。

1）自人民法院受理破产申请的裁定送达债务人之日起至破产程序终结之日，债务人的有关人员（企业的法定代表人、财务管理人员和其他经营管理人员）负有的义务有：①妥善保管其占有和管理的财产、印章和账簿、文书等资料；②根据人民法院、管理人的要求进行工作，并如实回答询问；③列席债权人会议并如实回答债权人的询问；④未经人民法院许可，不得离开住所地；⑤不得新任其他企业的董事、监事、高级管理人员。

2）人民法院受理破产申请后，债务人对个别债权人的债务清偿无效。

3）人民法院受理破产申请后，债务人的债务人或者财产持有人应当向管理人清偿债务或者交付财产。

4）人民法院受理破产申请后，管理人对破产申请受理前成立而债务人和对方当事人均未履行完毕的合同，有权决定解除或者继续履行，并通知对方当事人。管理人自破产申请受理之日起 2 个月内未通知对方当事人，或者收到对方当事人催告之日起 30 日内未答复的，视为解除合同。

管理人决定继续履行合同的，对方当事人应当履行。但是，对方当事人有权要求管理人提供担保。管理人不提供担保的，视为解除合同。

5）人民法院受理破产申请后，有关债务人财产的保全措施应当解除，执行程序应当中止。已经开始而尚未终结的有关债务人的民事诉讼或者仲裁应当中止；在管理人接管债务人的财产后，该诉讼或者仲裁继续进行。

人民法院受理破产申请后，有关债务人的民事诉讼，只能向受理破产申请的人民法院提起。

第三节　管　理　人

管理人是指破产申请受理后经法院指定，全面接管破产企业并负责破产财产的保管、清理、估价、处理和分配等事务的组织或个人。

一、管理人的产生和任职资格

（一）产生方式

管理人由人民法院指定，可以由有关部门、机构的人员组成的清算组或者依法设立的律师事务所、会计师事务所、破产清算事务所等社会中介机构担任。人民法院根据债务人的实际情况，可以在征询有关社会中介机构的意见后，指定该机构具备相关专业知识并取得执业资格的人员担任管理人。

债权人会议认为管理人不能依法、公正执行职务或者有其他不能胜任职务情形的，可以申请人民法院予以更换。

（二）任职资格

1. 积极条件

自然人作为管理人的，首先，应当具备相关专业知识并取得专门职业资格；其次，属于社会中介机构的成员；最后，应当参加执业责任保险。清算组或依法设立的社会中介机构，如律师事务所、会计师事务所等也可以作为管理人。

2. 消极条件

机构或个人有下列情形的，不得担任管理人：①因故意犯罪受过刑事处罚；②曾被吊销相关专业执业证书；③与本案有利害关系；④人民法院认为不宜担任管理人的其他情形，例如，存在重大债务纠纷或因违法行为正被相关部门调查。

二、管理人的职责

管理人应履行的职责有：①接管债务人的财产、印章和账簿、文书等资料；②调查债务人财产状况，制作财产状况报告；③决定债务人的内部管理事务；④决定债务人的日常开支和其他必要开支；⑤在第一次债权人会议召开之前，决定继续或者停止债务人的营业；⑥管理和处分债务人的财产；⑦代表债务人参加诉讼、仲裁或者其他法律程序；⑧提议召开债权人会议；⑨人民法院认为管理人应当履行的其他职责。

三、管理人的权利和义务

（一）管理人的权利

管理人的权利有：管理人经人民法院许可，可以聘用必要的工作人员；管理人享有报酬请求权。管理人的报酬由人民法院确定。

（二）管理人的义务

1. 忠实和勤勉义务

忠实义务，即管理人在执行职务时，应当最大限度地维护债务人财产和全体债权人的利益，不欺瞒，不谋私利。勤勉义务，即指管理人在履行职务的过程中，应当以善良管理人的注意，认真、谨慎、合理、高效地处理事务，不疏忽，不懈怠。

2. 报告义务

管理人有向人民法院报告工作、列席债权人会议并报告情况和回答询问的义务。

3. 不辞任义务

管理人没有正当理由不得辞去职务。管理人辞去职务的，应当经人民法院许可。

第四节　债务人财产、破产费用和共益债务

一、债务人财产

（一）债务人财产的范围

破产申请受理时属于债务人的全部财产，以及破产申请受理后至破产程序终结前债务人取得的财产，为债务人财产。除债务人所有的货币、实物外，债务人依法享有的可以用货币估价并可以依法转让的债权、股权、知识产权、用益物权等财产和财产权益，人民法院均应认定为债务人财产。下列财产不应认定为债务人财产。

1）债务人基于仓储、保管、承揽、代销、借用、寄存、租赁等合同或者其他法律关系占有、使用的他人财产。

2）债务人在所有权保留买卖中尚未取得所有权的财产。

3）所有权专属于国家且不得转让的财产。

4）其他依照法律、行政法规不属于债务人的财产。

债务人被宣告破产后，债务人称为破产人，债务人财产称为破产财产。

关联法条

《企业破产规定》第71条规定，下列财产不属于破产财产：

1）债务人基于仓储、保管、加工承揽、委托交易、代销、借用、寄存、租赁等法律关系占有、使用的他人财产。

2）抵押物、留置物、出质物，但权利人放弃优先受偿权的或者优先偿付被担保债权剩余的部分除外。

3）担保物灭世后产生的保险金、补偿金、赔偿金等代位物。

4）依照法律规定存在优先权的财产，但权利人放弃优先受偿权或者优先偿付特定债权剩余的部分除外。

5）特定物买卖中，尚未转移占有但相对人已完全支付对价的特定物。

6）尚未办理产权证或者产权过户手续但已向买房交付的财产。

7）债务人在所有权保留买卖中尚未取得所有权的财产。

8）所有权专属于国家且不得转让的财产。

9）破产企业工会所有的财产。

（二）债务人财产的特殊规定

1. 撤销权

人民法院受理破产申请前 1 年内，涉及债务人财产的下列行为，管理人有权请求人民法院予以撤销：①无偿转让财产的；②以明显不合理的价格进行交易的；③对没有财产担保的债务提供财产担保的；④对未到期的债务提前清偿的；⑤放弃债权的。

人民法院受理破产申请前 6 个月内，债务人具备破产原因，仍对个别债权人进行清偿的，管理人有权请求人民法院予以撤销。但是，个别清偿使债务人财产受益的除外。

2. 抵销权

债权人在破产申请受理前对债务人负有债务的，可以向管理人主张抵销。但是，有下列情形之一的，不得抵销：①债务人的债务人在破产申请受理后取得他人对债务人的债权的。②债权人已知债务人有不能清偿到期债务或者破产申请的事实，对债务人负担债务的；但是，债权人因为法律规定或者有破产申请一年前所发生的原因而负担债务的除外。③债务人的债务人已知债务人有不能清偿到期债务或者破产申请的事实，对债务人取得债权的；但是，债务人的债务人因为法律规定或者有破产申请一年前所发生的原因而取得债权的除外。

3. 无效

涉及债务人财产的下列行为无效：①为逃避债务而隐匿、转移财产的；②虚构债务或者承认不真实的债务的。

4. 追缴出资

人民法院受理破产申请后，债务人的出资人尚未完全履行出资义务的，管理人应当要求该出资人缴纳所认缴的出资，而不受出资期限的限制。

5. 追回

对于因撤销、无效行为而取得的债务人财产，管理人有权追回。债务人的董事、监事和高级管理人员利用职权从企业获取的非正常收入和侵占的企业财产，管理人应当追回。

6. 取回

人民法院受理破产申请后，管理人可以通过清偿债务或者提供为债权人接受的担保，取回质物、留置物。债务清偿或者替代担保，在质物或者留置物的价值低于被担保的债权额时，以该质物或者留置物当时的市场价值为限。

人民法院受理破产申请后，债务人占有的不属于债务人的财产，该财产的权利人可以通过管理人取回。但是，法律另有规定的除外。

人民法院受理破产申请时，出卖人已将买卖标的物向作为买受人的债务人发运，债务人尚未收到且未付清全部价款的，出卖人可以取回在运途中的标的物。但是，管理人可以支付全部价款，请求出卖人交付标的物。

7. 别除权

对破产人的特定财产享有担保权的权利人，对该特定财产享有优先受偿的权利。

债权人行使优先受偿权利未能完全受偿的，其未受偿的债权作为普通债权；放弃优先受偿权利的，其债权作为普通债权。

二、破产费用和共益债务

（一）破产费用

人民法院受理破产申请后发生的下列费用，为破产费用：①破产案件的诉讼费用；②管理、变价和分配债务人财产的费用；③管理人执行职务的费用、报酬和聘用工作人员的费用。

（二）共益债务

人民法院受理破产申请后发生的下列债务，为共益债务：①因管理人或者债务人请求对方当事人履行双方均未履行完毕的合同所产生的债务；②债务人财产受无因管理所产生的债务；③因债务人不当得利所产生的债务；④为债务人继续营业而应支付的劳动报酬和社会保险费用以及由此产生的其他债务；⑤管理人或者相关人员执行职务致人损害所产生的债务；⑥债务人财产致人损害所产生的债务。

破产费用和共益债务由债务人财产随时清偿。债务人财产不足以清偿所有破产费用和共益债务的，先行清偿破产费用。债务人财产不足以清偿所有破产费用或者共益债务的，按照比例清偿。债务人财产不足以清偿破产费用的，管理人应当提请人民法院终结破产程序。人民法院应当自收到请求之日起 15 日内裁定终结破产程序，并予以公告。

第五节　破产债权申报

破产债权是指人民法院受理破产申请时债权人对债务人享有的债权。债权人只有在破产程序开始后法律规定的期限内申报债权，提出清偿要求，才能参与到破产程序中，行使相应的权利。

一、申报债权的期限

人民法院受理破产申请后，应当确定债权人申报债权的期限。债权申报期限自人民法院发布受理破产申请公告之日起计算，最短不得少于 30 日，最长不得超过 3 个月。债权人应当在人民法院确定的债权申报期限内向管理人申报债权，逾期未申报的，不得参加破产程序行使权利。

二、申报债权的程序

申报债权的程序有以下几点。

1）债权人应当在人民法院确定的债权申报期限内向管理人申报债权。债权人申报债权时，应当书面说明债权的数额和有无财产担保，并提交有关证据。对破产人的特定财产享有担保权的债权人也要申报债权，对行使优先受偿权利未能完全受偿的部分债权或放弃优先受偿权利的债权，作为普通债权申报。申报的债权是连带债权的，应当说明。连带债权人可以由其中一人代表全体连带债权人申报债权，也可以共同申报债权。

2）未到期的债权，在破产申请受理时视为到期。附利息的债权自破产申请受理时起停止计息。

3）附条件、附期限的债权和诉讼、仲裁未决的债权，债权人可以申报。

4）债务人的保证人或者其他连带债务人已经代替债务人清偿债务的，以其对债务人的求偿权申报债权；尚未代替债务人清偿债务的，以其对债务人的将来求偿权申报债权。但是，债权人已经向管理人申报全部债权的除外。

5）连带债务人数人被裁定适用破产法规定的程序的，其债权人有权就全部债权分别在各破产案件中申报债权。

6）管理人或者债务人依照破产法规定解除合同的，对方当事人以因合同解除所产生的损害赔偿请求权申报债权。

7）债务人是委托合同的委托人，被裁定适用破产法规定的程序，受托人不知该事实，继续处理委托事务的，受托人以由此产生的请求权申报债权。

8）债务人是票据的出票人，被裁定适用破产法规定的程序，该票据的付款人继续付款或者承兑的，付款人以由此产生的请求权申报债权。

9）债务人所欠职工的工资和医疗、伤残补助、抚恤费用，所欠的应当划入职工个人账户的基本养老保险、基本医疗保险费用，以及法律、行政法规规定应当支付给职工的补偿金，不必申报，由管理人调查后列出清单并予以公示。职工对清单记载有异议的，可以要求管理人更正；管理人不予更正的，职工可以向人民法院提起诉讼。

在人民法院确定的债权申报期限内，债权人未申报债权的，可以在破产财产最后分配前补充申报；但是，此前已进行的分配，不再对其补充分配。为审查和确认补充申报债权的费用，由补充申报人承担。

债权人未依法申报债权的，不得依照破产法规定的程序行使权利。

三、申报债权的确认

管理人收到债权申报材料后，应当登记造册，对申报的债权进行审查，并编制债权表。债权表和债权申报材料由管理人保存，供利害关系人查阅。债权表应当提交第一次债权人会议核查。

债务人、债权人对债权表记载的债权无异议的，由人民法院裁定确认。债务人、债权人对债权表记载的债权有异议的，可以向受理破产申请的人民法院提起诉讼。

第六节 债权人会议和债权人委员会

一、债权人会议

债权人会议是全体债权人参加破产程序并集体行使权利的议事机构。债权人会议是一个临时性的决议机构，全体债权人通过债权人会议，对破产程序中涉及债权人利益的各重大事项作出决定，并监督破产财产管理和分配的，以及保障这些权利实现。债权人在债权人会议上应享有充分的自由表达权和自主表决权。

（一）成员表决权

成员表决权主要有以下几点。

1）依法申报债权的债权人为债权人会议的成员，有权参加债权人会议，享有表决权。

2）债权尚未确定的债权人，除人民法院能够为其行使表决权而临时确定债权额的外，不得行使表决权。

3）对债务人的特定财产享有担保权的债权人，未放弃优先受偿权利的，对于有关和解协议和破产财产分配方案的决议不享有表决权。

4）债权人可以委托代理人出席债权人会议，行使表决权。代理人出席债权人会议，应当向人民法院或者债权人会议主席提交债权人的授权委托书。

债权人会议应当有债务人的职工和工会的代表参加，对有关事项发表意见。

（二）债权人会议的召集和主持

第一次债权人会议由人民法院召集，应当在债权申报期限届满后 15 日内召开。以后的债权人会议，在人民法院认为必要时，或者管理人、债权人委员会、占债权总额四分之一以上的债权人向债权人会议主席提议时召开。召开债权人会议，管理人应当提前 15 日通知已知的债权人。

债权人会议设主席一人，由人民法院从有表决权的债权人中指定。债权人会议主席主持债权人会议。

（三）债权人会议的职权

债权人会议行使下列职权：①核查债权；②申请人民法院更换管理人，审查管理人的费用和报酬；③监督管理人；④选任和更换债权人委员会成员；⑤决定继续或者停止债务人的营业；⑥通过重整计划；⑦通过和解协议；⑧通过债务人财产的管理方案；⑨通过破产财产的变价方案；⑩通过破产财产的分配方案；⑪人民法院认为应当由债权人会议行使的其他职权。

（四）债权人会议的决议

债权人会议的决议，对于全体债权人均有约束力。

债权人会议的决议，由出席会议的有表决权的债权人过半数通过，并且其所代表的债权额占无财产担保债权额的 1/2 以上。但是，破产法另有规定的除外。

有关债务人财产管理方案和破产财产变价方案的决议，经债权人会议表决未通过的，由人民法院裁定。有关破产财产分配方案的决议，经债权人会议二次表决仍未通过的，由人民法院裁定。

债权人认为债权人会议的决议违反法律规定，损害其利益的，可以自债权人会议作出决议之日起 15 日内，请求人民法院裁定撤销该决议，责令债权人会议依法重新作出决议。

二、债权人委员会

（一）债权人委员会的组成

债权人会议可以决定设立债权人委员会。债权人委员会由债权人会议选任的债权人代表和一名债务人的职工代表或者工会代表组成。债权人委员会成员不得超过 9 人。债权人委员会成员应当经人民法院书面决定认可。

（二）债权人委员会的职权

债权人委员会的职权主要表现为监督权，可分为一般监督权和特别监督权。

1）一般监督权。主要表现在：①监督债务人财产的管理和处分；②监督破产财产的分配；③提议召开债权人会议；④债权人会议委托的其他职权。

2）特别监督权。管理人实施的以下行为，应当及时报告债权人委员会：①涉及土地、房屋等不动产权益的转让；②探矿权、采矿权、知识产权等财产权的转让；③全部库存或者营业的转让；④借款；⑤设定财产担保；⑥债权和有价证券的转让；⑦履行债务人和对方当事人均未履行完毕的合同；⑧放弃权利；⑨担保物的取回；⑩对债权人利益有重大影响的其他财产处分行为。

债权人委员会执行职务时，有权要求管理人、债务人的有关人员对其职权范围内的事务作出说明或者提供有关文件。

管理人、债务人的有关人员拒绝接受监督的，债权人委员会有权就监督事项请求人民法院作出决定；人民法院应当在 5 日内作出决定。

第七节　重整与和解

一、重整

重整是通过推迟债务、注入资本、对企业的债务与经营进行必要的整合，采取措施消除引起企业经营困难的原因，使濒临破产的企业起死回生的行为。

（一）重整申请

债务人、债权人、出资额占债务人注册资本 1/10 以上的出资人，可为重整的申请人。债务人或者债权人可以直接向人民法院提出重整的申请；债权人申请对债务人进行破产清算的，在人民法院受理破产申请后、宣告债务人破产前，债务人或者出资额占债务人注册资本 1/10 以上的出资人，可以向人民法院申请重整。

人民法院经审查认为重整申请符合破产法规定的，应当裁定债务人重整，并予以公告。

（二）重整期间

自人民法院裁定债务人重整之日起至重整程序终止，为重整期间。重整期间，债务人企业事务的执行可以采用两种方式进行：①管理人负责管理财产和营业事务；②经债务人申请，人民法院批准，债务人在管理人的监督下自行管理财产和营业事务。

在重整期间，对债务人的特定财产享有的担保权暂停行使。但是，担保物有损坏或者价值明显减少的可能，足以危害担保权人权利的，担保权人可以向人民法院请求恢复行使担保权。

在重整期间，债务人或者管理人为继续营业而借款的，可以为该借款设定担保。

债务人合法占有的他人财产，该财产的权利人在重整期间要求取回的，应当符合事先约定的条件。

在重整期间，债务人的出资人不得请求投资收益分配。

在重整期间，债务人的董事、监事、高级管理人员不得向第三人转让其持有的债务人的股权。但是，经人民法院同意的除外。

（三）重整计划

1. 重整计划草案的内容

重整计划草案应当包括下列内容：①债务人的经营方案；②债权分类；③债权调整方案；④债权受偿方案；⑤重整计划的执行期限；⑥重整计划执行的监督期限；⑦有利于债务人重整的其他方案。

2. 重整计划草案的制定

债务人自行管理财产和营业事务的，由债务人制作重整计划草案。管理人负责管理财产和营业事务的，由管理人制作重整计划草案。

债务人或者管理人应当自人民法院裁定债务人重整之日起 6 个月内，同时向人民法院和债权人会议提交重整计划草案。经债务人或者管理人请求，有正当理由的，人民法院可以裁定延期 3 个月。债务人或者管理人未按期提出重整计划草案的，人民法院应当裁定终止重整程序，并宣告债务人破产。

3. 重整计划草案的表决和通过

人民法院应当自收到重整计划草案之日起 30 日内召开债权人会议，对重整计划草案进行表决。债务人或者管理人应当向债权人会议就重整计划草案作出说明，并回答询问。

（1）重整计划草案的表决

债权人参加讨论重整计划草案的债权人会议，依照下列债权分类，分组对重整计划草案进行表决：①对债务人的特定财产享有担保权的债权；②债务人所欠职工的工资和医疗、伤残补助、抚恤费用，所欠的应当划入职工个人账户的基本养老保险、基本医疗保险费用，以及法律、行政法规规定应当支付给职工的补偿金；③债务人所欠税款；④普通债权。重整计划不得规定减免债务人欠缴的上述①②项以外的社会保险费用；该项费用的债权人不参加重整计划草案的表决。人民法院在必要时可以决定在普通债权组中设小额债权组对重整计划草案进行表决。

债务人的出资人代表可以列席讨论重整计划草案的债权人会议。重整计划草案涉及出资人权益调整事项的，应当设出资人组，对该事项进行表决。

（2）重整计划草案的通过

出席会议的同一表决组的债权人过半数同意重整计划草案，并且其所代表的债权额占该组债权总额的三分之二以上的，即为该组通过重整计划草案。各表决组均通过重整计划草案时，重整计划即为通过。

部分表决组未通过重整计划草案的，债务人或者管理人可以同未通过重整计划草案的表决组协商。该表决组可以在协商后再表决一次。双方协商的结果不得损害其他表决组的利益。

未通过重整计划草案的表决组拒绝再次表决或者再次表决仍未通过重整计划草案，但重整计划草案符合法律规定的特别条件的，债务人或者管理人可以申请人民法院批准重整计划草案。

4. 重整计划的批准

自重整计划通过之日起 10 日内，债务人或者管理人应当向人民法院提出批准重整计划的申请。人民法院经审查认为符合本法规定的，应当自收到申请之日起 30 日内裁定批准，终止重整程序，并予以公告。

重整计划草案未获得通过或者已通过的重整计划未获得批准的，人民法院应当裁定终止重整程序，并宣告债务人破产。

导学博览5-3　重整

2013 年 4 月 16 日，浙江省温州市中级人民法院召开新闻发布会。一度濒临倒闭的老字号药企温州海鹤药业有限公司及关联企业温州市兴瓯医药有限公司已司法重整成功，且已扭亏为盈。

海鹤药业公司前身是创办于清康熙九年（1670 年）的"叶同仁堂"，是浙江老字号、温州市第一批千星企业。兴瓯医药公司和海鹤药业公司投资人一致，系关联企业，且均因受局部金融风暴影响而濒临崩盘。2012 年 6 月 8 日，上述两家企业分别向温州中院申请司法重整并于当月被裁定受理。当年 8 月 14 日，海鹤药业公司和兴瓯医药公司召开第一次债权人会议，审查确认债务总额逾 12 亿元，同时形成了两关联企业合并重整的决议，后又结合实际制定了以债转股及部分资产变现两种方式清偿债务的重整计划，积极做好重整投资人引入工作等。

经司法重整，上述两企业生产经营恢复正常，折翼"海鹤"还实现了扭亏为盈，而兴瓯药业公司也已经持续减亏。

5. 重整计划的执行和效力

经人民法院裁定批准的重整计划，对债务人和全体债权人均有约束力。债权人未依照本法规定申报债权的，在重整计划执行期间不得行使权利；在重整计划执行完毕后，可以按照重整计划规定的同类债权的清偿条件行使权利。按照重整计划减免的债务，自重整计划执行完毕时起，债务人不再承担清偿责任。

重整计划由债务人负责执行。人民法院裁定批准重整计划后，已接管财产和营业事务的管理人应当向债务人移交财产和营业事务。自人民法院裁定批准重整计划之日起，在重整计划规定的监督期内，由管理人监督重整计划的执行。在监督期内，债务人应当向管理人报告重整计划执行情况和债务人财务状况。

监督期届满时，管理人应当向人民法院提交监督报告。自监督报告提交之日起，管理人的监督职责终止。管理人向人民法院提交的监督报告，重整计划的利害关系人有权查阅。经管理人申请，人民法院可以裁定延长重整计划执行的监督期限。

债务人不能执行或者不执行重整计划的，人民法院经管理人或者利害关系人请求，应当裁定终止重整计划的执行，并宣告债务人破产。

人民法院裁定终止重整计划执行的，债权人在重整计划中作出的债权调整的承诺失去效力。债权人因执行重整计划所受的清偿仍然有效，未受清偿的部分作为破产债权。前款规定的债权人，只有在其他同顺位债权人同自己所受的清偿达到同一比例时，才能继续接受分配。

（四）重整程序的终止

在重整期间，有下列情形之一的，经管理人或者利害关系人请求，人民法院应当裁定终止重整程序，并宣告债务人破产：①债务人的经营状况和财产状况继续恶化，缺乏挽救的可能性；②债务人有欺诈、恶意减少债务人财产或者其他显著不利于债权人的行为；③由于债务人的行为致使管理人无法执行职务。

二、和解

破产和解，是指为避免破产宣告或破产分配，由债务人提出和解申请及和解协议草案，债权人会议讨论通过并经法院许可的，解决债权人与债务人之间的债权债务问题的制度。

（一）和解申请的提出

债务人可以依法直接向人民法院申请和解；也可以在人民法院受理破产申请后、宣告债务人破产前，向人民法院申请和解。

（二）和解协议草案的提出和通过

债务人申请和解，应当提出和解协议草案。债权人会议须对和解协议草案进行表决。通过和解协议的决议，由出席会议的有表决权的债权人的过半数同意，并且其所代表的债权额占无财产担保债权总额的 2/3 以上。通过的和解协议须经人民法院裁定认可，终止和解程序，并予以公告。

和解协议草案经债权人会议表决未获得通过，或者已经债权人会议通过的和解协议未获得人民法院认可的，人民法院应当裁定终止和解程序，并宣告债务人破产。

因债务人的欺诈或者其他违法行为而成立的和解协议，人民法院应当裁定无效，并宣告债务人破产。

（三）和解协议的效力

1. 对债权人、债务人的效力

和解协议经人民法院裁定认可后，对债务人和全体和解债权人均有约束力。

和解债权人，是指人民法院受理破产申请时对债务人享有的无财产担保债权的人。在和解协议生效前没有依法申报的和解债权，在和解协议执行期间不得行使；在和解协议执行完毕后，可以按照和解协议规定的清偿条件行使权利。

债务人应当按照和解协议规定的条件清偿债务。按照和解协议减免的债务，自和解协议执行完毕时起，债务人不再承担清偿责任。

人民法院裁定终止和解协议执行的，和解债权人在和解协议中作出的债权调整的承诺失去效力。和解债权人因执行和解协议所受的清偿仍然有效，和解债权未受清偿的部分作为破产债权。前述债权人，只有在其他债权人同自己所受的清偿达到同一比例时，才能继续接受分配。

2. 对保证人、连带债务人的效力

和解债权人对债务人的保证人和其他连带债务人所享有的权利，不受和解协议的影响。在和解协议执行期间，和解债权人可以按照和解协议规定的条件，请求债务人履行和解协议规定的清偿义务，也可以凭其对债务人享有的债权，请求债务人的保证人和其他连带债务人清偿债务。

（四）和解程序的终止

和解程序的终止，是指由于出现了法律规定的事由，法院裁定终止和解程序，作出破产宣告。

1. 和解协议终止的情形

和解协议具备下列情形之一的应当终止。

1）和解协议草案经债权人会议表决未获得通过，或者已经债权人会议通过的和解协议未获得人民法院认可的，人民法院应当裁定终止和解程序，并宣告债务人破产。

2）和解协议无效的，即因债务人的欺诈或者其他违法行为而成立的和解协议，人民法院应当裁定其无效，并宣告债务人破产。

3）和解协议执行不能的，即债务人不能执行或者不执行和解协议，人民法院经和解债权人请求，应当裁定终止和解程序，并宣告债务人破产。

2. 和解协议终止的效力

人民法院宣告债务人破产的。和解债权人因债务人执行和解协议所受的清偿仍然有效。和解债权未受清偿的部分，作为破产债权行使。

第八节 破产宣告和破产清算

一、破产宣告

（一）破产宣告的概念

破产宣告，是指人民法院依法宣告债务人进入破产清算程序，通过该程序清理债权人和债务人的债权债务关系。

（二）破产宣告的效力

债务人被宣告破产后，债务人被称为破产人，债务人的财产被称为破产财产，人民法院受理破产申请时对债务人享有的债权称为破产债权。债务人被宣告破产后，即丧失了对财产和事务的管理权，转交由管理人控制。破产人原则上应当停止业务活动，但继续经营有利于破产财产的保值增值，符合债权人利益的，人民法院可以许可。

破产宣告前，第三人为债务人提供足额担保或者为债务人清偿全部到期债务的、债务人已清偿全部到期债务的，人民法院应当裁定终结破产程序，并予以公告。

导学博览5-4 三鹿集团股份有限公司破产案

2009 年 2 月 12 日，石家庄市中级人民法院发出民事裁定书，正式宣布石家庄市三鹿集团股份有限公司破产。

12 日上午，石家庄市中级人民法院召集三鹿集团债权人举行第一次债权人会议，法院合议庭当场宣读了三鹿集团破产的有关法律文书，发出三鹿集团破产民事裁定书，被申请人三鹿集团因不能清偿到期债务，并且资产不足以清偿全部债务，符合法定破产条件，被依法宣布破产。

三鹿集团曾是中国知名的乳品企业，品牌价值曾高达 149.07 亿元。2008 年，三鹿集团引爆奶粉危机后因严重资不抵债，于年底进入破产清算程序。据报道，2008 年 8 月 2 日至 9 月 12 日，三鹿集团共生产含有三聚氰胺的婴幼儿奶粉 904.2432 吨；销售含有三聚氰胺的婴幼儿奶粉 813.737 吨。这些奶制品流入市场后，对广大消费者特别是婴幼儿的身体健康、生命安全造成了严重损害。中国政府投入巨额资金用于患病婴幼儿的检查和医疗救治。

2009 年 1 月 22 日，河北省石家庄市中级法院等 4 个法院一审宣判三鹿问题奶粉系列刑事案件，包括原三鹿集团董事长田文华在内的 21 名被告，分别被处以死刑、死缓、无期或有期徒刑。

（资料来源：新华网，http://www.sd.xinhuanet.com/news/2009-02/12/content_15678384.htm）

二、破产清算

（一）破产财产的变价、分配

1. 破产财产变价

管理人应当及时拟订破产财产变价方案，提交债权人会议讨论，并按照债权人会议通过的或人民法院裁定的破产财产变价方案，适时变价出售破产财产。

变价出售破产财产应当通过拍卖进行。但是，债权人会议另有决议的除外。破产企业可以全部或者部分变价出售。企业变价出售时，可以将其中的无形资产和其他财产单独变价出售。按照国家规定不能拍卖或者限制转让的财产，应当按照国家规定的方式处理。

2. 破产财产分配方案

管理人应当及时拟订破产财产分配方案，提交债权人会议讨论。破产财产分配方案应当载明下列事项：①参加破产财产分配的债权人名称或者姓名、住所；②参加破产财产分配的债权额；③可供分配的破产财产数额；④破产财产分配的顺序、比例及数额；⑤实施破产财产分配的方法。债权人会议通过破产财产分配方案后，由管理人将该方案提请人民法院裁定认可。

3. 破产财产分配顺序

破产财产在优先清偿破产费用和共益债务后，依照下列顺序清偿。

1）破产人所欠职工的工资和医疗、伤残补助、抚恤费用，所欠的应当划入职工个人的基本养老保险、基本医疗保险费用，以及法律、行政法规规定应当支付给职工的补偿金。

2）破产人欠缴的除前项规定以外的社会保险费用和破产人所欠税款。

3）普通破产债权。

破产财产应首先清偿在先顺序的债权，在先顺序的债权清偿完毕后，有剩余财产的，再进行下一顺序的清偿。破产财产不足以清偿同一顺序的清偿要求的，按照比例分配。破产企业的董事、监事和高级管理人员的工资按照该企业职工的平均工资计算。

（二）破产程序的终结

破产人无财产可供分配的，管理人应当请求人民法院裁定终结破产程序。

管理人在最后分配完结后，应当及时向人民法院提交破产财产分配报告，并提请人民法院裁定终结破产程序。人民法院应当自收到管理人终结破产程序的请求之日起 15 日内作出是否终结破产程序的裁定。裁定终结的，应当予以公告。

管理人应当自破产程序终结之日起 10 日内，持人民法院终结破产程序的裁定，向破产人的原登记机关办理注销登记。管理人于办理注销登记完毕的次日终止执行职务。

自破产程序终结之日起 2 年内，有下列情形之一的，债权人可以请求人民法院按照破产财产分配方案进行追加分配：①发现有依照破产法规定应当追回的财产的；②发现破产人有应当供分配的其他财产的。有以上情形，但财产数量不足以支付分配费用的，不再进行追加分配，由人民法院将其上交国库。

破产人的保证人和其他连带债务人，在破产程序终结后，对债权人依照破产清算程序未受清偿的债权，依法继续承担清偿责任。

第九节　破产法律责任

一、破产企业的董事、监事和高级管理人员的法律责任

企业董事、监事或者高级管理人员违反忠实义务、勤勉义务，致使所在企业破产的，依法承担民事责任，自破产程序终结之日起三年内不得担任任何企业的董事、监事、高级管理人员。

二、债务人及其相关人员的法律责任

债务人违反破产法规定，拒不向人民法院提交或者提交不真实的财产状况说明、债务清册、债权清册、有关财务会计报告以及职工工资的支付情况和社会保险费用的缴纳情况的，人民法院可以对直接责任人员依法处以罚款。

债务人违反破产法规定，拒不向管理人移交财产、印章和账簿、文书等资料的，或者伪造、销毁有关财产证据材料而使财产状况不明的，人民法院可以对直接责任人员依法处以罚款。

债务人在破产程序中有隐匿、转移财产、虚构债务等损害债权人利益行为的，债务人的法定代表人和其他直接责任人员依法承担赔偿责任。

债务人的有关人员违反本法规定，擅自离开住所地的，人民法院可以予以训诫、拘留，可以依法并处罚款。

三、管理人的法律责任

管理人未依照本法规定勤勉尽责，忠实执行职务的，人民法院可以依法处以罚款；给债权人、债务人或者第三人造成损失的，依法承担赔偿责任。

■■■■■■■■■■■■■■■■■　应 知 应 会　■■■■■■■■■■■■■■■■■

1. 核心概念：破产、破产原因（界限）、破产债权、管理人、债权人会议、重整、和解、破产财产、破产费用、共益债务。
2. 破产申请的提出和受理。
3. 破产债权的种类和申报程序。
4. 债权人会议的成员及其表决权。
5. 债权人会议的决议。
6. 重整申请人及重整计划的表决。
7. 和解的效力。

8. 破产财产的确认和分配。

实 训 练 习

一、单项选择题

1. 东兴印刷公司申请破产后，进入债权申报程序，下列做法正确的是（   ）。
   A. 甲债权人申报债权时，口头陈述了自己债权韵数额和有无财产担保情况
   B. 该申请破产企业的保证人乙已经替债务人偿还债务，以其求偿权向债务人申报债权
   C. 该申请破产企业的保证人丙没有代替债务人清偿债务，所以不具有申报债权的权利
   D. 东兴公司是某委托合同的委托人，受托人丁不知道该公司申请破产的事实，仍然处理委托事务，丁由此产生的请求权不得申报债权

2. 下列关于债权人会议的说法正确的是（   ）。
   A. 第一次债权人会议由管理人召集，自债权申报届满之日起 15 日内召开
   B. 以后的债权人会议，在人民法院、管理人和债权人委员会认为必要时召开
   C. 债权人会议的决议，由有表决权的债权人过半数通过，或债权人代表债权额占无财产担保债权总额的 1/2 以上
   D. 债权人认为债权人会议决议违反法律规定，损害其利益的，可以请求人民法院撤销该决议

3. 下列对于债权人取得的附生效条件的债权，说法不正确的是（   ）。
   A. 管理人不得将破产企业的财产对其进行分配
   B. 管理人应该依法提存对其的分配额
   C. 在最后分配公告日生效条件未成就的，应当分配给其他债权人
   D. 在最后分配公告日生效条件成就的，应当将相应财产交付给债权人

4. 下列事项中，属于管理人职权的有（   ）。
   A. 通过和解协议
   B. 通过重整计划
   C. 对破产企业未履行的合同，决定解除或继续履行
   D. 选任和更换债权人委员会成员

5. 下列有关重整制度的表述，说法不正确的是（   ）。
   A. 在重整期间，对债务人的特定财产享有的担保权暂停行使
   B. 担保物有损坏或者价值明显减少的可能，足以危害担保权人权利的，担保权人可以向人民法院请求恢复行使担保权
   C. 在重整期间，债务人或者管理人为继续营业而借款的，可以为该借款设定担保
   D. 在重整期间，债务人的出资人可以请求投资收益分配

二、多项选择题

1. 根据《破产法》的规定,向债务人所在地人民法院提出破产清算申请的当事人有( )。

    A. 债务人   B. 债权人

    C. 人民法院   D. 对债务人负有清算责任的人

2. 人民法院受理破产申请前 1 年内,涉及债务人的财产的行为,管理人有权请求人民法院予以撤销,这些行为包括( )。

    A. 有偿转让财产   B. 以明显不合理的价格进行交易

    C. 放弃债权   D. 对没有财产担保的债务提供财产担保

3. 下列属于破产费用的是( )。

    A. 破产案件的诉讼费用

    B. 管理、变价和分配债务人财产的费用

    C. 管理人执行职务的费用、报酬和聘用工作人员的费用

    D. 债务人财产受无因管理所产生的债务

4. 根据企业破产法律制度的规定,下列各项中,应当召开债权人会议的情形有( )。

    A. 人民法院认为必要时

    B. 管理人提议召开时

    C. 债权人委员会提议召开时

    D. 占债权总额 1/4 以上的债权人向债权人会议主席提议时

5. 管理人应当追回下列人员利用职权从企业获取的非正常收入和侵占的企业财产,包括债务人的( )。

    A. 董事   B. 监事   C. 经理   D. 副经理

三、实务操作题

A 市煤炭(集团)有限责任公司是国有独资企业。2013 年,因为经营不善,不能偿还到期债务,向法院申请破产。企业尚存:流动资金 70 万元;自有设备,折价 120 万元;租借的设备,计价 18 万元;厂房估价 90 万元,已经抵押给一个债权人。

请问:

1)该公司是否可以申请破产?

2)租借的设备如何处理?为什么?

3)已经抵押的厂房如何处理?为什么?

4)破产财产包括那些?

第三编
经济行为法律制度

引 言

　　本编主要涉及合同法、商标法、专利法等法律制度，它们构成市场主体经济行为法律制度的主干。在经济活动中，市场交易主体需要有完整的规则来维护交易安全与效率。合同法通过规范主体的交易行为，有效维护社会主义市场经济秩序。而商标作为无形财产，其重要性越来越明显。熟悉专利法的相关理念和规则，能保护市场公平竞争，提高经济运行效率，维护社会公共利益，促进经济健康发展。

第六章

合 同 法

 学习目标

知识目标

1. 了解合同的概念和法律特征。
2. 了解合同法的概念和基本原则。
3. 熟悉合同的订立过程及主要内容。
4. 掌握合同履行、变更、转让和终止的基本制度。
5. 理解并掌握合同效力的有关规定以及违约责任的承担问题。

能力目标

1. 能够使用示范文本签订常用合同。
2. 能够草拟简单合同。
3. 能够区分要约与要约邀请的区别。
4. 能够正确分析现实生活中各类合同的效力。
5. 能够正确行使合同履行中的抗辩代位权及撤销权。
6. 能够正确履行合同，避免违约。
7. 能够追究违约方的违约责任。

 法律检索

《中华人民共和国合同法》（以下简称《合同法》）（1999 年 3 月 15 日中华人民共和国第九届全国人民代表大会第二次会议通过，自 1999 年 10 月 1 日起施行）

《最高人民法院关于适用〈中华人民共和国合同法〉若干问题的解释（一）》（1999 年 12 月 1 日由最高人民法院审判委员会第 1090 次会议通过，自 1999 年 12 月 29 日起施行）

《最高人民法院关于适用〈中华人民共和国合同法〉若干问题的解释（二）》（2009 年 2 月 9 日由最高人民法院审判委员会第 1462 次会议通过，自 2009 年 5 月 13 日起施行）

 **法谚名言**

一份不公平的合同也好过一场冗长的官司。

——德国法谚

第一节　合同法概述

一、合同概述

（一）合同的概念

合同是指平等主体的自然人、法人、其他组织之间设立、变更、终止民事权利义务关系的协议。

（二）合同的法律特征

依法订立的合同具有以下法律特征。

1. 合同是一种民事法律行为

依法成立的合同，对当事人具有法律约束力。当事人应当按照约定履行自己的义务，不得擅自变更或者解除合同。

2. 合同是两方以上当事人的意思表示一致的民事法律行为

合同的成立必须有两方以上的当事人，他们互为意思表示，并且意思表示一致。这是合同与单方法律行为相区别的重要标志。

3. 合同是以设立、变更、终止民事权利义务关系为目的的民事法律行为

法律行为作为人的主观意志的活动，都有目的性。订立合同的目的就在于使有关的民事权利义务关系产生、变更或者终止。

导学博览6-1　中国古代契约

【西周时期】早在两千多年前的奴隶社会时期，中国就已经有了比较发达的契约制度。西周时期的契约主要有两种，一为买卖契约，当时称为质剂。质剂又分为两种，像买卖奴隶或牲口这样的大买卖，要使用长券，也就是质；诸如买卖兵器或食品这样的小买卖则用短券，即剂。另一种主要契约是叫作"傅别"的借贷契约。质剂和傅别虽然都是合同，但两者在形式上是不同的。傅别是在一片简牍上只写一份借贷的内容，然后从中央剖开，债权人和债务人各执一半，牍上的字为半文，要两

半合在一起才能看到合同的完整内容；质剂则是在一片竹简上写两份内容相同的合同，然后一分为二，买卖双方各拿一份，每一份上面都是一个完整的合同。

【东汉】四大发明之一的造纸术出现后，竹简和木牍的契约就被淘汰了，取而代之的是造价低廉、携带方便的纸张做的券。当时的契约也有两种形式，一种是判书，另一种是下手书。判书在秦代就有了，它是将契约从中间分为两半，合同双方各拿一半，作为履行合同和发生纠纷闹上官府时的证据。下手书则是汉朝的发明，它是把两块写有相同合同内容的木板并在一块，由双方或双方再加上保人画指。所谓画指，就是由当事人在契约后面自己名字的下方或名字上，亲手画上自己一根手指长度的线，并画出指尖、指节的位置，或者是仅仅点出指尖、指节的位置。

【唐代】唐代把契约叫作"市券"，其格式和文字由官府统一规定。值得一提的是，"合同"这一称谓，正是在唐代开始成为契约的正式叫法，它来源于"分支合同"的意思。因为古代的质剂、傅别、判书等契约文书的共同特点是同样的内容一分为二，要用时，就把这2份合而为一，"合同"由此得名。

【南宋】宋时契约通称为"千照"，凡是买卖或转让财产，都必须签订合同，合同还须经官府印押，这类似于为合同作公证。不过，南宋政府不会无偿为百姓服务，是要收税的。经过官府印押的合同称为红契，是进行财产争讼的主要依据。订合同如果不交税，官府就不给印押，那样的合同就是白契，是没有法律效力的，不能作为证据。

【元代】元代的合同是由官府统一印制的。当时法律规定，契约文书和附于契约文书后的文据，应该有"契本"。契本是元朝政府颁发给纳税人的纳税凭证，由元朝户部用铜板制造，成本较高，所以得收适量的工本费，原先收一钱，后来增加到三钱。无契本者视同偷税。

【清代】清代中期以前，法律允许民间自行书写订立合同，只需在合同后面粘贴官府颁印的契尾就行了，契尾是交易经官府登记并纳税后，由官府颁发的文书，作为契约的重要附件；后期则改用官印的契纸，也就是合同文本，当然，对民间私立的契约文书，通常还是准予粘贴契尾的。再后来，订合同得交印花税。不粘印花税票，合同就没有法律效力。

（三）合同的分类

根据不同的标准，可以将合同分为不同的种类。

1. 有名合同与无名合同

根据合同法或者其他法律是否对合同规定有确定的名称与调整规则为标准，可将合同分为有名合同与无名合同。有名合同是立法上规定有确定名称与规则的合同，又称典型合同。无名合同是立法上尚未规定有确定名称与规则的合同，又称非典型合同。

我国《合同法》分则列出了15种合同：买卖合同；供用电、水、气、热力合同；赠与合同；借款合同；租赁合同；融资租赁合同；承揽合同；建设工程合同；运输合同；

技术合同；保管合同；仓储合同；委托合同；行纪合同；居间合同。

2. 单务合同与双务合同

根据合同当事人是否相互负有对价义务为标准，可将合同分为单务合同与双务合同。此处的对价义务并不要求双方的给付价值相等，而只是要求双方的给付具有相互依存、相互牵连的关系即可。单务合同是指仅有一方当事人承担义务的合同，如赠与合同。双务合同是指双方当事人互负对价义务的合同，如买卖合同、承揽合同、租赁合同等。

3. 有偿合同与无偿合同

根据合同当事人是否因给付取得对价为标准，可将合同分为有偿合同与无偿合同。有偿合同是指合同当事人为从合同中得到利益要给付相应对价（此给付并不局限于财产的给付，也包含劳务等）的合同。买卖、租赁、雇佣、承揽、行纪等都是有偿合同。无偿合同是指只有一方当事人作出给付，或者虽然是双方作出给付但双方的给付间不具有对价意义的合同。赠与合同是典型的无偿合同，另外，委托、保管合同如果没有约定利息和报酬的，也属于无偿合同。

4. 诺成合同与实践合同

根据合同成立除当事人的意思表示以外，是否还要其他现实给付为标准，可以将合同分为诺成合同与实践合同。诺成合同是指当事人意思表示一致即可认定合同成立的合同。实践合同是指在当事人意思表示一致以外，尚须有实际交付标的物或者有其他现实给付行为才能成立的合同。确认某种合同属于实践合同必须法律有规定或者当事人之间有约定。常见的实践合同有保管合同、自然人之间的借贷合同、定金合同等。

5. 要式合同与不要式合同

根据合同的成立是否必须符合一定的形式为标准，可将合同分为要式合同与不要式合同。要式合同是按照法律规定或者当事人约定必须采用特定形式订立方能成立的合同。不要式合同是对合同成立的形式没有特别要求的合同。确认某种合同是否属于要式合同取决于法律是否有规定或者当事人之间是否有约定。

6. 主合同与从合同

根据两个或者多个合同相互间的主从关系为标准，可将合同分为主合同与从合同。主合同是无须以其他合同存在为前提即可独立存在的合同。从合同是以其他合同的存在为存在前提的合同。保证合同相对于借款合同即为从合同。从合同的存在以主合同的存在为前提，故主合同的效力直接影响到从合同的效力。

二、合同法的概念、调整范围和基本原则

（一）合同法的概念

合同法是调整平等主体之间当事人的合同权利义务关系的法律规范的总称，是市场

经济的基本法律制度。我国实行改革开放以来，曾先后制定《中华人民共和国经济合同法》、《中华人民共和国技术合同法》、《中华人民共和国涉外经济合同法》。为促进社会主义市场经济进一步发展，1999 年 3 月 15 日九届全国人大二次会议通过了《中华人民共和国合同法》。

《合同法》分设总则、分则和附则，共 23 章、428 条。总则阐述合同的一般概念和普遍适用的原则，分则具体规定了 15 种有名合同。

（二）合同法的调整范围

合同法调整平等主体的自然人、法人、其他组织之间设立、变更、终止民事权利义务关系的协议。婚姻、收养、监护等有关身份关系的协议，适用其他法律的规定。

1）平等主体之间订立的民事权利义务关系的协议，主要指民事法律关系。政府对经济的管理而产生的行政法律关系，不适用合同法。企业内部的管理者与被管理者之间的关系，也不适用合同法。

2）合同法仅调整民事法律关系中的财产关系，人身关系部分不适用合同法。

3）合同法分则或者其他法律没有明文规定的合同，适用总则的规定，也可以参照分则或者其他法律最相类似的规定。合同法没有列名的其他合同，也同样可以适用合同法。

导学博览6-2　人类社会最早的合同法

人类社会最早的合同法是由习惯发展而来的，称为习惯法。总体上说，习惯法具有不稳定、不统一和不公开的特点。各种习惯因时因地而有不同，于是在适用时须就某一习惯存在与否进行争论。社会又不断发展，习惯随之变化，无疑也增加了习惯法适用上的困难，这就决定了成文法逐渐取代习惯法的命运。

《汉谟拉比法典》是世界上迄今为止所发现的最早且保存最完整的古代成文法典，距今已有 3800 年的历史。其正文共有 282 个条文，其中直接规定合同的规范就有 120 余条。该法典的特点是，奉行严格的形式主义；合同种类较多，适用范围较广；对违约行为进行严格的惩罚。古罗马《十二表法》是古罗马固有习惯法的汇编，其中也有一些关于债务和合同的规定，总体上较为简略。而日耳曼法虽然晚于罗马法，但它体现了"团体本位"思想，这对现代社会的立法有极大的影响；在古日耳曼法中，一切皆重形式，极为严格，它在具体制度上有创新，保证、违约金制度为其著例。

总的来说，奴隶社会和封建社会形成的合同法即古代合同法是简陋的，欠缺许多具体且重要的制度；合同主体仅限于少数人，不要说奴隶不得订立合同，妻子儿女在罗马法上也无人格；重形式而轻内容，只要形式符合法律要求，即使内容违反道德，合同是在欺诈或胁迫的情况下签订的，也仍然有效。所有这些终被近代合同法所取代。

（资料来源：杨建学. 2000. 浅析古代、近代、现代合同法的发展与演变. 西南政法大学学报，3）

（三）合同法的基本原则

合同法的基本原则既是当事人在合同活动中应当遵守的基本准则，也是司法机关、仲裁机构在审理、仲裁合同纠纷时应当遵循的基本准则。

1. 平等原则

平等原则，是指合同当事人的法律地位平等，一方不得将自己的意志强加给另一方。当事人无论具有什么样的身份，在合同关系中地位都是平等的，都必须遵守法律规定，都必须尊重对方当事人的意志。

2. 自愿原则

合同自愿原则又称意思自治原则，是指当事人依法享有自愿订立合同的权利，任何单位和个人不得非法干预。它的基本含义是：合同当事人在订立合同时，可以自主决定是否与他人订约；可以自主决定与何人订约；可以自主决定合同的内容。

3. 公平原则

公平原则，是指当事人应当遵循公平原则确定各方的权利和义务。公平是法律最基本的价值取向。法律的基本目标就是在公平和正义的基础上建立社会秩序。合同各方当事人都应当遵循公平原则，在不损害他人合法权益的基础上实现自己的利益，不得滥用自己的权利。

公平原则作为一项法律适用原则，可以弥补法律规范的不足或者合同约定的不足。在法律没有规定或者合同没有约定时，可以运用公平原则来确定各方当事人的权利和义务。

4. 诚实信用原则

诚实信用原则，是指当事人在订立、履行合同中应当诚实守信，善意地行使权利、义务，不得滥用权利及规避法律或合同义务。具体包括：第一，在订立合同时，应当善意行使权利，不得欺诈，不得假借订立合同恶意磋商和进行其他违背诚实信用原则地行为；第二，在履行合同义务时，当事人应当按照诚实信用的要求，根据合同的性质、目的和交易习惯，履行通知、协助、提供必要地条件、防止损失扩大、保密等义务；第三，合同终止后，也应当根据合同约定和交易习惯，履行通知、协助、保密等义务。

5. 遵守法律和公序良俗原则

当事人订立、履行合同，应当遵守法律、行政法规，尊重社会公德，不得扰乱社会经济秩序，损害社会公共利益。

遵守法律和公序良俗原则是对合同自愿原则的限制和补充，当事人必须对自己的行为有所约束。为了维护社会公共利益、维护正常的社会秩序，对于损害社会公共利益、扰乱社会经济秩序的行为，国家应当依法干预。

6. 合同对当事人具有法律约束力的原则

依法成立的合同受法律保护，对当事人具有法律约束力。当事人应当按照合同的约定履行自己的义务，非依法律规定或者对方同意，不得擅自变更或者解除合同。如果不履行合同义务或者履行合同义务不符合约定，就要承担违约责任。

第二节　合同的订立

合同订立主体包括自然人、法人及其他组织，应具有相应的民事权利能力和民事行为能力。

一、合同的形式

（一）书面形式

书面形式，是指以文字形式来表现所订立合同的内容。合同的书面形式是合同书、信件和数据电文（包括电报、电传、传真、电子数据交换和电子邮件）等可以有形地表现所载内容的形式。法律、行政法规规定采用书面形式的，应当采用书面形式。当事人约定采用书面形式的，应当采用书面形式。

（二）口头形式

口头形式，是指当事人只用语言交谈不用书面文字为意思表示所订立的合同。口头合同简便易行，但合同内容难以有形复制，发生争议时，难以取证和举证，不利于分清责任。因此，口头形式只适宜即时结清的合同。

导学博览6-3　口头协议难"分"千万大奖

2005 年，西安一彩民独中两个大奖，共计 1000 万元。谁知中奖彩票却是 3 人"合伙"购买，因为事先 3 人仅有口头协议，中了大奖却引发纠纷。

持票人周某认识了刘某，由于刘某对彩票颇有研究，并时常中一些百十元的小奖，便经常帮人选号。周某买彩票都是在附近的一处投注站，林某是这家投注站的老板。周某经常在这里赊账，现在还欠林某 500 多元的彩票钱。据林某介绍，周某中大奖的彩票钱也是由其垫付的。刘某从 5 月份就开始帮助周某选号，然后由周某买彩票兑奖。因为周某经常欠账，所以周某曾给刘某和他承诺过，中了小奖后用来买彩票，中了大奖 3 人都有份。谁知，这一切都在中了大奖后起了变化。22 日一早，在得知中了大奖后，持票人周某突然失踪。这一下子可惹急了刘某和林某，两人一时不知所措。24 日晚，周某委托其亲属与刘、林两人就大奖分配一事进行谈判，3 人没有达成任何协议。25 日，刘、林两人守在福彩中心找周某讨说法，谁知周某的妻子在办完领奖手续后却从两人眼皮底下溜走。

陕西省福彩中心有关负责人介绍，"中奖纠纷"之所以出现，主要是因为没有书面的协议。对于口头协议，如果是中小奖，合伙人还能心平气和解决，一旦遇到大奖，在大笔金钱的诱惑下，大奖纠纷就会之随而来。虽然口头协议与书面协议具有同等效力，但是，口头协议的认定难度很大。

（资料来源：新浪网. http://news.sina.com.cn/c/2005-07-27/15536543287s.shtml）

（三）其他形式

其他形式，是指采用除书面形式、口头形式以外的方式来表现合同内容的形式，如推定形式，即当事人通过实施某种行为进行意思表示。

二、合同的内容

合同的内容就是当事人之间就设立、变更或者终止权利、义务关系所表示一致的意思，也称为合同的条款。合同的条款直接明确当事人双方的合同权利和义务，一般应包括下列条款。

（一）当事人的约定条款

合同的内容由当事人约定，一般包括以下条款。

1. 当事人的名称或者姓名和住所

姓名和住所是公民身份证或者户籍登记簿上的正式称谓和长久居住的场所。法人或其他组织的住所是指在登记机关登记的主要办事机构所在地。

2. 标的

标的是合同当事人之间权利义务所指向的对象。合同标的既可以是物，也可以是行为或者智力成果。

3. 数量

数量是指以数字方式和计量单位方式对合同标的进行具体的确定。数量是确定合同当事人之间权利义务范围和权利义务大小的一个标准。

4. 质量

质量是指以成分、含量、纯度、尺寸、精密度、性能等来表示的合同标的内在素质和外观形象的优劣状况。产品的质量往往涉及人身和财产的安全问题，国家对许多产品制定了质量标准。因此，当事人订立合同约定质量时，如果有国家强制性标准或者行业强制性标准的，不得低于国家强制性标准或者行业强制性标准。如果没有国家强制性标准或者行业强制性标准的，可以由当事人自由协商确定。

5. 价款或者报酬

价款或报酬也称价金,是一方当事人履行义务时另一方当事人以货币形式支付的代价。价款或者报酬是有偿合同的主要条款,在无偿合同如赠与合同中,则没有价款或者报酬的内容。

6. 履行期限、地点和方式

履行期限,是指当事人履行合同义务的起止时间,如交付标的物或者价款或酬金的起止时间。履行期限既是一方当事人履行合同义务的一个依据,也是判断合同是否已经得到履行的一个标准。

履行地点和方式,是指当事人在什么地方,采取什么样的方法履行自己的合同义务。履行地点也是判断合同是否已经得以履行的一个标准,涉及享有权利一方当事人的权利实现情况。履行地点有时是确定运费的负担,风险的承担以及发生纠纷后由哪一地法院管辖的依据,因此,当事人在订立合同时,应当尽量明确具体的履行地点。

履行方式可依据合同标的以及交易活动的实际需要来确定,如分批交货或者一次履行、运输以及支付价款或者报酬的方式。履行方式与当事人的利益密切相关,应当从方便、快捷和防止欺诈等方面考虑采取最为适当的履行方式,并在合同中明确规定。

7. 违约责任

违约责任,是指合同当事人不履行合同义务或者未按照合同约定的标的、时间、地点、方式履行合同义务,依照法律的规定或者当事人的约定应当承担的法律责任。违约责任是促使当事人履行合同义务,使一方免受或者少受损失的法律救济措施,也是保证合同履行的主要条款。因此,为了促使当事人严格按照约定履行合同义务,更加及时地解决合同纠纷,当事人应当在合同中明确违约责任,如约定违约方应支付定金、违约金或赔偿金,以及计算赔偿金额的方法等。

8. 解决争议的方法

解决争议的方法是指当事人在合同履行过程中发生争议,通过何种途径解决。合同争议的解决途径通常包括:双方协商达成和解、仲裁及诉讼。

导学博览6-4　借条的陷阱

1)李某借武某50000元,为武某出具借条一份。两个月后李某归还5000元,遂要求武某把原借条撕毁,其重新为武某出具借条一份:"李某借武某现金50000元,现还欠款5000元"。这里的"还"字既可以理解为"归还",又可以解释为"尚欠"。根据《民事诉讼法》相关规定"谁主张,谁举证",武某不能举出其他证据证实里某仍欠其45000元,因而其权利不会得到保护。

2)李某向孙某借款7000元,为孙某出具条据一张:"收条,今收到孙某7000元"。孙某在向法院起诉后,李某在答辩时称,为孙某所打收条是孙某欠其7000元,由于孙给其写的借据丢失，因此为孙某搭写收条。类似的还有，"凭条，今收到某某元"。

3）李某与孙某商量借款10000元，约定利息为年息2%。在出具借据时李某写道：今借到孙某现金10000元。孙某考虑双方都是熟人，也没有坚持要求把利息写到借据上。后孙某以李某出具的借条起诉要求还本付息，人民法院审理后以《合同法》第211条"自然人之间的借款合同对支付利息没有约定或约定不明的，视为不支付利息"的规定，驳回了孙某关于利息的诉讼请求。

4）丁某向周某借款12000元，周某自己将借条写好，丁某看借款金额无误，遂在借条上签了名字。后周某持丁某所签名欠条起诉丁某归还借款120000元。丁某欲辩无言。后查明，周某在12000后面留了适当空隙，在丁某签名后便在后加了"0"。

（二）格式条款

格式条款是当事人为了重复使用而预先拟定，并在订立合同时未与对方协商的条款。为了维护公平、保护弱者，合同法对格式条款从三方面予以限制：一是提供格式条款的一方有提示、说明的义务，应当采取合理的方式提请对方注意免除或者限制其责任的条款，并按照对方的要求，对该条款予以说明。二是提供格式条款一方免除其责任、加重对方责任、排除对方主要权利的条款无效。三是对格式条款有两种以上解释的，应当作出不利于提供格式条款一方的解释。

三、合同的订立程序

当事人订立合同要经过要约和承诺这一过程。

（一）要约

1. 要约的概念及构成要件

要约是希望和他人订立合同的意思表示，该意思表示应当符合下列规定：原则上应向特定的人发出；内容必须具体确定；表明经受要约人承诺，要约人即受该意思表示约束。

要约邀请是希望他人向自己发出要约的意思表示。寄送价目表、拍卖公告、招标公告、招股说明书、商业广告等为要约邀请。商业广告符合要约规定的，视为要约。

要约与要约邀请的区别是：要约一般情况下是向特定人发出的，而要约邀请是向非特定人发出的；要约的内容具体确定，而要约邀请的内容没有这一要求；要约是订立合同的行为，因此，要约对要约人具有约束力，而要约邀请是订立合同的预备行为，对行为人不具有约束力。

2. 要约的生效

要约的生效是指对要约人和受要约人产生法律的约束力。要约到达受要约人时生效。采取数据电文形式订立合同，收件人指定系统接收数据电文的，该数据电文进入该特定系统的时间，视为到达时间；未指定特定系统的，该数据电文进入收件人的任何系统的首次时间，视为到达时间。

3. 要约的撤回和撤销

要约的撤回是指要约在发生法律效力之前，要约人欲使其不产生法律效力而取消要约的意思表示。要约可以撤回。撤回要约的通知应当在要约到达受要约人之前或者与要约同时到达受要约人。

要约的撤销是要约发生法律效力之后，要约人欲使其丧失法律效力而取消该项要约的意思表示。要约可以撤销。撤销要约的通知应当在受要约人发出承诺通知之前到达受要约人。有下列情形之一的，要约不得撤销：①要约人确定了承诺期限或者以其他形式明示要约不可撤销；②受要约人有理由认为要约是不可撤销的，并已经未履行合同作了准备工作。

4. 要约的失效

要约的失效即要约的消灭，是指要约丧失了对要约人和受要约人的法律约束力。有下列情形之一的，要约失效：①拒绝要约的通知到达要约人；②要约人依法撤销要约的；③承诺期限届满，受要约人未作出承诺；④受要约人对要约的内容作出实质性变更。

（二）承诺

1. 承诺的概念及构成要件

承诺是受要约人同意要约的意思表示。有效的承诺需具备以下条件：①必须由受要约人向要约人作出；②必须在要约存续期限内作出；③内容应当与要约的内容一致。受要约人对要约的内容作出实质性变更的，为新要约。有关合同标的、数量、价款或者报酬、履行期限、履行地点和方式、违约责任和解决争议方法等的变更，是对要约内容的实质性变更。承诺对要约的内容作出非实质性变更的，除要约人及时反对或者要约表明承诺不得对要约的内容作出任何变更的以外，该承诺有效，合同的内容以承诺的内容为准。

2. 承诺的方式及期限

承诺应当以通知的方式作出，但根据交易习惯或者要约表明可以通过行为作出承诺的除外。

承诺应当在要约确定的期限内到达要约人。要约没有确定承诺期限的，承诺应当依照下列规定到达：要约以对话方式作出的，承诺应当即时作出承诺，但当事人另有约定的除外；要约以非对话方式作出的，承诺应当在合理期限内到达。要约以信件或者电报作出的，承诺期限自信件载明的日期或者电报交发之日开始计算。信件未载明日期的，自投寄该信件的邮戳日期开始计算。要约以电话、传真等快速通讯方式作出的，承诺期限自要约到达受要约人时开始计算。

3. 承诺的生效

承诺通知到达要约人时生效。承诺不需要通知的，根据交易习惯或者要约的要求作出承诺的行为时生效。受要约人载承诺期限内发出承诺，按照通常情形能够及时到达要约人，但因其他原因承诺到达要约人时超过承诺期限的，除要约人及时通知受要约人因承诺超过期限不接受该承诺的以外，该承诺有效。受要约人超过承诺期限发出承诺的，除要约人及时通知受要约人该承诺有效的以外，为新要约。

4. 承诺的撤回

承诺可以撤回，撤回承诺的通知应当在从承诺通知到达要约人之前或者与承诺通知同时到达要约人。

四、合同的成立

合同于承诺生效时成立。法律、行政法规规定或者当事人约定采用书面形式订立合同，当事人未采用书面形式或在签字或者盖章之前，当事人一方已经履行主要义务，对方接受的，该合同成立。

（一）合同成立的时间

具体规则为：当事人采用合同书形式订立合同，自双方当事人签字或者盖章时合同成立。当事人采用信件、数据电文等形式订立合同的，可以在合同成立之前要求签订确认书，签订确认书时合同成立。

（二）合同成立的地点

具体规则为：承诺生效的地点为合同成立的地点。采用数据电文形式订立合同的，收件人的主营业地为合同成立的地点；没有主营业地的，其经常居住地为合同成立地地点。当事人另有约定地，按照其约定。当事人采用合同书形式订立合同的，双方当事人签字或者盖章地地点为合同成立地地点。

（三）合同成立的方式

1. 协议成立

合同当事人就合同的主要条款达成协议合同即成立。如为口头合同，口头协议完成，合同成立，如为书面合同，双方签字盖章，合同成立。

2. 确认成立

当事人通过数据电文方式签订合同，包括信件、电报、电传、电子邮件、电子数据交换方式订立合同，一方当事人要求签订确认书的，只有签订了确认书，合同才成立。

3. 批准成立

法律或行政法规规定由国家批准的合同，只有经过国家有关机关批准，合同才成立。

4. 公证成立

当事人约定应经公证的合同或法律规定需要公证的合同，只有经过公证机关的公证，合同才成立。

5. 鉴证成立

当事人约定应经鉴证的合同，只有经过鉴证机构的鉴证，合同才成立。

6. 登记成立

依法律规定或依当事人约定，只有经过登记才成立的合同，必须办理了登记，合同才成立。

五、缔约过失责任

缔约过失责任，是在合同订立过程中，一方当事人因违背其依据诚实信用原则所应负有的先合同义务，而使另一方当事人信赖的利益遭受损失，而应当承担的民事责任。所谓先合同义务，是自缔约人双方为签订合同而相互接触磋商开始逐渐产生的注意义务，而非合同有效成立而产生的给付义务，包括互相协助、照顾、通知、诚实信用等义务，这些义务也称为附随义务。

我国合同法规定了承担缔约过失责任的三种情形：假借订立合同，恶意进行磋商；故意隐瞒于订立合同有关的重要事实或者提供虚假情况；有其他违背诚实信用原则的行为。当事人有以上情形之一，给对方造成损失的，应当承担赔偿责任。

导学博览6-5 缔约过失责任

2000 年 5 月，浙江省某集团公司对刚建造的华文大厦裙楼承包经营权举行招标。杭州某餐饮有限公司以 200 万元承包费投标额中标。6 月 8 日，双方正式签订了承包经营合同，双方邀请律师在场见证。由于签约单位名称与中标的某有限公司不符，集团公司负责人要求延期签字盖章，待董事会讨论再决定。

同年 8 月，集团公司决定再次召开承包经营权招标会，宁波另一家餐饮管理公司以 188 万元中标。集团公司当即通知该餐饮管理公司 10 日后正式签订书面合同，并交纳首期承包费 100 万元。中标次日，该管理公司为了按时交纳承包费，向自己托管经营的一酒店公司借款 100 万元，并约定借款年利率为 12%。中标后第十天，该餐饮管理公司持 100 万商业汇票到集团公司准备签订书面合同并交纳承包款。集团公司拒绝接收该款，并告知已于两天前与原中标餐饮有限公司正式签约。双方经过交涉无法达成一致意见。宁波某餐饮管理公司诉至法院，要求省某集团公司承担借款利息 12 万元、投标和订约直接损失 1 万元，同时承担精神损失 5 万元。

经过审理，法院认定被告的行为构成缔约过失。并根据《民法通则》第 61 条第一款、《合同法》第 42 条的规定，判决被告承担原告投标、定约的损失 4500 元，同时驳回原告其他诉讼请求。

第三节　合同的效力

合同的效力，是指已经成立的合同具有的法律约束力。合同的成立与合同的效力不同。合同成立后既可能因为符合法律规定而生效，也可能因违反法律规定或意思表示而无效、可变更可撤销或效力待定。

一、有效合同

有效合同具有法律强制力，在合同当事人之间产生民事权利和义务关系。

（一）合同生效的要件

合同生效的要件是：合同当事人具有相应的民事权利能力和民事行为能力；合同当事人的意思表示真实；合同不违反法律或者社会公共利益；具备法律、行政法规规定合同生效必须具备的形式要件。

（二）合同生效的时间

依法成立的合同，自成立时生效。有些合同需要办理特定手续的，手续完成时合同生效：法律、行政法规规定应当办理批准、登记等手续生效的，自批准、登记时生效。当事人对合同的效力约定附条件或者附期限的；自条件或者期限成就时生效。

二、无效合同

无效合同是指不为法律所承认和保护，不具有法律效力的合同。

（一）无效合同的确认标准

有下列情形之一的，合同无效：①一方以欺诈、胁迫的手段订立合同，损害国家利益；②恶意串通，损害国家、集体或者第三人利益；③以合法形式掩盖非法目的；④损害社会公共利益；⑤违反法律、行政法规的强制性规定。

（二）合同免责条款无效的确认标准

免责条款是指当事人约定免除或者限制其未来责任的合同条款，是当事人协商同意的合同的组成部分，具有约定性，在一般情况下，是可以成立的，但合同中的下列免责条款无效：①造成对方人身伤害的；②因故意或者重大过失造成对方财产损失的。

三、可变更或可撤销合同

合同成立后，发生特定情况，当事人可以进行变更或者要求有关机构予以撤销。所谓变更，是指合同仍然有效，只是对合同的个别条款进行更改。所谓撤销，是指经过法定机关和法定程序使合同不再具有法律效力。

（一）合同可以变更或者撤销的情形

下列合同，当事人一方有权请求人民法院或者仲裁机构变更或者撤销：①因重大误解订立的；②在订立合同时显失公平的；③一方以欺诈、胁迫的手段或者乘人之危，使对方在违背真实意思的情况下订立的合同。

对于上述合同，当事人可以请求人民法院或者仲裁机构变更或者撤销，即当事人有选择权。但在当事人请求进行变更时，人民法院或者仲裁机构不得撤销。

（二）撤销权的消灭

有下列情形之一的，撤销权消灭。

1. 期限届满

具有撤销权的当事人自知道或者应当知道撤销事由之日起1年内没有行使撤销权。

2. 当事人放弃

具有撤销权的当事人知道撤销事由后明确表示或者以自己的行为放弃撤销权。

四、效力待定合同

效力待定合同是合同的效力取决于第三人同意的合同，此类合同已经成立，但因其不完全符合有关合同生效要件的规定，须经有权人承认才能生效。主要有以下3种情况。

（一）限制民事行为能力人订立的合同

限制民事行为能力人订立的合同，经法定代理人追认后，该合同有效，但纯获利益的合同或者与其年龄、智力、精神健康状况相适应而订立的合同，不必经法定代理人追认。

导学博览6-6   未成年人私自购车

2006年5月，郭女士的儿子小文高中毕业，刚满17岁。一天，家中忽然来了两位不速之客，他们是某汽车贸易公司派来的。道明来意后，郭女士才知道，原来小文在外面被人怂恿购买了一辆汽车，汽车贸易公司是根据小文提供的家庭地址来协助办理购车贷款的。惊讶中，郭女士提出退车，但是汽车贸易公司的员工说，合同已签订，退车不行但可以回购，不过郭女士必须承担新车出厂的跌价损失。权衡再三，郭女士同意了贷款购车。因为小文未成年，银行不为其办理个人贷款，就以郭女士的名义向银行申请办理了购车贷款。但贷款后不久，郭女士夫妇就双双下岗，再无力支付月供。在拖欠多期贷款未还后，银行将郭女士告上法庭。

原告银行诉称，在郭女士与其签订了《个人借款合同》后，其已经履行放款义务，但郭女士屡次未按期还款。故诉请法院判令郭女士立即偿还借款本金余额及相应的利息、罚息。

郭女士辩称，小文购买汽车时尚不足十八岁，属于未成年人。其购车行为未征得家长同意，因此其交易行为应当无效，由此发生的贷款合同也应当解除。法院经审理认为，虽然小文购车时未征得父母同意，但是郭女士事后未对购车合同的效力提出异议，并以自己名义与银行签订了个人借款合同，可以视为对小文交易行为的追认。因此，购车合同依法生效，个人借款合同亦合法有效。在银行依约发放了贷款后，郭女士未能按期还款，已经构成违约，理应承担相应的法律责任。

（二）无处分权人处分他人财产的合同

无处分权的人处分他人财产，经权利人追认或者无处分权的人订立合同后取得处分权的，该合同有效。

（三）无代理权人以他人名义订立的合同

行为人没有代理权、超越代理权或者代理权终止后以被代理人名义订立合同，相对人可以催告被代理人在 1 个月内予以追认，未经被代理人追认，对被代理人不发生效力，由行为人承担责任。

如果行为人无权代理而相对人有理由相信行为人有代理权的，该代理行为有效，这种情况法律上称为表见代理。所谓表见代理是指善意相对人通过被代理人的行为足以相信无权代理人具有代理权，基于此项信赖，善意相对人与无权代理人进行交易，由此造成的法律后果由被代理人承担的制度。表见代理制度的设立，是为了保护善意相对人的信赖利益和交易安全。

此外，法人或者其他组织的法定代表人、负责人超越权限订立的合同，除相对人知道或者应当知道其超越权限的以外，该代表行为有效。

五、无效合同和被撤销合同的法律后果

无效合同或者被撤销合同自始没有法律约束力。合同部分无效，不影响其他部分效力的，其他部分仍然有效。合同无效、被撤销或者终止的，不影响合同中独立存在的有关解决争议方法的条款的效力。无效、被撤销合同引起的财产后果，应当根据当事人的过错大小，采取以下办法解决。

（一）返还财产

合同无效或者被撤销后，因该合同取得的财产，应当予以返还；不能返还或者没有必要返还的，应当折价补偿。

（二）赔偿损失

对于合同无效或者被撤销有过错的一方，应当赔偿对方因此所受到的损失，双方都有过错的，应当各自承担相应的责任。

（三）收归国有或者返还集体、第三人

当事人恶意串通，损害国家、集体或者第三人利益的，因此取得的财产收归国家所有或者返还集体、第三人。

第四节　合同的履行

合同的履行是合同生效以后，合同当事人依照合同的约定实施属于合同标的的行为，如交付货物、完成工作、提供劳务、支付价款等，从而使合同目的得以实现。

一、合同履行的原则

合同履行原则，是双方当事人在履行合同过程中应当遵守的基本原则或者规则。履行合同应当遵守以下原则。

（一）全面履行原则

全面履行原则要求合同当事人按照合同的约定全面地履行自己的义务，包括履行义务的主体、标的、数量、质量、价款或者报酬以及履行地方式、地点、期限等，都要按合同的约定全面履行。

（二）诚实信用原则

当事人在履行合同时，应当遵循诚实信用原则，根据合同的性质、目的和交易习惯履行通知、协助、保密等义务。合同没有约定或者约定不明确的，可以根据诚实信用的原则进行补充、解释。

合同生效后，当事人就质量、价款或者报酬、履行地点等内容没有约定或者约定不明确的，可以协议补充；不能达成补充协议的，按照合同有关条款或者交易习惯确定；若仍不能确定的，适用下列规定：质量要求不明确的，按照国家标准、行业标准履行；没有国家标准、行业标准的，按照通常标准或者符合合同目的的特定标准履行。价款或者报酬不明确的，按照订立合同时履行地地市场价格履行；依法应当执行政府定价或者政府指导价的，按照规定履行。履行地点不明确的，给付货币的，在接受货币一方所在地履行；交付不动产的，在不动产所在地履行；其他标的，在履行义务一方所在地履行。履行期限不明确的，债务人可以随时履行，债权人也可以随时要求履行，但应当给对方必要的准备时间。履行方式不明确的，按照有利于实现合同目的的方式履行。履行费用的负担不明确的，由履行义务的一方负担。

二、合同履行中的第三人

在通常情况下，合同必须由当事人亲自履行。但根据法律规定及合同的约定，或者在与合同性质不相抵触的情况下，合同可以由第三人履行，也可以由第三人接受履行。由第三人履行，不是合同义务的转移，当事人的法律地位不变。

（一）向第三人履行债务

当事人约定债务人向第三人履行债务的，债务人未向第三人履行债务或者履行债务不符合约定，应当向债权人承担违约责任。向第三人履行债务只是履行方式的变化，履行的义务还是合同中约定的向债权人履行的义务，如果债务人违约，应当向债权人而不是向第三人承担违约责任。

（二）第三人代为履行

当事人约定由第三人向债权人履行债务的，第三人不履行债务或者履行债务不符合约定，债务人应当向债权人承担违约责任。这里的第三人只是替代债务人履行债务，而非合同的当事人，当第三人违约时，应当由债务人向债权人承担违约责任。

三、合同履行中的抗辩权

合同可分为双务合同和单务合同。一般说来，绝大多数合同都是双务合同，也就是说合同各方当事人既享有权利，又承担义务。所谓合同履行中的抗辩权是指在双务合同中，一方当事人有依法对抗对方要求或者否认对方要求的权利。

（一）同时履行抗辩权

当事人互负义务，没有先后履行顺序的，应当同时履行。一方在对方履行之前有权拒绝其履行要求。一方在对方履行债务不符合约定时，有权拒绝其相应的履行要求。

（二）顺序履行抗辩权

当事人互负债务，有先后履行顺序，先履行一方未履行的，后履行一方有权拒绝其履行要求。先履行一方履行债务不符合约定的，后履行一方有权拒绝其相应的履行义务。

（三）不安抗辩权

应当先履行债务的当事人，有确切证据说明对方有下列情形之一的，可以中止履行：①经营状况严重恶化；②转移财产，抽逃资金，以逃避债务；③丧失商业信誉；④有丧失或者可能丧失履行债务能力的其他情形。

当事人行使不安抗辩权中止履行的，应当及时通知对方。对方提供担保时，应当恢复履行。中止履行后，对方在合理期限内未恢复履行能力并且未提供适当担保的，中止履行的一方可以解除合同。当事人没有确切证据中止履行的，应当承担违约责任。

四、合同履行中的保全措施

合同履行中的保全措施是指防止因债务人财产的减少而给债权人的债权带来危害时，允许债权人为保全其债权的实现而采取的法律措施。保全措施包括代位权和撤销权两种。

（一）代位权

代位权是指债务人怠于行使其到期债权，对债权人造成损害的，债权人可以向人民法院请求以自己的名义代位行使债务人债权的权利。

（二）撤销权

撤销权是指因债务人放弃债权或者无偿转让财产，或者债务人以明显不合理的低价转让财产并且受让人知道该情形的，对债权人造成损害的，债权人可以请求人民法院撤销债务人的这种行为的权利。

撤销权自债权人知道或者应当知道撤销事由之日起 1 年内行使。自债务人的行为发生之日起 5 年内没有行使撤销权的，该撤销权消灭。

代位权、撤销权的行使范围以债权人的债权为限。债权人行使代位权、撤销权的必要费用，由债务人负担。

五、合同履行的其他规定

合同履行的其他规定有：债权人分立、合并或者变更住所没有通知债务人，致使履行债务发生困难的，债务人可以中止履行或者将标的物提存。债权人可以拒绝债务人提前或者部分履行债务，但提前或者部分履行不损害债权人利益的除外。债务人提前履行或者部分履行债务给债权人增加的费用，由债务人负担。合同生效后，当事人不得因姓名、名称的变更或者法定代表人、负责人、承办人的变动而不履行合同。

第五节　合同的变更、转让和终止

一、合同的变更

合同依法成立即具有法律效力，当事人各方应当严格履行，任何一方不得随意变更合同，这也是诚实信用原则的要求。但如果合同成立后客观情况发生了变化，原合同已不能履行或者不应履行，当事人可以依照法定的程序变更合同。

合同的变更有广义和狭义之分。广义的合同变更是指合同内容和主体发生变化。狭义上的合同变更仅指合同内容的变更。我国合同法规定的合同变更是指狭义上的合同变更，而合同主体的变更则称为合同的转让。

合同的变更，要在合同成立之后，还没有履行或者还没有完全履行之前的有效时间内进行。合同的变更是对原合同内容的修改或者补充，而非签订新的合同。双方协商同意变更的内容一定要明确，对变更内容约定不明确的，推定为未变更。法律、行政法规规定变更应当办理批准、登记等手续的，还要依法办理相应的手续。

二、合同的转让

合同的转让，是指在不变更合同内容即合同规定的权利义务的前提下，将合同规定的权利、义务或者权利与义务一并转让给第三方，由受让方承担合同的权利和义务。合同的转让根据转让对象的不同，可分为合同权利的转让、合同义务的转移和权利义务的一并转让三种情形。

（一）债权的转让

债权转让是指债权人将其合同权利转让给第三人的行为。在债权转让法律关系中，将债权转让给第三人的为让与人或者出让人，而接受债权转让的第三人为受让人。债权人可以将合同的权利全部或者部分转让给第三人，但有下列情形之一的除外：根据合同性质不得转让；按照当事人约定不得转让；依照法律规定不得转让。

未经通知，该转让对债务人不发生效力。债权人转让权利的通知不得撤销，但经受让人同意的除外。

（二）债务的转移

债务的转移是指债务人将其合同义务转移给第三人的行为。债务人将合同的义务全部或者部分转移给第三人的，应当经债权人同意，否则债务转移无效。因为债权人不是转移协议的当事人，而承担债务的第三人是否具有履行能力和信用如何，与债权人的权利实现直接相关，所以，只有经债权人同意，债务人与第三人之间的合同义务转移协议才有效。

（三）债权债务的一并转让

债权债务的一并转让是指由合同当事人一方将其债权债务一并转移给第三人，由第三人取代自己在合同中的地位，承受合同中规定的权利和义务的行为。这种转让有两种方式。

1. 约定的情形

当事人一方经过对方同意，可以将自己在合同中的权利和义务一并转让给第三人。

2. 法定的情形

当事人订立合同后合并的，由合并后的法人或者其他组织行使合同权利，履行合同义务。当事人订立合同后分立的，除债权人和债务人另有约定的以外，由分立的法人或者其他组织对合同的权利和义务享有连带债权，承担连带债务。

三、合同的终止

合同终止是指合同当事人之间的权利、义务关系消灭。由于终止的原因和情况各不相同，其后果也完全不一样。合同法规定，有下列情形之一的，合同终止。

（一）债务已经按照约定履行

合同生效后，合同义务人按照约定履行了自己的义务，权利人实现了自己的权利，订立合同的目的的实现，合同的权利、义务关系归于消灭。履行是合同终止最基本、最常见和最理想的方式。

（二）合同解除

合同解除的方式有协议解除和法定解除两种。

1. 协议解除

协议解除是指当事人基于双方的合意或者协议而解除合同的，有的是在订立合同时就在合同中约定了解除合同的条件，当解除合同的条件成熟时，解除权人就可解除合同；有的是在合同履行过程中，双方经协商一致同意解除合同的。

2. 法定解除

法定解除是合同成立后，没有履行或者没有履行完毕以前，当事人一方行使法定解除权而使合同效力消灭。有下列情形之一时，当事人可以解除合同：①因不可抗力致使不能实现合同目的的；②在履行期限届满之前，当事人一方明确表示或者以自己的行为表明不履行主要债务；③当事人一方迟延履行主要债务，经催告后在合理期限内仍未履行；④当事人一方迟延履行债务或者有其他违约行为致使不能实现合同目的；⑤法律规定的其他情形。

合同解除后，尚未履行的，终止履行；已经履行的，根据履行情况和合同性质，当事人可以要求恢复原状、采取其他补救措施，并有权要求赔偿损失。

（三）债务相互抵销

当事人互负债务，该债务的标的物种类、品质相同的，任何一方可以将自己的债务与对方的债务抵销，但依照法律规定或者按照合同性质不得抵销的除外。债务相互抵销需要具备以下条件：①须是当事人之间互负债务；②两项债务标的物种类、品质相同，若不相同，须经当事人双方协商一致；③两项债务都已到履行期。如果一项债务到期，另一项债务尚未到期，不得抵销。

（四）债务人依法将标的物提存

合同已到履行期限，因债权人没有正当理由拒绝受领标的物或者查找不到债权人而无法履行时，债务人可以依法将标的物提存。有下列情形之一，债务人难以履行债务的，可以将标的物提存：①债权人无正当理由拒绝受领；②债权人下落不明；③债权人死亡未确定继承人或者丧失民事行为能力未确定监护人；④法律规定的其他情形。

标的物提存后，原合同终止。标的物提存，毁损、灭失的风险由债权人承担，提存费用由债权人负担。债权人可以随时领取提存物，如果自提存之日起5年内不提取的，提存物扣除提存费用后归国家所有。

（五）债权人免除债务

债权人免除债务人部分或者全部债务的，合同的权利义务部分或者全部终止。

（六）债权债务同归于一人

债权和债务同归于一人的，合同的权利义务终止，但涉及第三人利益的除外。

（七）法律规定或者当事人约定终止的其他情形

合同的权利义务终止，不影响合同中结算和清理条款的效力。合同的权利义务终止后，当事人应当遵循诚实信用原则，根据交易习惯履行通知、协助、保密等义务。

第六节　违约责任

一、违约责任的概念

违约责任即违反合同的民事责任，是指合同当事人不履行合同义务，或者履行合同义务不符合规定时应承担的民事责任。

违约责任是合同规定的一项重要制度。这不仅是保障合同履行，确保当事人合法权益的需要，而且也是处理合同争端，确保市场经济秩序的重要法律依据。因此，违约责任任制度是合同具有法律约束力的集中体现，是合同法律制度的核心内容。

二、违约责任的归责原则

合同的有效成立，是承担违约责任的前提。因为合同有效，才对当事人具有法律约束力，并受国家法律保护。如果合同无效，则合同约定事项及当事人的权利义务不受国际法律保护，所以也不存在违约及违约责任的问题。

《合同法》规定，当事人一旦不履行合同义务或者履行合同义务不符合规定的，应当承担违约责任。也就是说，只要当事人有不履行合同义务或者履行合同义务不符合约定的情况存在，不管当事人主管上是否有过错，除不可抗力可以免责外，都要承担违约责任。所以，《合同法》对违约责任采用了严格责任原则。至于缔约过失、无效合同或可撤销合同，则采取了过错责任，分则中个别合同特别规定了过错责任的，按过错责任承担违约责任。

三、承担违约责任的方式

关于承担违约责任的方式，《合同法》规定，当事人一方不履行合同义务或者履行义务不符合约定的，应当承担继续履行、采取补救措施或者赔偿损失等违约责任。同时还对违约金、定金等作了规定。

（一）继续履行

继续履行是指当事人一方不履行合同义务或者履行合同义务不符合约定时，另一方当事人可以要求违约方继续按照原合同约定完成合同义务。

继续履行适用较多的是对金钱债务的违约，即当事人所负的债务直接表现为支付货币的义务。对于非金钱债务的违约，对方当事人虽然也可以要求违约方继续履行但往往会受到一定的限制。《合同法》规定，非金钱债务违约的，遇有下列情形之一时，守约方不能要求违约方继续履行：①法律上或者事实上不能履行；②债务的标的不适于强制履行或者履行费用过高；③债权人在合理期限内未要求对方履行。

（二）采取补救措施

采取补救措施，是指违约方所采取的旨在消除违约后果的除了继续履行、支付赔偿金、违约金以及定金方式以外的其他措施，如对于一方当事人履行合同，质量不符合约定的，受损害方可以根据标的的性质以及损失的大小，合理选择要求对方承担修理、更换、退货、减少价款或者报酬的违约责任。

（三）赔偿损失

赔偿损失是指违约方不履行或者不完全履行合同义务给对方造成损失，在继续履行合同或采取补救措施后，对方还有其他损失的，依法应当赔偿对方当事人所受的损失。

当事人承担损失赔偿责任的构成要件除有违约行为外，还必须有损害事实，并且违约行为与损害事实之间存有因果关系。只要具备了上述三个条件，违约者就应当承担损失赔偿的责任。

当事人一方不履行合同义务或者履行合同义务不符合约定，给对方造成损失的，其应承担的损失赔偿包括直接损失和间接损失。直接损失是指现有财产上的直接减少。间接损失是指失去的可以与其获得的利益。但守约方要求赔偿的预期可得利益，不得超过违约方在订立合同时能够预见的损失。当事人为防止损失扩大而支出的合理费用也应当由违约方承担，但是若一方违约后对方应当采取而未采取适当措施致使损失扩大的，扩大的损失就不能要求违约方赔偿。

（四）违约金

违约金，是指当事人在合同中约定或者法律规定的，一方违约时应当向对方支付一定数量的货币。

违约方承担违约金的责任不以违约造成损失为条件。违约金可以分为惩罚性违约金和补偿性违约金。而我国合同法中违约金的主要功能在于补偿损失，因此《合同法》规定，当约定的违约金低于或者过分高于违约造成的损失的，当事人可以请求人民法院或者仲裁机构予以调整。当事人就迟延履行约定违约金的，违约方支付违约金后，还应当履行债务。

如果当事人既约定违约金，又约定定金的，在一方违约时，对方只能选择两者中的一项，不能同时适用。

导学博览6-7 二手房买卖纠纷

2008 年下半年，李某到多家房屋中介公司挂牌销售房屋。2008 年 10 月 22 日，上海某房地产经纪有限公司带陶某看房；11 月 23 日，上海某房地产顾问有限公司（简称某房地产顾问公司）带陶某之妻曹某看房；11 月 27 日，上海中原物业顾问有限公司（简称中原公司）带陶某看了该房屋，并于同日与陶某签订了《房地产求购确认书》。

该《确认书》第 2.4 条约定，陶某在验看过该房地产后六个月内，陶某或其委托人、代理人、代表人、承办人等与陶某有关联的人，利用中原公司提供的信息、机会等条件但未通过中原公司而与第三方达成买卖交易的，陶某应按照与出卖方就该房地产买卖达成的实际成交价的 1%，向中原公司支付违约金。当时中原公司对该房屋报价 165 万元，而某房地产顾问公司报价 145 万元，并积极与卖方协商价格。11 月 30 日，在某房地产顾问公司居间下，陶某与卖方签订了房屋买卖合同，成交价 138 万元。后买卖双方办理了过户手续，陶某向某房地产顾问公司支付佣金 1.38 万元。

中原公司以陶故意跳过中介，私自与卖方直接签订购房合同，属于恶意"跳单"行为为由，请求法院判令陶某按约支付违约金 1.65 万元。

裁判结果：上海市虹口区人民法院于 2009 年 6 月 23 日作出判决，陶某应于判决生效之日起十日内向中原公司支付违约金 1.38 万元。宣判后，陶某提出上诉。上海市第二中级人民法院于 2009 年 9 月 4 日作出判决：一、撤销上海市虹口区人民法院民事判决；二、中原公司要求支付违约金 1.65 万元的诉讼请求，不予支持。

裁判要点：房屋买卖居间合同中关于禁止买方利用中介公司提供的房源信息却绕开该中介公司与卖方签订房屋买卖合同的约定合法有效。但是，当卖方将同一房屋通过多个中介公司挂牌出售时，买方通过其他公众可以获知的正当途径获得相同房源信息的，买方有权选择报价低、服务好的中介公司促成房屋买卖合同成立，其行为并没有利用先前与之签约中介公司的房源信息，故不构成违约。

相关法条：《中华人民共和国合同法》第四百二十四条

（资料来源：最高人民法院指导性案例 1 号）

（五）定金罚则

定金，是指合同当事人为了确保合同的履行，依据双方约定由当事人一方在合同订立时或者在订立后履行前，按照合同金额的一定比例，预先给付对方当事人的金钱或有价证券。定金的数额可以由当事人约定，但不得超过主合同标的额的 20%。给付定金的一方不履行其合同债务的，无权要求返还定金；收受定金的一方不履行合同债务的，则应当双倍返还定金。由此可见，定金既是合同履行的担保形式，又是承担违约责任的方式，具有惩罚性。

四、违约责任的免除

当事人因不可抗力，可以免责。不可抗力是指不能预见、不能避免并不能克服的客观情况。主要包括：①自然灾害，如台风、洪水、地震等；②政府行为，如征收、征用；③社会异常事件，如罢工、骚乱。

可以免责的不可抗力必须发生在合同的履行期限内，并且确实影响合同履行。违约方欲因不可抗力而免责的，应当及时通知对方，并在合理期限内提供证明。

根据不可抗力的影响，不可抗力免责可分为全部免责和部分免责；部分免责又可分为免部分不履行合同的责任和免延期履行合同的责任。

五、违约行为与侵权行为的竞合

违约行为与侵权行为的竞合，是指合同一方当事人的同一行为既构成违约也构成侵权。在违约行为与侵权行为竞合的情况下，为了防止不当得利，因当事人一方的违约行为，侵害对方人身财产权益的，受害方有权选择救济方式，可以选择请求对方承担违约责任或者请求对方承担侵权责任。

■■■■■■■■■■■■■■■ 应 知 应 会 ■■■■■■■■■■■■■■■

1. 核心概念：合同、合同法、要约、要约邀请、承诺、有效合同、无效合同、可变更可撤销合同、抗辩权、代位权、撤销权、违约责任。
2. 合同法的基本原则。
3. 合同的订立程序和主要内容。
4. 合同效力的种类。
5. 合同履行的原则。
6. 合同变更、转让和终止的规定。
7. 承担违约责任的形式。

■■■■■■■■■■■■■■■ 实 训 练 习 ■■■■■■■■■■■■■■■

一、单项选择题

1. 在下列情形中，在当事人之间产生合同法律关系的是（　　）。
   A. 甲拾得乙遗失的一块手表
   B. 甲邀请乙看球赛，乙因为有事没有前去赴约
   C. 甲因放暑假，将一台电脑放入乙家
   D. 甲鱼塘之鱼跳入乙鱼塘

2. 甲和乙合作开办了宏都干洗店，丙将一件皮衣拿到干洗店清洗，交给正在营业中的甲，并向甲交付清洗费100元。该合同关系的主体是（　　）。
   A. 甲和丙　　　　B. 乙和丙　　　　C. 甲、乙和丙　　　D. 宏都干洗店和丙

3. 在以招标方式订立合同时，属于要约性质的行为是（　　）。
   A. 招标　　　　　B. 投标　　　　　C. 开标　　　　　D. 决标

4. 合同终止以后当事人应当遵循保密和忠实等义务，此种义务在学术上称为后契约义务。此种义务的依据是（　　）。
   A. 自愿原则　　　B. 合法原则　　　C. 诚实信用原则　D. 协商原则

5. 某企业在其格式劳动合同中约定：员工在雇佣工作期间的伤残、患病、死亡，企业概不负责。如果员工已在该合同上签字，该合同条款（　　）。
   A. 无效

B. 是当事人真实意思的表示，对当事人双方有效

C. 不一定有效

D. 只对一方当事人有效

6. 当事人采用合同书形式订立合同的，自（　　）时合同成立。

 A. 双方当事人制作合同书   B. 双方当事人表示受合同约束

 C. 双方当事人签字或者盖章   D. 双方当事人达成一致意见

7. 某甲的儿子患重病住院，急需用钱又借贷无门，某乙趁机表示愿意借给 20000 元，但半年后须加倍偿还，否则以甲的房子代偿，甲表示同意。根据合同法规定，甲、乙之间的借款合同（　　）。

 A. 因显失公平无效   B. 因显失公平可撤销

 C. 因乘人之危无效   D. 因乘人之危可撤销

8. 某商场设有自动售报机，顾客只要按要求投入硬币，即可得到当天日报一份，此种成立买卖合同的形式为（　　）。

 A. 书面形式   B. 口头形式   C. 推定形式   D. 默示形式

9. 甲公司与乙公司签订买卖合同。合同约定甲公司先交货。交货前夕，甲公司派人调查乙公司的偿债能力，有确切材料证明乙公司负债累累，根本不能按时支付货款。甲公司遂暂时不向乙公司交货。甲公司的行为是（　　）。

 A. 违约行为   B. 行使同时履行抗辩权

 C. 行使先诉抗辩权   D. 行使不安抗辩权

10. 合同权利义务的终止是指（　　）。

 A. 合同的变更   B. 合同的消灭

 C. 合同效力的中止   D. 合同的解释

二、多项选择题

1. 甲乙双方签订了买卖合同，在合同履行过程中，发现该合同某些条款约定不明确。甲乙双方不能达成补充协议，且按照合同有关条款或者交易习惯仍不能确定。下列说法符合规定的有（　　）。

 A. 质量要求不明确的，按照国家标准、行业标准履行

 B. 价款不明确的，按照卖方所在地的市场价格履行

 C. 履行地点不明确，给付货币的，在接受货币一方所在地履行

 D. 履行期限不明确的，债务人可以随时履行

2. 甲公司欠乙公司 30 万元，一直无力偿付，现丙公司欠甲公司 20 万元，已到期，但甲公司明示放弃对丙的债权。对甲公司的这一行为，乙公司可以采取的措施有（　　）。

 A. 请求人民法院撤销甲放弃债权的行为

 B. 通知丙公司撤销甲放弃债权的行为

 C. 乙因此支付的必要费用由甲公司负担

 D. 乙因此支付的必要费用由乙公司负担

3. 下列合同中，属于无效合同的有（　　）。

    A. 一方以欺诈、胁迫手段订立的合同

    B. 恶意串通、损害国家、集体或者第三人利益的合同

    C. 以合法形式掩盖非法目的的合同

    D. 损害社会公共利益的合同

4. 实际履行的构成条件包括（   ）。

    A. 必须有违约行为存在

    B. 必须由非违约方在合理的期限内提出继续履行的请求

    C. 必须依据法律和合同的性质能够履行

    D. 实际履行在事实上是可能的和在经济上是合理的

5. 下列情形中，能导致要约失效的有（   ）。

    A. 甲向乙发出要约，乙向甲发出拒绝要约的通知

    B. 甲向乙发出要约，又发出函件撤回要约，乙收到要约后该函件才到达

    C. 甲向乙发出要约，说明其有效期一周，乙在一周内未作任何表示

    D. 甲向乙发出要约，乙将其中的价格条件作了变动后答复

三、实务操作题

1. 撰写一张借条。

2. 依据教师提供的合同范本，撰写一份书面合同。

3. 案例分析。

（1）甲机械公司委托乙运输公司为其运输一套机械设备到丙商行，为此，甲公司与乙公司订立了运输合同。由于甲公司与乙平常关系良好，甲公司希望乙公司能顺便代为向丙商行收取 5 万元货款，并言明代收货款纯属帮忙，不另计报酬，乙公司当场表示同意。而后，乙公司派车将甲公司的设备运至丙商行，丙商行将 5 万元货款交付乙公司的司机。回程中，乙公司司机将货车停放在一停车场内去吃饭，当司机吃完饭返回时，发现驾驶室门被撬，遗忘在车内的 5 万元货款不翼而飞，司机随即拨打 110 向警方报案。事后甲公司向乙公司追讨 5 万元货款，乙公司拒付，甲公司将乙公司告到法院。

请问：

1）甲公司与乙公司的委托收款的合同关系是否成立?为什么?

2）甲公司是否可以要求乙公司赔偿损失?为什么?

（2）甲公司与乙公司签订了一份买卖合同。双方约定：乙公司供给甲公司限量生产的 X 型号的计算机 100 台，每台单价 1 万元；甲公司应交付定金 30 万元；如果一方违约，则应支付总价款的 20% 作为违约金。合同签订后，甲公司立即将 30 万元定金交付乙公司，并很快与丙公司就同一批货物签订了一份买卖合同，每台单价 1.2 万元。后乙公司没有按期履行合同，导致甲公司无法履行与丙公司之间的合同，为此甲公司向丙公司支付违约金 20 万元。现甲公司要求乙公司双倍返还定金 60 万元、赔偿甲公司支付给丙公司的违约金 20 万元。乙公司则以定金条款无效为由主张合同无效。

请问：

1）定金条款是否无效?

2）如果定金条款无效，是否会导致合同全部无效？为什么？

3）甲公司是否可以要求乙公司既承担违约金责任，又承担定金责任？为什么？

4）丙公司能否直接要求乙公司对自己承担违约责任？为什么？

（3）甲公司与乙公司签订买卖合同，约定由乙公司在一个月内向甲公司提供精铝锭一批，价值 138 万元；如果乙公司不能按期供货，每逾期一天须向甲公司支付货款价值 0.1%的违约金。合同订立后，由于组织货源的原因，乙公司在两个多月后才交付全部产品，甲公司验货时发现不是精铝锭，而是普通铝锭，就以对方违约为由拒绝收货和付款，要求乙公司支付延期违约金约 5 万元，并且要求乙公司重新提供精铝锭。乙公司称逾期供货是国家的产业政策调整所致，不是自己的过错，不应该支付违约金，而且所提供的铝锭是经过质量检验机构检验合格的产品；现在精铝锭供应比较紧张，不可能重新提供精铝锭。

甲公司坚持要求乙公司支付违约金和按照合同约定的质量标准履行合同。双方为此发生争议，诉至法院，甲公司要求乙公司支付违约金和重新交货。乙公司在答辩状中称，逾期供货不是自己所能控制的，不应当支付违约金；另外原约定违约金过高，即使支付违约金也不能按此标准。

请问：

1）甲公司与乙公司之间签订的合同是否有效？

2）甲公司拒收拒付有无依据？乙公司主张不能按时供货的理由是否成立？

3）甲公司要求乙公司支付违约金和按约定重新交货有无依据？

4）乙公司主张违约金的数额太高，是否可以支持？

第七章

商 标 法

 学习目标

知识目标

1. 了解商标的概念、构成和种类。
2. 掌握商标权法律关系的内容。
3. 掌握商标权的取得和消灭。
4. 理解商标侵权行为的认定及其处理。

能力目标

1. 熟悉商标注册的程序。
2. 能正确处理简单的商标争议事宜。

 法律检索

《中华人民共和国商标法》（以下简称《商标法》）（1982 年 8 月 23 日第五届全国人民代表大会常务委员会第二十四次会议通过，2013 年 8 月 30 日第十二届全国人民代表大会常务委员会第四次会议第三次修正，自 2014 年 5 月 1 日起施行）

《中华人民共和国商标法实施条例》（以下简称《商标法实施条例》）（2002 年 8 月 3 日中华人民共和国国务院令第 358 号公布，2014 年 4 月 29 日中华人民共和国国务院令第 651 号修订）

 **法谚名言**

商标，就是企业的生命，必须排除万难而捍卫之，这是我的一贯信条。商标和公司名称，并不是随心所欲的应景之作，而是有责任、保证产品质量的有力工具。

——（日本）盛田昭夫

第一节 商标法概述

一、商标的概述

（一）商标的概念和特征

商标是经营者在其商品或者提供的服务上采用的，能够与他人的商品及服务相区别的标志。《商标法》规定，任何能够将自然人、法人或者其他组织的商品与他人的商品区别开的标志，包括文字、图形、字母、数字、三维标志、颜色组合和声音等，以及上述要素的组合，均可以作为商标申请注册。

对于商品的生产者、经营者或者服务的提供者来说，商标具有排他性、标记性、地域性和竞争性等特征。

导学博览7-1 商标的起源

商标起源于原始部落或个人信仰的象征符号，例如古人曾用圆形表示宇宙的无限。在法国南部山洞中发现的原始人壁画可上溯到公元前一万年，绘画的主题是一些具有强烈符号特征的动物，专家们认为这些可以被看成人类日后设计商标、标志的动机。

公元前6世纪，古希腊哲学家毕达哥拉斯用三角形作为象征智慧的符号，而随后的基督教则用三角形表示圣父、圣子、圣灵的三位一体。古埃及、巴比伦、古印度、希腊、古罗马等文明古国，在很久以前都在各种陶器、金属器具和手工制品上使用各种标记，以便于官方征税，或用于作坊主与工匠之间记账，这是商标的萌芽。

13世纪时，欧洲大陆盛行各种行会，并要求在商品上打上行会认可的标记，从而起到区分生产者的作用，这已经具备了现代商标内涵。当人类在运用符号上逐渐从精神象征走向功利性标记，当这种符号与商品概念结合起来时，"商标"就出现了。

1262年，意大利人在他们制造的纸张上采用了水纹（Watermark）作为产品标志，水纹标志设计甚至成为当时造纸技术人员的一个重要的工作内容。

19世纪，现代意义上的商标制度在欧洲各国相继建立，法国1804年颁布法典，第一次肯定了商标权受保护，是世界上第一个建立起商标注册制度的国家。

（二）商标的种类

根据不同的标准，可将商标分为以下几类。

1. 平面商标、立体商标和声音商标

根据商标的不同构成，可分为平面商标、立体商标和声音商标。

平面商标是指以文字、图形或者文字、图形组合而成的标志。文字可以是中国文字也可以是外国文字。

立体商标是指以商品形状或者其容器、包装的形状构成的三维标志，如"费列罗"

立体商标。

声音商标是一种非传统商标，它改变了传统商标单一的视觉识别方式，推动了商标文化的多元化和立体化。

2. 注册商标和未注册商标

根据商标是否注册，可分为注册商标和未注册商标。

注册商标是指经使用商标人按照法定手续向国家商标局申请注册，经过审核后准予核准注册的商标。注册商标是商标法的保护对象，其所有人享有商标专用权。

未注册商标，是指未经过商标注册而在商品或服务上使用的商标。未注册商标可以自行在商品或服务上使用，但其使用人不享有商标专用权，不受法律保护。

3. 商品商标和服务商标

根据商标的不同标示对象，可分为商品商标和服务商标。

商品商标是指用于生产或销售商品的标记，如"海尔"、"李宁"。

服务商标是用于服务的提供者在其服务项目上使用的标记。服务商标主要用于宾馆、餐饮、旅游、运输、广告、娱乐、金融等服务领域，如"中国电信"。

4. 集体商标和证明商标

根据商标的不同用途，可分为集体商标和证明商标。

集体商标是指以工商业团体、协会或者其他组织名义注册、供该组织成员在商事活动中使用，以表明使用者在该组织中的成员资格的标志。

证明商标是指由对某种商品或者服务具有检测和监督能力的组织注册，而由注册人以外的人使用其商品或者服务，用以证明该商品或者服务的原产地、原料、制造方法、质量或者其他特定品质的标志。如国际羊毛局授权的"纯羊毛"标志。

5. 驰名商标和非驰名商标

根据商标是否具备知名度，可分为驰名商标和非驰名商标。

驰名商标是指为相关公众广为知晓并享有较高声誉的商标。《商标法》规定，生产者、经营者不得将"驰名商标"字样用于商品、商品包装或者容器上，或者用于广告宣传、展览以及其他商业活动中。

导学博览7-2　驰名商标

驰名商标，也称为知名商标或者周知商标。驰名商标最早出现在《保护工业产权巴黎公约》1925 年文本中。我国 1984 年正式批准加入《保护工业产权巴黎公约》，成为其第 95 个成员国。和其他加入《巴黎公约》的成员国一样，依据该公约的规定对驰名商标给予特殊的法律保护。我国 1982 年的商标法和 1993 年第一次对商标法的修正都没有涉及驰名商标保护的问题。2001 年 10 月，我国对《商标法》进行修正，才在立法中增加了驰名商标的保护。

认定驰名商标应当考虑下列因素：①相关公众对该商标的知晓程度；②该商标使用的持续时间；③该商标的任何宣传工作的持续时间、程度和地理范围；④该商标作为驰名商标受保护的记录；⑤该商标驰名的其他因素。

为了保护驰名商标所有人的合法权益，我国法律对驰名商标制定了有别于一般商标的特殊保护制度。为相关公众所熟知的商标，持有人认为其权利受到侵害时，可以依照商标法规定请求驰名商标保护。

1）对未在我国注册的驰名商标的保护。就相同或类似商品申请注册的商标是复制、摹仿或者翻译他人未在中国注册的驰名商标，容易导致混淆的，不予注册并禁止使用。

2）对已在我国注册的驰名商标的保护。就不相同或者不相类似商品申请注册的商标是复制、摹仿或者翻译他人已经在中国注册的驰名商标，误导公众，致使该驰名商标注册人的利益可能受到损害的，不予注册并禁止使用。

3）防止驰名商标淡化。当事人认为他人将驰名商标作为企业名称登记，可能欺骗公众或者对公众造成误解的，可以向企业名称登记主管机关申请撤销该企业名称登记，企业名称登记主管机关应当依照《企业名称登记管理规定》处理。

二、商标法的概念和内容

商标法是确认商标专用权，规定商标注册、使用、转让、保护和管理的法律规范的总称。我国于 1982 年颁布了《中华人民共和国商标法》，1993 年对商标法进行了第 1 次修订。为了适应我国加入世界贸易组织的需要，2001 年我国对《商标法》进行了第 2 次修订。为了适应不断发展的社会主义市场经济的需要，2013 年 8 月，我国对《商标法》进行了第 3 次修订，修改后的《商标法》于 2014 年 5 月 1 日起施行。

第二节　商标权法律关系

商标权指的是商标注册人对其注册商标所享有的专有的权利。它是由国家商标管理机关依照法律规定的程序赋予注册商标所有人的一种法定权利。

一、商标权的主体

商标权主体是享有商标专用权的自然人、法人或者其他组织。《商标法》规定，自然人、法人或者其他组织在生产经营活动中，对其商品或者服务需要取得商标专用权的，应当向商标局申请商标注册。两个以上的自然人、法人或者其他组织可以共同向商标局申请注册同一商标，共同享有和行使该商标专用权。外国人或者外国企业在中国申请商标注册的，应当按其所属国和中华人民共和国签订的协议或者共同参加的国际条约办理，或者按对等原则办理。

二、商标权的客体

商标权的客体是指经商标局核准注册的商标，即注册商标。

（一）申请注册的商标应当具备的条件

1）商标应当具备显著性。显著性，也可称为商标的显著特征。

2）商标应当具备区别性。区别性，是指商标应具备能够区别商品或服务不同来源的本质属性。

我国《商标法》规定，"申请注册的商标，应当有显著特征，便于识别"。《商标法》第 11 条进一步规定，仅有本商品的通用名称、图形、型号的标志；仅直接表示商品的质量、主要原料、功能、用途、重量、数量及其他特点的标志以及其他缺乏显著特征的标志，不得作为商标注册。

导学博览7-3　宝洁和奔驰的商标

在现代企业和大众传播形成之前，人类更多的是借助商标界定产品归属、区隔其质量优劣或传达某种单一、朴素的意念。从宝洁和奔驰的例子即可见一斑。

1851 年，美国宝洁（P&G）创建人威廉·宝特（William Procter）发现负责运货的工人总是在宝洁产品货箱上画星星月亮等记号以区别于别家的货物，由此宝洁公司在 1882 年形成了以月亮和星星为题材的商标，并将星星定为 13 颗，寓示当时 13 个州。

1886 年，奔驰公司创始人戈特利布·戴姆勒（Gottlieb Daimler）在写给妻子的明信片上画了一颗"三角星"来标示工厂的位置，并说："总有一天，这颗星将会灿烂辉煌地在我们工厂升起。"这颗星后经设计师整合，1909 年开始成为了奔驰商标，1916 年加上外面的圆圈，1921 年起用作车头标志。

（资料来源：吴英. 2005. 从商标到 CI. 中国知识产权报.）

（二）不得作为商标使用的标志

根据我国商标法规定，商标不得使用下列标志。

1）同中华人民共和国的国家名称、国旗、国徽、国歌、军旗、军徽、军歌、勋章等相同或者近似的，以及同中央国家机关的名称、标志、所在地特定地点的名称或者标志性建筑物的名称、图形相同的。

2）同外国的国家名称、国旗、国徽、军旗等相同或者近似的，但经该国政府同意的除外。

3）同政府间国际组织的名称、旗帜、徽记等相同或者近似的，但经该组织同意或者不易误导公众的除外。

4）与表明实施控制、予以保证的官方标志、检验印记相同或者近似的，但经授权的除外。

5）同"红十字""红新月"的名称、标志相同或者近似的。

6）带有民族歧视性的。

7）带有欺骗性，容易使公众对商品的质量等特点或者产地产生误认的。

8）有害于社会主义道德风尚或者有其他不良影响的。

9）县级以上行政区划的地名或者公众知晓的外国地名，不得作为商标。但是，地名具有其他含义或者作为集体商标、证明商标组成部分的除外；已经注册的使用地名的商标继续有效。

商标中有商品的地理标志，而该商品并非来源于该标志所标示的地区，误导公众的，不予注册并禁止使用；但是，已经善意取得注册的继续有效。地理标志是指标示某商品来源于某地区，该商品的特定质量、信誉或者其他特征，主要由该地区的自然因素或者人文因素所决定的标志。

三维标志申请注册商标不得违反限制性规定。以三维标志申请注册商标的，仅由商品自身的性质产生的形状、为获得技术效果而需要的商品形状或者使商品具有实质性价值的形状，不得注册。

三、商标权的内容

（一）商标权人的权利

1. 独占使用权

所谓独占使用权，就是指他人未经注册商标所有人的许可，不得在同一种商品或者类似商品上使用该注册商标或者与该注册商标相近似的商标。否则，即构成商标侵权，商标权人可以请求工商行政管理机关依法处理或者向法院起诉。

2. 许可使用权

《商标法》规定，商标注册人可以通过签订商标使用许可合同，许可他人使用其注册商标。许可人应当监督被许可人使用其注册商标的商品质量。被许可人应当保证使用该注册商标的商品质量。经许可使用他人注册商标的，必须在使用该注册商标的商品上标明被许可人的名称和商品产地。许可他人使用其注册商标的，许可人应当将其商标使用许可报商标局备案，由商标局公告。商标使用许可未经备案不得对抗善意第三人。

3. 转让权

《商标法》规定，转让注册商标的，转让人和受让人应当签订转让协议，并共同向商标局提出申请。受让人应当保证使用该注册商标的商品质量。转让注册商标的，商标注册人对其在同一种商品上注册的近似的商标，或者在类似商品上注册的相同或者近似的商标，应当一并转让。

对容易导致混淆或者有其他不良影响的转让，商标局不予核准，书面通知申请人并说明理由。转让注册商标经核准后，予以公告。受让人自公告之日起享有商标专用权。

4. 禁止权

对他人在相同或者类似的商品或者服务上擅自使用与其注册商标相同或者近似的商标的行为，商标注册人有权予以制止。

5. 续展权

注册商标有效期满，需要继续使用的，商标注册人应当在期满前 12 个月内按照规定办理续展手续；在此期间未能办理的，可以给予 6 个月的续展期。每次续展注册的有效期为 10 年，自该商标上一届有效期满次日起计算。期满未办理续展手续的，注销其注册商标。商标局应当对续展注册的商标予以公告。

（二）商标权人的义务

1. 依法使用注册商标的义务

我国《商标法》规定，注册商标成为其核定使用的商品的通用名称或者没有正当理由连续 3 年不使用的，任何单位或者个人可以向商标局申请撤销该注册商标。商标局应当自收到申请之日起 9 个月内做出决定。有特殊情况需要延长的，经国务院工商行政管理部门批准，可以延长 3 个月。

商标的使用，包括将商标直接使用于商品上、商品包装或者容器上以及有关的商品交易文书上，或者将商标使用在广告宣传、展览以及其他业务活动中。

2. 保证使用注册商标商品或服务的质量

商标权人有义务保证其生产经营的商品或服务的质量，许可他人使用其注册商标时，许可人应当监督被许可人使用其注册商标的商品质量。

3. 缴纳各项费用的义务

商标权人应该按照商标法的规定缴纳各项费用，如受理商标注册费、受理转让注册商标费、受理商标续展注册费等费用。

第三节　商标权的取得

一、商标权的取得方式

商标权取得方式包括原始取得和继受取得。

（一）原始取得

原始取得又称直接取得，是指商标所有人直接向商标局申请商标注册，经商标局核准注册后，享有的对该商标的独占权。

（二）继受取得

继受取得是指商标权人所享有的独占权，不是通过商标申请注册取得，而是通过签订转让合同、继承等合法方式取得。如拥有商标权的自然人死亡后，其继承人因继承行为而取得商标权；企业拥有的商标权因企业被合并或被兼并而发生转移。

二、商标的注册原则

（一）申请在先与使用在先分别适用原则

申请在先原则又叫注册原则，是指按申请注册的先后顺序来确定商标专用权的归属；谁先申请注册，商标专用权就授予谁。使用在先原则又叫使用原则，是指按使用商标的先后顺序来确定商标专用权的归属；谁先使用，商标专用权就授予谁。

我国《商标法》规定，两个或者两个以上的商标注册申请人，在同一种商品或者类似商品上，以相同或者近似的商标申请注册的，初步审定并公告申请在先的商标；同一天申请的，初步审定并公告使用在先的商标，驳回其他人的申请，不予公告。申请先后的确定以申请日为准。商标注册的申请日期，以商标局收到申请文件的日期为准。

我国商标法在坚持申请在先原则的同时，还强调使用在先的正当性，防止不正当的抢注行为。申请商标注册不得损害他人现有的在先权利，也不得以不正当手段抢先注册他人已经使用并有一定影响的商标。

导学博览7-4　王致和胜诉德国商标侵权案

2006年3月，王致和腐乳、调味品、销售服务三类商标被一家名为"欧凯"的德国公司注册。这家海外华人设立的欧凯公司，主要经营中国食品，在德国销售包括王致和产品在内的多种中国知名商品。而且该公司不仅抢注了王致和，洽洽、老干妈、白家等6家国内食品品牌商标，均被德国欧凯公司抢注。欧凯公司在德国经销王致和的商品，在明知王致和在中国是知名品牌，却在未经王致和集团同意的情况下在德注册王致和商标，违反了《伯尔尼公约》以及德国相关的法律。

在得知商标被抢注后，王致和集团委托了由中方、德方律师共同组成的律师团队。7月，王致和正式起诉欧凯公司。11月14日下午，德国慕尼黑地方法院一审判决，王致和商标被德国公司抢注一案，王致和集团胜诉。曾公开表示"起诉维权"的白家粉丝也表示要联合其他几家被抢注的企业，一同通过"起诉"讨回商标。

国家工商管理总局商标局数据显示，20世纪80年代以来，中国出口商品商标被抢注的有2000多起，造成每年约10亿元的无形资产流失。由于商标国外注册的成本很高，以及国内企业不重视甚至没有更长远的打算，给国外公司留下可乘之机。不少老字号和驰名商标享誉海内外，但是由于海外频遭抢注，进入国际市场时遇到麻烦，如之前的"狗不理"、"同仁堂"等，有时候尽管企业通过努力要回了商标，但是也付出了巨大的代价。

（二）自愿注册与强制注册相结合原则

《商标法》第6条规定："法律、行政法规规定必须使用注册商标的商品，必须申请商标注册，未经核准注册的，不得在市场销售"。这说明我国在采用自愿注册原则的同时，对极少数产品仍保留了强制注册的原则。目前国家规定实行商标强制注册的商品是人用药品和烟草制品。

（三）优先权原则

商标注册申请人自其商标在外国第一次提出商标注册申请之日起 6 个月内，又在中国就相同商品以同一商标提出商标注册申请的，可以享有优先权。商标在中国政府主办的或者承认的国际展览会展出的商品上首次使用的，自该商品展出之日起 6 个月内，该商标的注册申请人可以享有优先权。

三、商标的注册程序

（一）申请

1）商标注册申请人应当按规定的商品分类表填报使用商标的商品类别和商品名称，提出注册申请。商标注册申请人可以通过一份申请就多个类别的商品申请注册同一商标。

2）注册商标需要在核定使用范围之外的商品上取得商标专用权的，应当另行提出注册申请。

3）注册商标需要改变其标志的，应当重新提出注册申请。

4）注册商标需要变更注册人的名称、地址或者其他注册事项的，应当提出变更申请。

关联法条

《商标法实施条例》第 13 条申请商标注册，应当按照公布的商品和服务分类表填报。每一件商标注册申请应当向商标局提交《商标注册申请书》1 份、商标图样 1 份；以颜色组合或者着色图样申请商标注册的，应当提交着色图样，并提交黑白稿 1 份；不指定颜色的，应当提交黑白图样。

商标图样应当清晰，便于粘贴，用光洁耐用的纸张印制或者用照片代替，长和宽应当不大于 10 厘米，不小于 5 厘米。

以三维标志申请商标注册的，应当在申请书中予以声明，说明商标的使用方式，并提交能够确定三维形状的图样，提交的商标图样应当至少包含三面视图。

以颜色组合申请商标注册的，应当在申请书中予以声明，说明商标的使用方式。

以声音标志申请商标注册的，应当在申请书中予以声明，提交符合要求的声音样本，对申请注册的声音商标进行描述，说明商标的使用方式。对声音商标进行描述，应当以五线谱或者简谱对申请用作商标的声音加以描述并附加文字说明；无法以五线谱或者简谱描述的，应当以文字加以描述；商标描述与声音样本应当一致。

申请注册集体商标、证明商标的，应当在申请书中予以声明，并提交主体资格证明文件和使用管理规则。

商标为外文或者包含外文的，应当说明含义。

（二）审查

商标注册审查包括形式审查和实质审查两个阶段。

1. 形式审查

形式审查的主要内容为：申请手续是否齐备；申请人是否具备申请资格；申请文件是否齐全，填写是否正确；是否按规定缴纳了申请注册费等。对申请注册的商标，商标局应当自收到商标注册申请文件之日起9个月内审查完毕，符合商标法有关规定的，予以初步审定公告。在审查过程中，商标局认为商标注册申请内容需要说明或者修正的，可以要求申请人做出说明或者修正。申请人未做出说明或者修正的，不影响商标局做出审查决定。

2. 实质审查

实质审查的主要内容为：申请注册的商标是否具有显著特征，便于识别；申请注册的商标是否与已注册在相同或类似商品或服务上的商标相同或近似；申请注册的商标是否违反商标法的禁止规定等。

（三）公告和核准

申请注册的商标，凡符合商标法规定的，由商标局初步审定，予以公告，征询异议。凡不符合商标法有关规定或者同他人在同一种商品或者类似商品上已经注册的或者初步审定的商标相同或者近似的，由商标局驳回申请，不予公告。公告期满无异议的，予以核准注册，发给商标注册证，并予以公告。

（四）异议

对初步审定公告的商标，自公告之日起3个月内，在先权利人、利害关系人或者任何人认为违反商标法的相关规定的，可以向商标局提出异议。

对初步审定公告的商标提出异议的，商标局应当听取异议人和被异议人陈述事实和理由，经调查核实后，自公告期满之日起12个月内做出是否准予注册的决定，并书面通知异议人和被异议人。有特殊情况需要延长的，经国务院工商行政管理部门批准，可以延长6个月。

商标局做出准予注册决定的，发给商标注册证，并予公告。异议人不服的，可以向商标评审委员会请求宣告该注册商标无效。

（五）复审

对驳回申请、不予公告的商标，商标局应当书面通知商标注册申请人。商标注册申请人不服的，可以自收到通知之日起15日内向商标评审委员会申请复审。商标评审委员会应当自收到申请之日起9个月内做出决定，并书面通知申请人。有特殊情况需要延长的，经国务院工商行政管理部门批准，可以延长3个月。当事人对商标评审委员会的决定不服的，可以自收到通知之日起30日内向人民法院起诉。

商标局做出不予注册决定，被异议人不服的，可以自收到通知之日起15日内向商标评审委员会申请复审。商标评审委员会应当自收到申请之日起12个月内做出复审决定，并书面通知异议人和被异议人。有特殊情况需要延长的，经国务院工商行政管理部门批准，可以延长 6 个月。被异议人对商标评审委员会的决定不服的，可以自收到通知之日起 30 日内向人民法院起诉。人民法院应当通知异议人作为第三人参加诉讼。

第四节　商标权的消灭

商标权的消灭是指注册商标权利人所享有的商标权在一定条件下丧失，不再受法律保护。商标权因注册商标被注销、撤销或被宣告无效而消灭。注册商标被撤销、被宣告无效或者期满不再续展的，自撤销、宣告无效或者注销之日起 1 年内，商标局对与该商标相同或者近似的商标注册申请，不予核准。

一、注册商标的注销

商标注册人申请注销其注册商标或者注销其商标在部分指定商品上的注册的，应当向商标局提交商标注销申请书，并交回原《商标注册证》。经商标局核准注销的，该注册商标专用权或者该注册商标专用权在该部分指定商品上的效力自商标局收到其注销申请之日起终止。

二、注册商标的撤销

商标注册人在使用注册商标的过程中，自行改变注册商标、注册人名义、地址或者其他注册事项的，由地方工商行政管理部门责令限期改正；期满不改正的，由商标局撤销其注册商标。

注册商标成为其核定使用的商品的通用名称或者没有正当理由连续 3 年不使用的，任何单位或者个人可以向商标局申请撤销该注册商标。商标局应当自收到申请之日起 9 个月内做出决定。有特殊情况需要延长的，经国务院工商行政管理部门批准，可以延长 3 个月。

三、注册商标的无效宣告

（一）注册不当

已经注册的商标，违反《商标法》不得作为商标使用的标志的规定，不得作为商标注册的标志的规定，不得以三维标志申请注册商标情形的规定的，或者是以欺骗手段或者其他不正当手段取得注册的，由商标局宣告该注册商标无效；其他单位或者个人可以请求商标评审委员会宣告该注册商标无效。

商标局做出宣告注册商标无效的决定，应当书面通知当事人。当事人对商标局的决定不服的，可以自收到通知之日起 15 日内向商标评审委员会申请复审。商标评审委员会应当自收到申请之日起 9 个月内做出决定，并书面通知当事人。有特殊情况需要延长的，经国务院工商行政管理部门批准，可以延长 3 个月。当事人对商标评审委员会的决定不服的，可以自收到通知之日起 30 日内向人民法院起诉。

（二）注册商标争议

已经注册的商标，违反《商标法》有关不予注册并禁止使用的规定的，或者违反《商标法》有关申请商标注册不得损害他人现有的在先权利，不得以不正当手段抢先注册他人已经使用并有一定影响的商标的规定的，自商标注册之日起 5 年内，在先权利人或者利害关系人可以请求商标评审委员会宣告该注册商标无效。对恶意注册的，驰名商标所有人不受 5 年的时间限制。

法定期限届满，当事人对商标局宣告注册商标无效的决定不申请复审或者对商标评审委员会的复审决定、维持注册商标或者宣告注册商标无效的裁定不向人民法院起诉的，商标局的决定或者商标评审委员会的复审决定、裁定生效。

第五节　注册商标专用权的保护

一、注册商标专用权的保护范围

注册商标专用权，以核准注册的商标和核定使用的商品为限。根据这一规定，注册商标专用权的保护范围主要限定在三个方面：核准注册的商标；核定使用的商品或者服务；注册商标在有效期限内。

二、侵犯注册商标专用权的行为

1）假冒注册商标。未经商标注册人的许可，在同一种商品上使用与其注册商标相同的商标的。

2）仿冒注册商标。未经商标注册人的许可，在同一种商品上使用与其注册商标近似的商标，容易导致混淆的；在类似商品上使用与其注册商标相同或者近似的商标，容易导致混淆的。

导学博览7-5　"非诚勿扰"商标侵权案

2009 年 2 月 16 日，金某受热映电影《非诚勿扰》的启发，申请注册 "非誠勿擾" 商标，指定使用在第 45 类 "交友服务、婚姻介绍所" 等服务，2010 年 9 月 7 日，该商标获准注册。2013 年，金某以江苏省广播电视总台侵害了其 "非誠勿擾" 商标专用权为由，诉至深圳市南山区人民法院。

深圳市南山区人民法院经审理认为：江苏卫视电视节目的名称《非诚勿扰》与文字商标 "非誠勿擾" 相同，但江苏卫视《非诚勿扰》是一档电视节目，其与金某的商标核定服务类别不同。两者属于不同类服务，不构成侵权。据此，驳回原告金某某的诉求。在本案的二审中，深圳中级人民法院认为：①江苏卫视的《非诚勿扰》节目，从服务目的、内容、方式、对象等判定，其均是提供征婚、相亲、交友的服务，与金某 "非誠勿擾" 商标核定使用的服务项目 "交友服务、婚姻介绍所" 相同；②江苏卫视的知名度及节目的宣传，使得公众造成反向混淆。相关证据足以证明江苏卫视《非诚勿扰》是以营利为目的的商业使用，构成商标侵权。据此，深圳中级人民法院判决，江苏省广播电视总台立即停止侵害金某"非誠勿擾"注册商标行为，其所属江苏卫视频道于判决生效后立即停止使用《非诚勿扰》栏目名称。

然而2016年2月，北京市朝阳区法院又正式立案受理了华谊兄弟公司起诉金某和浙江省永嘉县非诚勿扰婚姻介绍所民事侵权案。据悉，在本次起诉中，电影《非诚勿扰》的制作方华谊兄弟公司要求被诉方停止使用非诚勿扰商标。

（资料来源：中国工商报网，http://www.cicn.com.cn/zggsb/2016-01/12/cms81279article.shtml）

3）销售侵犯注册商标专用权的商品。

4）伪造、擅自制造他人注册商标标识或者销售伪造、擅自制造的注册商标标识的。

5）未经商标注册人同意，更换其注册商标并将该更换商标的商品又投入市场的。

6）故意为侵犯他人商标专用权行为提供便利条件，帮助他人实施侵犯商标专用权行为的。

7）给他人的注册商标专用权造成其他损害的。

关联法条

根据《商标法实施条例》第50条和《最高人民法院关于审理商标民事纠纷案件适用法律若干问题的解释》第1条规定，下列行为属于"给他人的注册商标专用权造成其他损害的"商标侵权行为：①在同一种或者类似商品上，将与他人注册商标相同或者近似的标志作为商品名称或者商品装潢使用，误导公众的；②故意为侵犯他人注册商标专用权行为提供仓储、运输、邮寄、隐匿等便利条件的；③将与他人注册商标相同或者相近似的文字作为企业的字号在相同或者类似商品上突出使用，容易使相关公众产生误认的；④复制、摹仿或者翻译他人注册的驰名商标或其主要部分在不相同或者不相类似商品上作为商标使用，误导公众，致使该驰名商标注册人的利益可能受到损害的；⑤将与他人注册商标相同或者相近似的文字注册为域名，并且通过该域名进行相关商品交易的电子商务，容易使相关公众产生误认的。

注册商标中含有的本商品的通用名称、图形、型号，或者直接表示商品的质量、主要原料、功能、用途、重量、数量及其他特点，或者含有的地名，注册商标专用权人无权禁止他人正当使用。三维标志注册商标中含有的商品自身的性质产生的形状、为获得技术效果而需有的商品形状或者使商品具有实质性价值的形状，注册商标专用权人无权禁止他人正当使用。商标注册人申请商标注册前，他人已经在同一种商品或者类似商品上先于商标注册人使用与注册商标相同或者近似并有一定影响的商标的，注册商标专用权人无权禁止该使用人在原使用范围内继续使用该商标，但可以要求其附加适当区别标识。

将他人注册商标、未注册的驰名商标作为企业名称中的字号使用，误导公众，构成不正当竞争行为的，依照《中华人民共和国反不正当竞争法》处理。

三、侵犯注册商标专用权的法律责任

侵犯注册商标专用权的法律责任包括民事责任、行政责任和刑事责任。

（一）民事责任

民事责任主要包括：停止侵犯；消除影响；赔偿损失等。侵犯商标专用权的赔偿数额，按照权利人因被侵权所受到的实际损失确定；实际损失难以确定的，可以按照侵权人因侵权所获得的利益确定；权利人的损失或者侵权人获得的利益难以确定的，参照该商标许可使用费的倍数合理确定。对恶意侵犯商获得的利益难以确定的，参照该商标许可使用费的倍数合理确定。对恶意侵犯商标专用权，情节严重的，可以在按照上述方法确定数额的 1 倍以上 3 倍以下确定赔偿数额。赔偿数额应当包括权利人为制止侵权行为所支付的合理开支。权利人因被侵权所受到的实际损失、侵权人因侵权所获得的利益、注册商标许可使用费难以确定的，由人民法院根据侵权行为的情节判决给予 300 万元以下的赔偿。

销售不知道是侵犯注册商标专用权的商品，能证明该商品是自己合法取得的并说明提供者的，不承担赔偿责任。

导学博览7-6　100年前的商标侵权案

1913 年，扬州谢馥春香粉店将企业的"五桶"商标向北洋政府工商部注册登记。后来该店跑街的（即现在的推销员）在扬州附近的县、镇发现假冒谢馥春香粉店"五桶"商标的产品，于是，该店马上派人调查搜集资料及实样，及时投诉扬州地方司法部门，要求法律保护。后经当时的北洋政府大理院判决：十三家店铺具结悔过书。

商标侵权案胜诉后，谢馥春香粉生意兴隆。小小一张商标纸，就有这么大的价值，当时轰动一时。由此可见，早在 100 多年前，我国有些企业经营者就已经重视保护企业商标权益，打击假冒产品了。

（资料来源：金举网，http://www.ycwb.com/gb/content/2003-04/27/content_521997.htm）

（二）行政责任

工商行政管理部门处理时，认定侵权行为成立的，责令立即停止侵权行为，没收、销毁侵权商品和主要用于制造侵权商品、伪造注册商标标识的工具，违法经营额 5 万元以上的，可以处违法经营额 5 倍以下的罚款，没有违法经营额或者违法经营额不足 5 万元的，可以处 25 万元以下的罚款。对 5 年内实施两次以上商标侵权行为或者有其他严重情节的，应当从重处罚。销售不知道是侵犯注册商标专用权的商品，能证明该商品是自己合法取得并说明提供者的，由工商行政管理部门责令停止销售。

（三）刑事责任

刑事责任主要有三种。

1）未经注册商标所有人许可，在同一种商品上使用与其注册商标相同的商标，情节严重的，处 3 年以下有期徒刑或者拘役，并处或者单处罚金；情节特别严重的，处 3

年以上 7 年以下有期徒刑，并处罚金。

2）销售明知是假冒注册商标的商品，销售金额数额较大的，处 3 年以下有期徒刑或者拘役，并处或者单处罚金；销售金额数额巨大的，处 3 年以上 7 年以下有期徒刑，并处罚金。

3）伪造、擅自制造他人注册商标标识或者销售伪造、擅自制造的注册商标标识，情节严重的，处 3 年以下有期徒刑、拘役或者管制，并处或者单处罚金；情节特别严重的，处 3 年以上 7 年以下有期徒刑，并处罚金。

应 知 应 会

1. 核心概念：商标、商标权、驰名商标、商标法、商标侵权行为。
2. 商标的种类。
3. 申请注册商标应具备的条件。
4. 商标禁用的内容。
5. 商标注册的程序。
6. 商标权人的权利和义务。
7. 商标注册原则。
8. 商标侵权行为的表现形式。
9. 驰名商标的特殊保护。

实 训 练 习

一、单项选择题

1. 对申请注册的商标，商标局应当自收到商标注册申请文件之日起（   ）内审查完毕，符合《商标法》有关规定的，予以初步审定公告。

A. 3 个月　　　　B. 6 个月　　　　C. 9 个月　　　　D. 1 年

2. 两个或者两个以上的商标注册申请人，在同一种商品或者类似商品上，以相同或者近似的商标在同一天提出注册申请的，初步审定并公告（   ）的商标。

A. 使用在先　　　　　　　　B. 申请在先

C. 相关各方协商确定　　　　D. 相关各方抽签确定

3. 商标注册申请人不服商标局驳回申请决定的，可以自收到通知之日起（   ）内向商标评审委员会申请复审。

A. 7 日　　　　B. 15 日　　　　C. 30 日　　　　D. 1 个月

4. 经审查异议不成立而准予注册的商标，商标注册申请人取得商标专用权的时间自初步审定公告（   ）期满之日起计算。

A. 6 个月　　　　B. 12 个月　　　　C. 3 个月　　　　D. 1 个月

5. 注册商标的有效期和每次续展注册的有效期为（   ）。

  A. 5 年，5 年   B. 5 年，10 年 C. 10 年，10 年 D. 10 年，20 年

  6. 商标代理机构知道或者应当知道委托人申请注册的商标属于《商标法》第十五条和第三十二条禁止的抢注情形，而仍然接受其委托的，由工商行政管理部门责令该机构限期改正，给予警告，处（　　　）罚款。

  A. 5 千元以上 5 万元以下   B. 1 万元以上 10 万元以下

  C. 3 万元以下   D. 20 万元以下

  7. 商标注册申请人可以通过一份申请就（　　　）类别的商品申请注册同一商标。

  A. 1 个   B. 2 个   C. 3 个   D. 多个

  8. 注册商标需要改变其标志的，应当（　　　）。

  A. 提出变更申请   B. 重新提出注册申请

  C. 提出备案申请   D. 前三者均可

  9. 商标注册申请人自其商标在外国第一次提出商标注册申请之日起（　　　）内，又在中国就相同商品以同一商标提出商标注册申请的，依照该外国同中国签订的协议或者共同参加的国际条约，或者按照相互承认优先权的原则，可以享有优先权。

  A. 3 个月   B. 6 个月   C. 9 个月   D. 1 年

  10. 商标在中国政府主办的或者承认的国际展览会展出的商品上首次使用的，自该商品展出之日起（　　　）内，该商标的注册申请人可以享有优先权。

  A. 3 个月   B. 6 个月   C. 9 个月   D. 1 年

二、多项选择题

  1. 经商标局核准注册的商标为注册商标，包括（　　　）。

  A. 商品商标 B. 服务商标 C. 集体商标 D. 证明商标

  2. 商标具有的特点有（　　　）。

  A. 使用在商品或者服务上的标志 B. 具有显著性的标志

  C. 区别商品或者服务来源的标志 D. 具有装饰性标志

  3. 可以作为要素组合申请注册商标的有（　　　）。

  A. 文字、图形   B. 字母、数字符

  C. 三维标志   D. 颜色组合

  4. 申请注册的商标，应当满足的要求有（　　　）。

  A. 具有显著特征

  B. 便于识别

  C. 不得与他人在先取得的合法权利相冲突

  D. 具有创造性

  5. 下列标志中，不得作为商标使用的有（　　　）。

  A. 同"红十字"、"红新月"的名称、标志相同或者近似的

  B. 带有民族歧视性的

  C. 夸大宣传并带有欺骗性的

  D. 有害于社会主义道德风尚或者其他不良影响的

三、实务操作题

1. 设计一枚商标，模拟申请注册商标程序。

2. 长寿区灯具厂于 2014 年 4 月向商标局申请为其产品注册"长寿"商标。4 月 10 日，商标局审查后认为"长寿"系县级以上行政区划名称而驳回申请。4 月 14 日，灯具厂收到驳回通知。某邻县灯泡厂一直使用未注册的"长寿"商标。

请问：

1）如灯具厂不服商标局驳回申请的决定，应在何月何日前向谁申请复审？

2）你认为复审结果应当是什么？请说明理由。

3）如果复审结果维持初审决定，不予审定公告，灯具厂能否就此向人民法院起诉？如能，应在何时提出诉讼？如不能，请说明理由。

4）如果复审结果改变初审决定，予以初步审定并最后核准注册，发给商标注册证，那么邻县灯泡厂能否再使用未注册的"长寿"商标？

3. 某市红梅食品厂自 2008 年以来，在该厂生产的儿童食品上使用"白雪"商标，但未进行注册。2009 年该市另一家黄河食品厂也在其生产的儿童食品上使用了"白雪"商标，并于 2009 年 12 月在国家商标局获准注册。红梅食品厂发现后，认为黄河食品厂使用了本厂的商标，使消费者对商品的来源发生混淆，直接导致了本厂利润的下降，于是状告黄河食品厂侵犯其财产权益，而后者在案件审理中提出反诉，认为原告未经其同意在"白雪"商标注册后，仍在使用该商标，是侵权行为，要求原告承担侵权责任。

请问：

本案谁享有"白雪"商标的专用权？在本案中谁应当承担侵权责任？

4. 河南省洛阳市某纺织厂设计了一种款式新颖的短衫，在牡丹节期间投放市场，销路很好，后来许多厂家相继仿制，对该纺织厂的产品销路影响很大。为了维护工厂的利益和把握市场前景，该厂于 2012 年 6 月 10 日向国家商标局提出"洛阳"牌商标的注册申请。在其申请注册期间，某服装厂仍继续生产与纺织厂样式完全相同的短衫，并使用了"洛阳"商标（仅文字相同，图案、字形均不相同）。纺织厂即向工商行政管理部门提出保护其商标专用权的申请。2012 年 7 月 1 日，商标局驳回纺织厂的商标注册申请。纺织厂收到驳回通知后，很不服气，欲申请复议。同时，服装厂看到纺织厂没有取得注册商标，更无顾忌，继续进行生产。

请问：

1）商标局驳回纺织厂的商标注册申请是否正确，理由是什么？我国商标法对商标所使用的文字、图形有哪些限制？

2）纺织厂收到驳回申请通知书后，可否申请复议？

3）纺织厂向工商管理机关提出保护权益的请求是否应予受理？理由是什么？

4）工商行政管理机关对纺织厂的商标使用行为应如何管理和规范？

5）服装厂在纺织厂的商标注册申请被驳回后是否可以继续生产带有该种商标的产品？为什么？

第八章

专 利 法

学习目标

知识目标

1. 了解专利的概念、构成和种类。
2. 掌握专利权法律关系的内容。
3. 掌握专利权的取得。
4. 理解专利侵权行为的认定及其处理。

能力目标

1. 熟悉专利申请程序。
2. 能正确处理简单的专利争议事宜。

法律检索

《中华人民共和国专利法》(以下简称《专利法》)(1984 年 3 月 12 日第六届全国人民代表大会常务委员会第四次会议通过,2008 年 12 月 27 日第十一届全国人民代表大会常务委员会第六次会议第三次修正, 自 2009 年 10 月 1 日起施行)

《中华人民共和国专利法实施细则》(以下简称《专利法实施细则》)(2001 年 6 月 15 日中华人民共和国国务院令第 306 号公布,2010 年 1 月 9 日第二次修订)

法谚名言

专利制度就是给天才之火浇上利益之油。

——(美国)亚伯拉罕·林肯

第一节 专利法概述

一、专利的概述

专利有三种含义,从法律意义上讲专利就是专利权的简称;从智力成果的类型来看,专利就是取得了专利权的发明创造;专利还指有关发明创造的文献。专利通常是指专利权,是指专利权人经专利管理部门核准,在法定期限内对其发明创造成果享有的专有权利。专利权是知识产权的重要组成部分,具有独占性、时间性和地域性。

二、专利法的概念和内容

专利法是指调整因确认、保护和行使专利权而产生的各种社会关系的法律规范的总称。

专利法有广义和狭义之分。狭义的专利法是指 1984 年 3 月 12 日第六届全国人大常委会第四次会议上通过的《中华人民共和国专利法》。我国分别于 1992 年 9 月、2000 年 8 月、2008 年 12 月三次对专利法进行修订。

广义的专利法除《中华人民共和国专利法》外,还包括国家有关法律、行政法规与规章中关于专利权的规定。如与专利法配套使用的《中华人民共和国专利法实施细则》于 2001 年 6 月 15 日公布,2002 年 12 月、2010 年 1 月分别对《实施细则》进行了两次修订。

导学博览8-1 中国专利制度历史

1859 年,太平天国领导人之一洪仁玕在《资政新篇》中首次提出了建立专利制度的建议。他认为:对发明实行专利保护,是赶上西方发达国家的必备条件。他甚至提出了在同一专利制度下分别保护专利与小专利(或实用新型)的设想,提议在专利法保护期上有所区别:"器小者赏五年,大者赏十年,益名多者年数多"。由于太平天国运动在 1864 年失败,洪仁玕的建议没有实现。

1881 年,我国早期民族资产阶级的代表人物郑观应,曾经就上海机器织布局采用的机器织布技术,向清朝皇帝申请专利。1882 年,光绪皇帝批准了该局可享有 10 年专利。这是较有影响的我国历史上的钦赐专利,它已经比西欧国家的类似进程迟了三百多年。

1898 年,在戊戌变法中,光绪皇帝签发了《振兴工艺给奖章程》,这是我国历史上的第一部专利法。

(资料来源:李中锋. 2008. 知识产权工作实务指南. 北京:知识产权出版社.)

第二节 专利权法律关系

专利权是指专利权人经专利管理部门核准,在法定期限内对其发明创造成果享有的专有权利。它由专利权主体、专利权客体和专利权内容三要素构成。

一、专利权的主体

专利权的主体即专利权人，是指依法享有专利权并承担相应义务的人。根据《专利法》的规定，发明人或者设计人、职务发明创造的单位、合法受让人、外国人都可以成为专利权的主体。

（一）发明人或者设计人

《专利法》所称发明人或者设计人，是指对发明创造的实质性特点作出创造性贡献的人。在完成发明创造过程中，只负责组织工作的人、为物质技术条件的利用提供方便的人或者从事其他辅助工作的人，不是发明人或者设计人。

（二）职务发明创造的单位

职务发明创造是指发明人或者设计人执行本单位的任务，或者主要是利用本单位的物质技术条件所完成的发明创造。职务发明创造分为以下两类。

1. 执行本单位的任务所完成的发明创造

主要包括三种情况。

1）在本职工作中作出的发明创造。

2）履行本单位交付的本职工作之外的任务所作出的发明创造。这些任务多属于临时性、短期内能完成的发明创造工作。

3）退休、调离原单位后或者劳动、人事关系终止后 1 年内作出的，与其在原单位承担的本职工作或者原单位分配的任务有关的发明创造。

2. 主要利用本单位的物质技术条件所完成的发明创造

专利法所称本单位，包括临时工作单位。专利法所称本单位的物质技术条件，是指本单位的资金、设备、零部件、原材料或者不对外公开的技术资料等。主要利用单位的物质技术条件是指在发明创造过程中，全部或者大部分利用了单位的资金、设备、零部件、原材料及不对外公开的技术资料。这种利用对发明创造而言是必不可少的起决定性作用的条件，则该发明创造应属职务发明创造。

对于职务发明创造，申请专利的权利属于该单位，申请被批准后，该单位为专利权人。对于非职务发明创造，申请专利的权利属于发明人或者设计人，申请被批准后，该发明人或者设计人为专利权人。利用本单位的物质技术条件所完成的发明创造，单位与发明人或者设计人订有合同，对申请专利的权利和专利权的归属作出约定的，从其约定。

（三）共同发明创造人

两个以上单位或者个人合作完成的发明创造，完成该项发明创造的人，称为共同发明人或者共同设计人。除另有协议的以外，申请专利的权利属于完成或者共同完成的单位或者个人。

（四）受托人

一个单位或者个人接受其他单位或者个人委托所完成的发明创造；除另有协议的以外，申请被批准后，申请的单位或者个人为专利权人。如果双方约定发明创造的申请专利权归委托方的，从其约定。

（五）合法受让人

我国《专利法》规定，专利申请权和专利权可以转让。发明人、设计人对非职务发明人创造成果拥有的所有权，可以通过合法途径——买卖、赠与、继承等方式转让他人。通过转让，买主、受赠人或继承人遂成为该发明创造的合法受让人，依法对其享有所有权。转让专利申请权和专利权，当事人必须订立书面合同，经专利局登记后生效；同时应在专利申请请求书上注明发明人或者设计人的姓名。因为发明人、设计人的专利权中的人身权是不能转移的。

（六）外国人、外国企业或外国组织

外国人包括具有外国国籍的自然人、法人和其他组织。在中国有经常居所或者营业所的外国人，享有与中国公民或单位同等的专利申请权和专利权。在中国没有经常居所或者营业所的外国人、外国企业或者外国其他组织在中国申请专利的，依照其所属国同中国签订的协议或者共同参加的国际条约，或者依照互惠原则，可以申请专利，但应当委托依法设立的专利代理机构办理。

二、专利权的客体

专利权的客体，也称专利法保护的对象，是指依法应授予专利的发明创造。我国《专利法》规定的发明创造是指发明、实用新型和外观设计。

（一）发明

发明是指对产品、方法或者其改进所提出的新的技术方案。发明分为产品发明、方法发明和改进发明三大类型。产品发明是关于新产品、新物质的发明。方法发明是指为解决某特定技术问题而采取的手段和步骤的发明。改进发明是对已有的产品发明或方法发明所作出的实质性革新的技术方案。

（二）实用新型

实用新型是指对产品的形状、构造或者其结合所提出的适于实用的新的技术方案。产品的形状是指产品所具有的，可以从外部观察到的确定的空间形状。产品的构造是指产品的各个组成部分的安排、组织和相互关系，它可以是机械构造、也可以是线路构造。技术方案是指对要解决的技术问题所采取的利用了自然规律的技术手段的集合。

同发明一样，实用新型保护的也是一个技术方案。但实用新型专利保护的范围较窄，它只保护有一定形状或结构的新产品，不保护方法以及没有固定形状的物质。实用新型创造性较发明而言要低一些，通常称为"小发明"。

（三）外观设计

外观设计是指对产品的形状、图案或者其结合以及色彩与形状、图案的结合所作出的富有美感并适于工业应用的新设计。外观设计是就产品的外表所做出的设计，外观设计必须与产品相结合，富有美感。

三、专利权的内容

专利权的内容是指专利权人在专利保护期内享有的法定权利和承担的法定义务。

（一）专利权人的权利

1. 实施权

专利权人享有自己制造、使用和销售其专利产品，或者使用其专利方法的权利。

2. 阻止权

发明和实用新型专利权被授予后，除专利法另有规定的以外，任何单位或者个人未经专利权人许可，都不得实施其专利，即不得为生产经营目的制造、使用、许诺销售、销售、进口其专利产品，或者使用其专利方法以及使用、许诺销售、销售、进口依照该专利方法直接获得的产品。外观设计专利权被授予后，任何单位或者个人未经专利权人许可，都不得实施其专利，即不得为生产经营目的制造、许诺销售、销售、进口其外观设计专利产品。许诺销售，是以做广告、在商店橱窗中陈列或者在展销会上展出等方式作出的销售商品的意思表示。

 导学博览8-2　侵害发明专利权纠纷案

深圳市斯瑞曼精细化工有限公司（以下简称斯瑞曼公司）于2006年1月19日向国家知识产权局申请发明专利，该专利于2006年7月19日公开，2009年1月21日授权公告，授权的发明名称为"制备高纯度二氧化氯的设备"，专利权人为斯瑞曼公司。该专利最近一次年费缴纳时间为2008年11月28日。2008年10月20日，深圳市坑梓自来水有限公司（以下简称坑梓自来水公司）与深圳市康泰蓝水处理设备有限公司（以下简称康泰蓝公司）签订《购销合同》一份，坑梓自来水公司向康泰蓝公司购买康泰蓝二氧化氯发生器一套，价款26万元。康泰蓝公司已于2008年12月30日就上述产品销售款要求税务机关代开统一发票。在上述《购销合同》中，约定坑梓自来水公司分期向康泰蓝公司支付设备款项，康泰蓝公司为坑梓自来水公司提供安装、调试、维修、保养等技术支持及售后服务。

2009年3月16日，斯瑞曼公司向广东省深圳市中级人民法院诉称：其拥有名称为"制备高纯度二氧化氯的设备"的发明专利，请求判令二被告停止侵权并赔偿经济损失30万元、承担诉讼费等费用。在本案中，斯瑞曼公司没有提出支付发明专利临时保护期使用费的诉讼请求，在一审法院已作释明的情况下，斯瑞曼公司仍坚持原诉讼请求。

广东省深圳市中级人民法院于 2010 年 1 月 6 日判决：康泰蓝公司停止侵权,康泰蓝公司和坑梓自来水公司连带赔偿斯瑞曼公司经济损失 8 万元。康泰蓝公司、坑梓自来水公司均提起上诉，广东省高级人民法院于 2010 年 11 月 15 日作出判决：驳回上诉，维持原判。坑梓自来水公司不服二审判决，向最高人民法院申请再审。最高人民法院于 2011 年 12 月 20 日作出判决：撤销原一、二审判决，驳回斯瑞曼公司的诉讼请求。

裁判要点：在发明专利申请公布后至专利权授予前的临时保护期内制造、销售、进口的被诉专利侵权产品不为专利法禁止的情况下，其后续的使用、许诺销售、销售，即使未经专利权人许可，也不视为侵害专利权，但专利权人可以依法要求临时保护期内实施其发明的单位或者个人支付适当的费用。

相关法条：《中华人民共和国专利法》第十一条、第十三条、第六十九条

（资料来源：最高人民法院指导案例 20 号）

3. 许可权

专利权人有权准许他人以生产经营为目的制造、使用、许诺销售、销售其专利产品或者使用其专利方法并获得报酬。专利权人许可他人实施其专利，应当与被许可人签订许可合同。

4. 转让权

专利申请权和专利权可以转让。中国单位或者个人向外国人、外国企业或者外国其他组织转让专利申请权或者专利权的，应当依照有关法律、行政法规的规定办理手续。转让专利申请权或者专利权的，当事人应当订立书面合同，并向国务院专利行政部门登记，由国务院专利行政部门予以公告。专利申请权或者专利权的转让自登记之日起生效。

5. 标记权

标记权即专利权人享有在其专利产品或者该产品的包装上标明专利标记和专利号的权利。

6. 署名权

发明人或者设计人有权在专利文件中写明自己是发明人或者设计人。

7. 收益权

专利权人可以通过自己实施，或者许可他人实施其专利获得相应的收益。

8. 请求保护权

请求保护权是专利权人认为其专利权受到侵犯时，有权向人民法院起诉或请求专利管理部门处理以保护其专利权的权利。

（二）专利权人的义务

专利权人的义务主要包括以下几个方面。

1. 实施专利的义务

专利权被授予后，专利权人就负有实施该专利的义务。专利人有义务以生产经营为目的制造、使用、许诺销售、销售其专利产品或者使用其专利方法，使其服务于社会。

2. 充分公开发明创造的义务

专利权人在专利申请文书中，应当充分公开其发明创造的内容，以使其所属领域技术人员能够实施为准。

3. 缴纳专利年费的义务

专利权人应当自被授予专利权的当年开始缴纳年费。没有按照规定缴纳年费的，专利权在期限届满前终止。

4. 依法正确实施专利权的义务

专利权人在行使其专利权时，不得滥用专利权。

5. 接受专利实施强制许可的义务

专利实施的强制许可是指国家专利管理机关不经专利权人的同意，通过有下列情形之一的，国务院专利行政部门根据具备实施条件的单位或者个人的申请，可以给予实施发明专利或者实用新型专利的强制许可。

1）专利权人自专利权被授予之日起满 3 年，且自提出专利申请之日起满 4 年，无正当理由未实施或者未充分实施其专利的。

2）专利权人行使专利权的行为被依法认定为垄断行为，为消除或者减少该行为对竞争产生的不利影响的。

3）在国家出现紧急状态或者非常情况时，或者为了公共利益的目的，国务院专利行政部门可以给予实施发明专利或者实用新型专利的强制许可。

4）为了公共健康目的，对取得专利权的药品，国务院专利行政部门可以给予制造并将其出口到符合中华人民共和国参加的有关国际条约规定的国家或者地区的强制许可。

5）一项取得专利权的发明或者实用新型比前已经取得专利权的发明或者实用新型具有显著经济意义的重大技术进步，其实施又有赖于前一发明或者实用新型的实施的，国务院专利行政部门根据后一专利权人的申请，可以给予实施前一发明或者实用新型的强制许可。在此种情形下，国务院专利行政部门根据前一专利权人的申请，也可以给予实施后一发明或者实用新型的强制许可。

第三节 专利权的取得

一、授予专利权的条件

（一）授予发明和实用新型专利权的条件

《专利法》规定，授予专利权的发明和实用新型，应当具备新颖性、创造性和实用性。

1. 新颖性

新颖性是指该发明或者实用新型不属于现有技术，也没有任何单位或者个人就同样的发明或者实用新型在申请日以前向国务院专利行政部门提出过申请，并记载在申请日以后公布的专利申请文件或者公告的专利文件中。专利法所称现有技术，是指申请日以前在国内外为公众所知的技术。

《专利法》规定，申请专利的发明创造在申请日以前 6 个月内，有下列情形之一的，不丧失新颖性：①在中国政府主办或者承认的国际展览会上首次展出的；②在规定的学术会议或者技术会议上首次发表的；③他人未经申请人同意泄露其内容的。

2. 创造性

创造性是指与现有技术相比，该发明具有突出的实质性特点和显著的进步，该实用新型具有实质性特点和进步。专利法所称现有技术，是指申请日以前在国内外为公众所知的技术。

3. 实用性

实用性是指该发明或实用新型能够制造或使用，并能产生积极的效果。具备实用性的发明创造应当能够制造或使用，即具备可实施性，且能重复实施。另外，一旦付诸实施，其还须能带来积极的效果，即具备有益性。

（二）授予外观设计专利权的条件

授予专利权的外观设计，应当不属于现有设计；也没有任何单位或者个人就同样的外观设计在申请日以前向国务院专利行政部门提出过申请，并记载在申请日以后公告的专利文件中。授予专利权的外观设计与现有设计或者现有设计特征的组合相比，应当具有明显区别。专利法所称现有设计，是指申请日以前在国内外为公众所知的设计。授予专利权的外观设计不得与他人在申请日以前已经取得的合法权利相冲突。

（三）不授予专利权的情形

《专利法》第 5 条规定，对违反法律、社会公德或者妨害公共利益的发明创造，不授予专利权。对违反法律、行政法规的规定获取或者利用遗传资源，并依赖该遗传资源完成的发明创造，不授予专利权。《专利法》第25条规定，对下列各项，不授予专利权：①科学发现；②智力活动的规则和方法；③疾病的诊断和治疗方法；④动物和植物品种，但是动物和植物品种的生产方法，可以授予专利权；⑤用原子核变换方法获得的物质；⑥对平面印刷品的图案、色彩或者二者的结合作出的主要起标识作用的设计。

二、专利的申请和审批

（一）专利的申请

1. 专利申请的原则

（1）申请在先原则

申请在先原则是指在两个以上的申请人分别就同样的发明创造申请专利的情况下，对先提出申请的申请人授予专利权。先申请的判断标准是专利申请日。

两个以上的申请人同日（指申请日；有优先权的，指优先权日）分别就同样的发明创造申请专利的，应当在收到国务院专利行政部门的通知后自行协商确定申请人。申请日以专利申请文件递交到国务院专利行政部门之日算起，如果是邮寄的，以寄出的邮戳日为申请日。

同样的发明创造只能授予一项专利权。但是，同一申请人同日对同样的发明创造既申请实用新型专利又申请发明专利，先获得的实用新型专利权尚未终止，且申请人声明放弃该实用新型专利权的，可以授予发明专利权。

（2）单一性原则

单一性原则是指一份专利申请文件只能就一项发明创造提出专利申请，即"一申请一发明"原则。具体是指一件发明或者实用新型专利申请应当限于一项发明或者实用新型。属于一个总的发明构思的两项以上的发明或者实用新型，可以作为一件申请提出。一件外观设计专利申请应当限于一项外观设计。同一产品两项以上的相似外观设计，或者用于同一类别并且成套出售或者使用的产品的两项以上外观设计，可以作为一件申请提出。

（3）优先权原则

专利申请人就其发明创造自第一次提出专利申请后，在法定期限内，又就相同主题的发明创造提出专利申请的，以其第一次申请的日期为其申请日，这种权利为优先权，优先权可分为外国优先权和本国优先权。申请人自发明或实用新型在外国第一次提出专利申请之日起12个月内，或者自外观设计在外国第一次提出专利申请之日起6个月内，又在中国就相同主题提出专利申请的，依照该外国同中国签订的协议或者共同参加的国际条约，或者依照相互承认优先权原则，可以享有优先权。申请人自发明或实用新型在中国第一次提出专利申请之日起 12 个月内，又向国务院专利行政部门就相同主题提出专利申请的，可以享有优先权。

2. 专利申请的程序

专利权不能自动取得，申请人必须履行专利法规定的专利申请手续，向国务院专利行政部门提交必要的申请文件。国务院专利行政部门收到专利申请文件之日为申请日。如果申请文件是邮寄的，以寄出的邮戳日为申请日。邮戳日不清楚的，除当事人能够提出证明外，以国务院专利行政部门收到日为申请日。

（二）专利的审查和批准

1. 发明申请的审查和批准

（1）初步审查

国务院专利行政部门收到发明专利申请后，经初步审查认为符合专利法要求的，自申请日起满 18 个月，即行公布。国务院专利行政部门可以根据申请人的请求早日公布其申请。

（2）实质审查

发明专利申请自申请日起 3 年内，国务院专利行政部门可以根据申请人随时提出的请求，对其申请进行实质审查。国务院专利行政部门认为必要的时候，可以自行对发明专利申请进行实质审查。

（3）授权

发明专利申请经实质审查没有发现驳回理由的，由国务院专利行政部门作出授予发明专利权的决定，发给发明专利证书，同时予以登记和公告。发明专利权自公告之日起生效。

2. 实用新型和外观设计专利的审查和批准

实用新型和外观设计专利申请经初步审查没有发现驳回理由的，由国务院专利行政部门作出授予实用新型专利权或者外观设计专利权的决定，发给相应的专利证书，同时予以登记和公告。实用新型专利权和外观设计专利权自公告之日起生效。

三、专利申请的驳回与复审

国务院专利行政部门在对专利申请进行审查的过程中，认为不符合专利法规定的，应当予以驳回。

专利申请人对国务院专利行政部门驳回申请的决定不服的，可以自收到通知之日起 3 个月内，向专利复审委员会请求复审。专利复审委员会复审后，作出决定，并通知专利申请人。专利申请人对专利复审委员会的复审决定不服的，可以自收到通知之日起 3 个月内向人民法院起诉。

第四节　专利权的消灭

一、专利权的终止

专利权一般因期限届满而终止。有下列情形之一的，专利权在期限届满前终止：①没有按照规定缴纳年费的；②专利权人以书面声明放弃其专利权的。

专利权在期限届满前终止的，由国务院专利行政部门登记和公告。

二、专利权的无效宣告

专利权的无效自国务院专利行政部门公告授予专利权之日起，任何单位或者个人认为该专利权的授予不符合专利法有关规定的，可以请求专利复审委员会宣告该专利权无效。专利复审委员会对宣告专利权无效的请求应当及时审查和作出决定，并通知请求人和专利权人。宣告专利权无效的决定，由国务院专利行政部门登记和公告。对专利复审委员会宣告专利权无效或者维持专利权的决定不服的，可以自收到通知之日起 3 个月内向人民法院起诉。人民法院应当通知无效宣告请求程序的对方当事人作为第三人参加诉讼。宣告无效的专利权视为自始即不存在。宣告专利权无效的决定，对在宣告专利权无效前人民法院作出并已执行的专利侵权的判决、调解书，已经履行或者强制执行的专利侵权纠纷处理决定，以及已经履行的专利实施许可合同和专利权转让合同，不具有追溯力。但是因专利权人的恶意给他人造成的损失，应当给予赔偿。

第五节　专利权的保护

一、专利权的保护期限和范围

（一）专利权的保护期限

发明专利权的期限为 20 年，实用新型专利权和外观设计专利权的期限为 10 年，均自申请日起计算。专利权人应当自被授予专利权的当年开始缴纳年费。

（二）专利权的保护范围

发明或者实用新型专利权的保护范围以其权利要求的内容为准，说明书及附图可以用于解释权利要求的内容。外观设计专利权的保护范围以表示在图片或者照片中的该产品的外观设计为准，简要说明可以用于解释图片或者照片所表示的该产品的外观设计。

导学博览8-3　专利权的保护范围

柏万清系专利号 200420091540.7，名称为"防电磁污染服"实用新型专利（以下简称涉案专利）的专利权人。涉案专利权利要求的技术特征为：a.一种防电磁污染服，包括上装和下装；b.服装的面料里设有起屏蔽作用的金属网或膜；c.起屏蔽作用的金属网或膜由磁导率高而无剩磁的金属细丝或者金属粉末构成。该专利说明书载明，该专利的目的是提供一种成本低、保护范围宽和效果好的防电磁污染服。其特征在于所述服装在面料里设有由磁导率高而无剩磁的金属细丝或者金属粉末构成的起屏蔽保护作用的金属网或膜。所述金属细丝可用市售 5 到 8 丝的铜丝等，所述金属粉末可用如软铁粉末等。防护服是在不改变已有服装样式和面料功能的基础上，通过在面料里织进导电金属细丝或者以喷、涂、扩散、浸泡和印染等任一方式的加工方法将导电金属粉末与面料复合，构成带网眼的网状结构即可。

2010年5月28日，成都难寻物品营销服务中心销售了由上海添香实业有限公司生产的添香牌防辐射服上装，该产品售价490元，其技术特征是：a.一种防电磁污染服上装；b.服装的面料里设有起屏蔽作用的金属防护网；c.起屏蔽作用的金属防护网由不锈钢金属纤维构成。7月19日，柏万清以成都难寻物品营销服务中心销售、上海添香实业有限公司生产的添香牌防辐射服上装（以下简称被诉侵权产品）侵犯涉案专利权为由，向四川省成都市中级人民法院提起民事诉讼，请求判令成都难寻物品营销服务中心立即停止销售被控侵权产品；上海添香实业有限公司停止生产、销售被控侵权产品，并赔偿经济损失100万元。

四川省成都市中级人民法院于2011年2月18日判决，驳回柏万清的诉讼请求。宣判后，柏万清提起上诉。四川省高级人民法院于2011年10月24日判决驳回柏万清上诉，维持原判。柏万清不服，向最高人民法院申请再审，最高人民法院于2012年12月28日裁定驳回其再审申请。

裁判要点：专利权的保护范围应当清楚，如果实用新型专利权的权利要求书的表述存在明显瑕疵，结合涉案专利说明书、附图、本领域的公知常识及相关现有技术等，不能确定权利要求中技术术语的具体含义而导致专利权的保护范围明显不清，则因无法将其与被诉侵权技术方案进行有实质意义的侵权对比，从而不能认定被诉侵权技术方案构成侵权。

相关法条：《中华人民共和国专利法》第二十六条第四款、第五十九条第一款

（资料来源：最高人民法院指导案例55号）

二、侵犯专利权的行为

（一）专利侵权行为的概念和特征

专利侵权行为是指在专利权有效期限内，行为人未经专利权人许可又无法律依据，以营利为目的实施他人专利的行为。专利侵权行为具有以下特征。

1）侵害的对象是有效的专利。专利侵权必须以存在有效的专利为前提，对于在发明专利申请公布后专利权授予前使用发明而未支付适当费用的纠纷，专利权人应当在专利权被授予之后，请求管理专利工作的部门调解，或直接向人民法院起诉。

2）必须有侵害行为，即行为人在客观上实施了侵害他人专利的行为。

3）以生产经营为目的，非生产经营目的的实施，不构成侵权。

4）违反了法律的规定，即行为人实施专利的行为未经专利权人的许可，又无法律依据。

（二）专利侵权行为的表现形式

1）未经许可实施他人专利行为。这类专利侵权行为必须满足两个条件：未经权利人许可和以生产经营为目的。具体包括：①未经专利权人许可，为生产经营目的制造、使用、许诺销售、销售、进口其专利产品，或者使用其专利方法以及使用、许诺销售、

销售、进口依照该专利方法直接获得的产品；②未经专利权人许可，为生产经营目的制造、许诺销售、销售、进口其外观设计专利产品等。

2）假冒专利行为。假冒专利行为包括假冒他人专利的行为以及以非专利产品、方法冒充专利产品、方法的行为。

专利权终止前依法在专利产品、依照专利方法直接获得的产品或者其包装上标注专利标识，在专利权终止后许诺销售、销售该产品的，不属于假冒专利行为。销售不知道是假冒专利的产品，并且能够证明该产品合法来源的，由管理专利工作的部门责令停止销售，但免除罚款的处罚。

（三）不视为侵犯专利权的行为

1）专利产品或者依照专利方法直接获得的产品，由专利权人或者经其许可的单位、个人售出后，使用、许诺销售、销售、进口该产品的。

2）在专利申请日前已经制造相同产品、使用相同方法或者已经作好制造、使用的必要准备，并且仅在原有范围内继续制造、使用的。

3）临时通过中国领陆、领水、领空的外国运输工具，依照其所属国同中国签订的协议或者共同参加的国际条约，或者依照互惠原则，为运输工具自身需要而在其装置和设备中使用有关专利的。

4）专为科学研究和实验而使用有关专利的。

5）为提供行政审批所需要的信息，制造、使用、进口专利药品或者专利医疗器械的，以及专门为其制造、进口专利药品或者专利医疗器械的。

为生产经营目的使用、许诺销售或者销售不知道是未经专利权人许可而制造并售出的专利侵权产品，能证明该产品合法来源的，不承担赔偿责任。

在专利侵权纠纷中，被控侵权人有证据证明其实施的技术或者设计属于现有技术或者现有设计的，不构成侵犯专利权。

三、侵犯专利权的法律责任

侵犯专利权的法律责任包括民事责任、行政责任和刑事责任。

（一）民事责任

民事责任主要包括：①停止侵害；②赔偿损失；③消除影响、恢复名誉等。其中，根据《专利法》第 65 条的规定，侵犯专利权的赔偿数额按照权利人因被侵权所受到的实际损失确定；实际损失难以确定的，可以按照侵权人因侵权所获得的利益确定。权利人的损失或者侵权人获得的利益难以确定的，参照该专利许可使用费的倍数合理确定。赔偿数额还应当包括权利人为制止侵权行为所支付的合理开支。权利人的损失、侵权人获得的利益和专利许可使用费均难以确定的，人民法院可以根据专利权的类型、侵权行为的性质和情节等因素，确定给予 1 万元以上 100 万元以下的赔偿。

（二）行政责任

行政责任主要包括：①对未经专利权人许可实施其专利的行为，管理专利工作的部门认定侵权行为成立的，可以责令侵权人立即停止侵权行为。②假冒专利的，除依法承担民事责任外，由管理专利工作的部门责令改正并予公告，没收违法所得、可以并处违法所得4倍以下的罚款；没有违法所得的，可以处20万元以下的罚款。③管理专利工作的部门根据已经取得的证据，对涉嫌假冒专利行为进行查处时，可以询问有关当事人，调查与涉嫌违法行为有关的情况；对当事人涉嫌违法行为的场所实施现场检查；查阅、复制与涉嫌违法行为有关的合同、发票，账簿以及其他有关资料；检查与涉嫌违法行为有关的产品。对有证据证明是假冒专利的产品，可以查封或者扣押。④违反规定向外国申请专利，泄露国家秘密的，由所在单位或者上级主管机关给予行政处分。⑤侵夺发明人或者设计人的非职务发明创造专利申请权和《专利法》规定的其他权益的，由所在单位或者上级主管机关给予行政处分。⑥从事专利管理工作的国家机关工作人员以及其他有关国家机关工作人员玩忽职守、滥用职权、徇私舞弊，尚不构成犯罪的，依法给予行政处分。

（三）刑事责任

刑事责任主要包括：①违反《专利法》规定向外国申请专利，泄露国家秘密的，由所在单位或者上级主管机关给予行政处分；构成犯罪的，依法追究刑事责任。②从事专利管理工作的国家机关工作人员以及其他有关国家机关工作人员玩忽职守、滥用职权、徇私舞弊，构成犯罪的，依法追究刑事责任。③依照《专利法》和《刑法》的规定，假冒他人专利，情节严重的，应对直接责任人员追究刑事责任。

■■■■■■■■■■■■■■■■■■　应 知 应 会　■■■■■■■■■■■■■■■■■■

1. 核心概念：专利、专利权、专利法、发明人、设计人、发明、实用新型、外观设计、专利侵权行为。
2. 专利权主体的种类。
3. 专利权客体的范围。
4. 专利权主体的权利和义务。
5. 不授予专利权的发明创造或项目。
6. 专利申请的原则。
7. 发明、实用新型、外观设计专利权的授予条件。
8. 专利侵权行为的表现形式。

■■■■■■■■■■■■■■■■■■　实 训 练 习　■■■■■■■■■■■■■■■■■■

一、单项选择题

1. 王某于2006年5月3日完成了某项发明创造，并于2006年7月13日申请了专利；李某于2006年5月7日完成了同样的发明创造，并于2006年6月23日申请了专利。如果王、李二人的申请均符合其他授予专利权条件，则专利权应授予（　　　）。

　　A. 王某　　　　　　　　　　　　　　B. 李某

　　C. 王某和李某　　　　　　　　　　　D. 由王某和李某协商确定

2. 以下有关专利权期限的说法正确的是（　　）。

　　A. 专利权的期限自办理登记日起计算

　　B. 专利权的期限自授权公告日起计算

　　C. 专利权的期限自优先权日起计算

　　D. 专利权的期限自申请日起计算

3. 下列各选项中，所列内容均属于专利法保护的智力成果的是（　　）。

　　A. ①关于一颗小恒星的发现；②一种培育酒味西瓜的方法

　　B. ①一种白领交友活动规则；②一种演示无土栽培树苗方法的教学用具

　　C. ①一种治疗禽流感的新药；②一种新型的手枪

　　D. ①一种"魔力"饮料（每天喝一瓶不口渴）的配方；②一种新品种的小麦

4. 单位或个人接受其他单位或个人委托所完成的发明创造，若没关于者利权归属的协议，则申请专利权的权利属于（　　）。

　　A. 委托人　　　　　　　　　　　　　B. 受托人

　　C. 委托人和受托人　　　　　　　　　D. 双方均不能申请专利

5. 下列选项中仅属于对自然规律认识的是（　　）。

　　A. 科学发现　　　B. 产品发明　　　C. 方法发明　　　D. 实用新型

6. 取得发明、实用新型专利的实质条件与取得外观设计专利的实质条件的主要区别之一是，后者不要求（　　）。

　　A. 新颖性　　　　B. 创造性　　　　C. 实用性　　　　D. 美感

7. 专利申请人的申请案被公布后，申请人应当自申请日起（　　）内向专利局申请进行实质审查。

　　A. 3 个月　　　　B. 6 个月　　　　C. 12 个月　　　　D. 3 年

8. 如果申请人对国务院专利行政部门驳回其专利申请的决定不服，可以在收到通知之日起（　　）内向专利复审委员会申请复审。

　　A. 3 个月　　　　B. 6 个月　　　　C. 12 个月　　　　D. 3 年

9. 专利申请人对专利复审委员会驳回的复审决定不服的，可以自收到通知之日起（　　）内向人民法院提起诉讼。

　　A. 3 个月　　　　B. 6 个月　　　　C. 12 个月　　　　D. 3 年

10. 确定发明、实用新型专利权保护范围的依据是（　　）。

　　A. 请求书　　　　B. 说明书　　　　C. 权利要求书　　　D. 摘要

二、多项选择题

1. 依据《专利法》的有关规定，下列情况不授予专利权的是（　　）。

　　A. 甲发明了仿真伪钞机

　　B. 乙发明了对糖尿病特有的治疗方法

　　C. 丙发现了某植物新品种

D. 丁发明了某植物新品种的生产方法

2. 甲、乙共同完成一项发明，就该项发明的专利申请权所作的下列判断中，其中正确的是（　　）。

A. 如果甲不同意申请专利，乙可自行申请

B. 如果甲放弃其专利申请权，乙可单独申请，但取得专利后甲有免费使用的权利

C. 如果甲准备转让其专利申请权，应签订书面合同

D. 如果甲准备转让其专利申请权，乙在同等条件下有优先受让的权利

3. 甲公司的游戏软件工程师刘某利用业余时间开发的"四国演义"游戏软件被乙公司非法复制，丙书店从无证书贩手中低价购进该盗版软件，丁公司从丙书店以正常价格购买该软件在其经营的游戏机上安装使用。下列说法正确的是（　　）。

A. 甲公司应当对刘某进行奖励

B. 丙书店应当承担赔偿损失等法律责任

C. 丁公司不承担赔偿责任

D. 乙公司、丙书店应当承担共同侵权的民事责任

4. 甲拥有一节能热水器的发明专利权，乙对此加以改进后获得重大技术进步，并取得新的专利权，但是专利之实施有赖于甲的专利之实施，双方又未能达成实施许可协议。在此情形下，下述说法正确的是（　　）。

A. 甲可以申请实施乙之专利的强制许可

B. 乙可以申请实施甲之专利的强制许可

C. 乙在取得实施强制许可后，无须给付甲使用费

D. 任何一方在取得实施强制许可后即享有独占的实施权

5. 甲公司获得了某医用镊子的实用新型专利，不久后乙公司自行研制出相同的镊子，并通过丙公司销售给丁医院使用。乙、丙、丁都不知道甲已经获得该专利。下列错误的是（　　）。

A. 乙的制造行为不构成侵权

B. 丙的销售行为不构成侵权

C. 丁的使用行为不构成侵权

D. 丙和丁能证明其产品的合法来源，不承担赔偿责任

三、实务操作题

1. 张某与李某两人就相同主题的发明分别于2009年4月5日和2010年2月1日向中国专利局申请专利。

试分析李某能获得该发明专利权的法律依据和条件。

2. 公司甲与业余发明人乙订立了一份技术开发协议，约定由乙为甲开发完成一项电冰箱温控装置技术，由甲为乙提供技术开发资金、设备、资料等，并支付报酬。在约定的时间内乙完成了合同约定的任务，并按约定将全部技术资料和权利都交给了甲公司。此外，乙在完成开发任务的过程中，还开发出了一项附属技术T，并以自己的名义就技术T申请专利。甲公司知道此事后，认为技术T的专利申请权应归甲公司所有，因此，

甲、乙双方就技术 T 的专利申请权归属发生争议。

请你根据本案所提供的材料，分析以下问题：

1）该技术 T 的专利申请权应归谁所有？为什么？

2）该纠纷可通过哪些途径解决？

3. 甲未经专利申请人乙的许可，将其从乙处盗取的实用新型技术付诸实施，并公开在市场上销售。

请问：

1）乙如何保护自己的合法权益？详细说明。

2）乙的该项技术 能否取得专利权？说明理由。

第四编
市场规制法律制度

引 言

本编主要涉及反不正当竞争法、反垄断法、产品质量法、消费者权益保护法、广告法和劳动法及劳动合同法六个法律制度，它们构成市场秩序法（亦称市场规制法）的主干部分。学习《反不正当竞争法》不仅能有效维护社会主义市场经济竞争秩序，而且也有益于经济法思想理念的形成。《反垄断法》能保护市场公平竞争，提高经济运行效率，维护消费者利益和社会公共利益，促进社会主义市场经济健康发展。《产品质量法》具有将立法重点移向"防患未然"而非仅"治于已然"的先进性。《消费者权益保护法》突出了保护弱者的现代立法趋势，也体现了经济立法的社会化倾向，无论对个人还是国家，都具有重要的理论与实践意义。《广告法》促进了广告事业的健康发展，规范广告经营行为，保护了消费者的合法权益。《劳动法及劳动合同法》保护劳动者的合法权益，调整劳动关系，促进了经济发展和社会进步。

学习目标

知识目标

1. 了解不正当竞争行为的概念。
2. 掌握不正当竞争行为的具体表现形式。
3. 理解不正当竞争行为法律责任的承担。

能力目标

1. 熟悉不正当竞争行为的认定。
2. 能够界定实施不正当竞争行为的各种法律责任。
3. 树立起维护社会公平竞争秩序的良好意识。

 法律检索

《中华人民共和国反不正当竞争法（以下简称《反不正当竞争法》）》（1993 年 9 月 2 日第八届全国人民代表大会常务委员会第三次会议通过，自 1993 年 12 月 1 日起施行）

 法谚名言

一个事业若对社会有益，就应当任其自由广其竞争，竞争愈自由，愈普遍，那事业就愈有利于社会。

——（英国）亚当·斯密

第一节 反不正当竞争法概述

一、不正当竞争概述

（一）不正当竞争的概念

不正当竞争是指经营者违反反不正当竞争法的规定，损害其他经营者或者消费者的合法权益，扰乱市场秩序的行为。

（二）不正当竞争的特征

1. 违法性

不正当竞争行为的违法性，既包括违反了商标法、广告法等法律的规定，也包括违反了反不正当竞争法的有关规定。

2. 损害性

损害性是指不正当竞争行为损害了其他经营者或者消费者的合法权益，这种损害既可以表现为财产性的，也可以表现为非财产性的，如损害他人的商业信誉等。

3. 扰乱性

不正当竞争行为破坏了法律所确认的经营者之间，经营者与消费者之间的正常关系，扰乱了公平竞争所赖以存在的良好的市场秩序。

二、反不正当竞争法的概念和内容

反不正当竞争法是调整社会主义市场竞争关系，规范市场竞争行为的法律规范的总称。

党的十一届三中全会以来，我国开始进行经济体制改革，在经济活动领域引进了竞争机制，为此，规范市场竞争关系的法律法规开始在我国产生和发展起来。如 1980 年 10 月国务院发布了《关于开展和保护社会主义竞争的暂行规定》，1986 年 6 月国务院办公厅颁布《关于严禁在社会经济活动中牟取非法利益的通知》等，还在一些法律中，对限制、妨碍正当竞争的行为作了禁止性规定，如《中华人民共和国商标法》《中华人民共和国专利法》《中华人民共和国广告法》《中华人民共和国产品质量法》等。但由于这些规定较为零散，不能适应社会主义市场经济发展的需要，为了鼓励和保护公平竞争，制止不正当竞争行为，保护经营者和消费者的合法权益，1993 年 9 月 2 日，第八届全国人民代表大会常务委员会第三次会议通过了《中华人民共和国反不正当竞争法》，自 1993 年 12 月 1 日起施行，该法系统地规定了我国所禁止的各种不正当竞争行为。2016 年 2 月，《中华人民共和国反不正当竞争法（修订草案送审稿）》向社会公开征求意见。此次征求意见稿中对经营者滥用市场优势地位、广告虚假宣传、商业贿赂的认定等问题进行了明确，同时添加了对互联网领域内的不正当竞争、经营者不配合调查的处罚等规定。

导学博览9-1 反不正当竞争法的起源

关于法的起源，经典的阐释莫过于恩格斯的论述："在社会发展的某个很早的阶段，产生了这样一种需要：把每天重复着的生产、分配和交换产品的行为用一个共同的规则概括起来，设法使个人服从生产和交换的一般条件。这个规则首先表现为习惯，后来便成了法律。"反不正当竞争法也没有例外——当商品经济发展到一定的阶段，不同的生产者搜集相同的资源用以生产相同的产品并用于交换时，由于资源的稀缺性和经济人的最大化利己倾向，竞争便自然而然地产生了，在竞争中势必会产生一些习惯性的规则，这些习惯一旦被国家所确认，便成为反不正当竞争法。比如，在《汉谟拉比法典》中，有关于禁止卖酒妇任意抬高酒价的规定，其中酒的价格计算，就是按照酒与谷物的比率计算出来的，这便是一种习惯性的规则。又比如古罗马颁布的禁止粮行蓄意提高粮价的法律和公元482年颁布的宪法，其内容包括对提高价格在内的所有垄断的禁止。我国古代《唐律》也规定："诸买卖不和而较固取者，及更出开闭其限一价，若参市而规自入者杖八十。以得赃重者，计利准盗论。"也就是说，欺行霸市、牟取暴利者将受到杖刑，重者将视为盗。反不正当竞争法律的较早出现，是因为无论在奴隶制还是封建制下，都曾经有非常繁荣的城市经济存在，在大型城市的商品经济中，竞争是不可避免的，规范竞争的法律也就必然会出现了。

第二节　不正当竞争行为

一、不正当竞争行为的主体

不正当竞争行为的主体是经营者，即从事或者参与商品生产、经营或者提供服务的自然人、法人和其他组织。无论是外国法人还是中国法人，全民所有制、集体所有制还是非公有制的法人，甚至其他不具有法人资格的经济组织和个人，都可能因违反反不正当竞争法而成为不正当竞争行为的主体。此外，经营者损害消费者的合法权益也将受到反不正当竞争法规制，非营利性服务也将可能构成不正当竞争。

二、不正当竞争行为的种类

导学博览9-2 天津中国青年旅行社诉天津国青国际旅行社擅自使用他人企业名称纠纷案

天津中国青年旅行社于1986年11月1日成立，是从事国内及出入境旅游业务的国有企业。2007年，《今晚报》等媒体在报道天津中国青年旅行社承办的活动中已开始以"天津青旅"简称指代天津中国青年旅行社。天津青旅在报价单、旅游合同、与同行业经营者合作文件、发票等资料以及经营场所各门店招牌上等日常经营活动中，使用"天津青旅"作为企业的简称。天津国青国际旅行社有限公司于2010年7月6日成立，是从事国内旅游及入境旅游接待等业务的有限责任公司。

2010年底，天津青旅发现通过Google搜索引擎分别搜索"天津中国青年旅行社"或"天津青旅"，在搜索结果的第一名并标注赞助商链接的位置，点击链接后进入网页是标称天津国青国际旅行社乐出游网的网站。同时，天津青旅通过百度搜索引擎搜索"天津青旅"，在搜索结果的第一名并标注推广链接的位置，显示"欢迎光临天津青旅重合同守信誉单位"，点击链接后进入网页仍然是上述标称天津国青乐出游网的网站。

天津中国青年旅行社诉称：被告天津国青国际旅行社有限公司在其版权所有的网站页面、网站源代码以及搜索引擎中，非法使用原告企业名称全称及简称"天津青旅"，违反了反不正当竞争法的规定，请求判令被告立即停止不正当竞争行为、公开赔礼道歉、赔偿经济损失10万元，并承担诉讼费用。

天津市第二中级人民法院于2011年10月24日判决：一、被告天津国青国际旅行社有限公司立即停止侵害行为；二、被告于本判决生效之日起三十日内，在其公司网站上发布致歉声明持续15天；三、被告赔偿原告天津中国青年旅行社经济损失30000元；四、驳回原告其他诉讼请求。宣判后，天津国青旅提出上诉。天津市高级人民法院于2012年3月20日作出判决：一、维持天津市第二中级人民法院上述民事判决第二、三、四项；二、变更判决第一项"被告天津国青国际旅行社有限公司立即停止侵害行为"为"被告天津国青国际旅行社有限公司立即停止使用'天津中国青年旅行社'、'天津青旅'字样及作为天津国青国际旅行社有限公司网站的搜索链接关键词"；三、驳回被告其他上诉请求。

裁判要点：①对于企业长期、广泛对外使用，具有一定市场知名度、为相关公众所知悉，已实际具有商号作用的企业名称简称，可以视为企业名称予以保护。②擅自将他人已实际具有商号作用的企业名称简称作为商业活动中互联网竞价排名关键词，使相关公众产生混淆误认的，属于不正当竞争行为。

相关法条：《中华人民共和国民法通则》第一百二十条；《中华人民共和国反不正当竞争法》第五条

（资料来源：最高人民法院指导案例29号）

我国不正当竞争行为主要表现为以下九种。

（一）利用商业标识实施市场混淆行为

商业标识，是指区分商品生产者或者经营者的标志，包括但不限于知名商品特有的名称、包装、装潢、商品形状、商标、企业和企业集团的名称及其简称、字号、域名主体部分、网站名称、网页、姓名、笔名、艺名、频道节目栏目的名称、标识等。市场混淆，是指使相关公众对商品生产者、经营者或者商品生产者、经营者存在特定联系产生误认。经营者不得利用商业标识实施下列市场混淆行为。

1）擅自使用他人知名的商业标识，或者使用与他人知名商业标识近似的商业标识导致市场混淆的。

2）突出使用自己的商业标识，与他人知名的商业标识相同或者近似，误导公众，导致市场混淆的。

3）将他人注册商标、未注册的驰名商标作为企业名称中的字号使用，误导公众，导致市场混淆的。

4）将与知名企业和企业集团名称中的字号或其简称，作为商标中的文字标识或者域名主体部分等使用，误导公众，导致市场混淆的。

（二）滥用优势地位实施不公平交易行为

相对优势地位，是指在具体交易过程中，交易一方在资金、技术、市场准入、销售渠道、原材料采购等方面处于优势地位，交易相对方对该经营者具有依赖性，难以转向其他经营者。经营者不得利用相对优势地位，实施下列不公平交易行为。

1）没有正当理由，限定交易相对方的交易对象。

2）没有正当理由，限定交易相对方购买其指定的商品。

3）没有正当理由，限定交易相对方与其他经营者的交易条件。

4）滥收费用或者不合理地要求交易相对方提供其他经济利益。

5）附加其他不合理的交易条件。

（三）商业贿赂行为

商业贿赂是指经营者向交易对方或者可能影响交易的第三方，给付或者承诺给付经济利益，诱使其为经营者谋取交易机会或者竞争优势。给付或者承诺给付经济利益的，是商业行贿；收受或者同意收受经济利益的，是商业受贿。经营者不得实施下列商业贿赂行为。

1）在公共服务中或者依靠公共服务谋取本单位、部门或个人经济利益。

2）经营者之间未在合同及会计凭证中如实记载而给付经济利益。

3）给付或者承诺给付对交易有影响的第三方以经济利益，损害其他经营者或消费者合法权益。

员工利用商业贿赂为经营者争取交易机会或竞争优势的，应当认定为经营者的行为。有证据证明员工违背经营者利益收受贿赂的，不视为经营者的行为。

（四）引人误解的商业宣传行为

经营者不得实施下列引人误解的商业宣传行为。

1）进行虚假宣传或者片面宣传。

2）将科学上未定论的观点、现象作为定论的事实用于宣传。

3）以歧义性的语言或者其他引人误解的方式进行宣传。

（五）侵犯商业秘密行为

商业秘密，是指不为公众所知悉、具有商业价值并经权利人采取相应保密措施的技术信息和经营信息。经营者不得实施下列侵犯商业秘密行为。

1）以盗窃、利诱、胁迫、欺诈或者其他不正当手段获取权利人的商业秘密。

2）披露、使用或者允许他人使用以前项手段获取的权利人的商业秘密。

3）违反约定或者违反权利人有关保守商业秘密的要求，披露、使用或者允许他人使用其所掌握的商业秘密。

第三人明知或者应知前款所列违法行为，获取、披露、使用或者允许他人使用权利人的商业秘密，视为侵犯商业秘密。

（六）违法有奖销售行为

有奖促销包括抽奖式有奖促销和附赠式有奖促销。在同等条件下，给予确定奖励的，是附赠式有奖促销；以偶然性的方法确定奖励种类或者是否给予奖励的，是抽奖式有奖促销。经营者不得向消费者实施下列有奖促销行为。

1）未明示其所设奖的种类、兑奖条件、奖金金额或者奖品等有奖促销信息，影响消费者兑奖。

2）采用谎称有奖或者故意让内定人员中奖等欺骗方式进行有奖销售。

3）对兑奖设定不合理条件。

4）抽奖式有奖促销，最高奖的价值超过两万元。

（七）损害他人商誉行为

经营者不得捏造、散布虚假信息、恶意评价信息，散布不完整或者无法证实的信息，损害他人的商业信誉、商品声誉。

（八）串标行为

招标投标是招标人通过投标人之间的公平竞争方式，来确定交易对方。串标使招标投标流于形式，损害了招标人或其他投标人的合法权益。串标主要有两种。

1. 投标者串通投标，抬高标价或者压低标价的行为

这类行为是所有参加投标的投标人共同设置的，目的是为了避免相互间竞争，达到共同损害招标人利益的目的。这类行为主要表现为：投标者之间相互串通，共同抬高标价；投标者之间相互串通，一致压低标价；投标者之间相互串通，轮流以高价位或低价位中标；投标者之间就标价以外的其他事项相互串通。

2. 投标者和招标者相互勾结，以排挤竞争对手的行为

这类行为是招标者和特定的投标者共同设置的，目的是为了排挤该投标者的竞争对手，造成损害其他投标人利益的后果。这类行为主要表现为：招标者在开标前，私下开启投标文件，并泄露给内定的投标者；招标者在审查评选标书时，对不同的投标者实施差别对待；投标者和招标者相互勾结，投标者在公开投标时压低标价，中标后再给招标者额外补偿。

（九）互联网领域内不正当竞争行为

经营者不得利用网络技术或者应用服务实施下列影响用户选择、干扰其他经营者正常经营的行为。

1）未经用户同意，通过技术手段阻止用户正常使用其他经营者的网络应用服务。

2）未经许可或者授权，在其他经营者提供的网络应用服务中插入链接，强制进行目标跳转。

3）误导、欺骗、强迫用户修改、关闭、卸载或者不能正常使用他人合法提供的网络应用服务。

4）未经许可或者授权，干扰或者破坏他人合法提供的网络应用服务的正常运行。

经营者不得实施其他损害他人合法权益，扰乱市场秩序的不正当竞争行为。其他不正当竞争行为，由国务院工商行政管理部门认定。

第三节 不正当竞争行为的监督检查和法律责任

一、对不正当竞争行为的监督检查

监督检查部门在调查不正当竞争行为时，有权行使下列职权：①进入与被调查行为有关的营业场所或者其他场所进行检查；②询问被调查的经营者、利害关系人或者其他有关单位、个人，并要求提供证明材料、数据和技术支持或者与不正当竞争行为有关的其他资料；③查询、复制与被调查行为有关的协议、账册、单据、文件、记录、业务函电、电子数据、视听资料和其他资料；④责令被调查的经营者暂停涉嫌违法的行为，说明与被调查行为有关财物的来源和数量，不得转移、隐匿、销毁该财物；⑤对涉嫌不正当竞争行为的财物实施查封、扣押；⑥查询涉嫌不正当竞争行为的经营者的银行账户及与存款有关的会计凭证、账簿、对账单等；⑦对有证据证明转移或者隐匿违法资金的，可以申请司法机关予以冻结。

监督检查部门在调查不正当竞争行为时，被调查的经营者、利害关系人或者其他有关单位、个人应当如实提供有关资料或者情况，配合监督检查部门依法履行职责，不得拒绝、阻碍监督检查。

二、不正当竞争行为的法律责任

经营者违反反不正当竞争法，应当根据情节轻重，分别承担民事、行政和刑事责任。

（一）民事责任

民事责任指经营者因违法从事不正当竞争行为，给被侵害的经营者造成损害时，所应当承担的损害赔偿责任。经营者违反法律规定，损害他人合法权益的，应当停止侵害；给他人造成损害的，应当承担损害赔偿责任。经营者或者消费者受到不正当竞争行为侵害的，可以依法向人民法院提起诉讼。

经营者利用商业标识实施市场混淆行为引起纠纷的，由当事人协商解决；不愿协商或者协商不成的，当事人可以向人民法院起诉，也可以请求监督检查部门处理。

导学博览9-3　楼盘广告 LV 包当道具，不正当竞争成被告

　　因将 LV 包作为楼盘广告模特手中的道具，上海某房地产开发有限公司和上海某置业有限公司被法国路易威登马利蒂公司告上法庭。2006 年 8 月 23 日，上海某法院对此案作出一审判决，认定两被告在楼盘广告中使用 LV 包构成不正当竞争，判令向原告赔偿经济损失人民币 5 万元。

　　2004 年 7 月至 10 月，被告在上海延安中路陕西路路口处的大楼上树立一块高300 米，宽 60 米的户外广告牌，为其开发、经营的某楼盘进行宣传，广告中间有一半蹲模特图像，模特手中拎一只印有 "LV" 字母及花形状图案提包。

　　"LV" 商标注册人，著名奢侈品生产商法国路易威登马利蒂公司得知此广告后，认为两被告未经注册人许可擅自使用 "LV" 商标，利用 "LV" 商标及商品的知名度吸引相关受众的注意力，借此提升其房地产项目的知名度，侵犯了路易威登的商标权，且构成不正当竞争。

　　法院审理后认为，原告通过长期经营才获得今天的声誉，原告的商标和商品也因此才成为时尚、高档的象征。两被告在明知 LV 手提包有较高知名度的情况下，在巨幅广告中以近三分之一的比例和夺目的橙色突出模特和模特手中的 LV 包，以此吸引受众的视线，并进而通过 LV 手提包的知名度来提升其广告楼盘的品味，意在宣传出入其楼盘的都是手拎 LV 包的时尚、高贵人士，该楼盘同样时尚、高档。其将宣传行为建立在原告商品之上，系故意利用原告资源，不正当地获取利益，损害了原告的合法权利，打破了诚实信用、平等公平的竞争秩序，其行为构成不正当竞争。

（二）行政责任

行政责任是指经营者因违法从事不正当竞争行为，由监督检查部门依法对行为人所给予的行政处罚。不正当竞争行为承担行政责任的有以下几种。

1）经营者将他人注册商标、未注册的驰名商标作为企业名称中的字号使用，误导公众，导致市场混淆的；监督检查部门应当责令当事人在一个月内进行企业名称变更登记；期满未提出变更申请的，监督检查部门适用前款规定进行处罚，并由企业登记注册地的监督检查部门将该企业名称从企业信用信息公示系统中删除，以注册号或者统一社会信用代码代替该企业名称，并将该企业列入经营异常名录；情节严重的，可以直接吊销营业执照。

2）经营者利用相对优势地位，实施不公平交易行为的；由地市级以上的监督检查部门责令改正，处以违法经营额 1 倍以上 5 倍以下的罚款；没有违法经营额或者违法经营额无法计算的，根据情节处以 10 万元以上 300 万元以下的罚款。

3）经营者实施商业贿赂行为；监督检查部门应当责令停止违法行为，根据情节处以违法经营额 10% 以上 30% 以下的罚款；构成犯罪的，依法追究刑事责任。

4）经营者实施引人误解的商业宣传行为的；监督检查部门应当责令停止违法行为，处以违法经营额 3 倍以上 5 倍以下的罚款；没有违法经营额或者违法经营额无法计算的，根据情节处以 10 万元以上 100 万元以下的罚款；情节严重的，可以吊销营业执照；构成犯罪的，依法追究刑事责任。

5）经营者实施侵犯商业秘密行为的，监督检查部门应当责令停止违法行为，根据情节处以 10 万元以上 300 万元以下的罚款；构成犯罪的，依法追究刑事责任。商业秘密权利人能够证明他人使用的信息与其商业秘密实质相同以及他人有获取其商业秘密条件的，他人应当对其使用的信息具有合法来源承担举证责任。

6）经营者实施违法有奖促销行为的，监督检查部门应当责令停止违法行为，没收违法商品，根据情节处以 10 万元以上 100 万元以下的罚款。

7）经营者侵害他人商誉的，监督检查部门应当责令停止违法行为，消除影响，根据情节处以 10 万元以上 300 万元以下的罚款；构成犯罪的，依法追究刑事责任。

8）经营者串标的，监督检查部门应当责令停止违法行为，根据情节处以 10 万元以上 300 万元以下的罚款；构成犯罪的，依法追究刑事责任。

9）经营者利用网络技术或者应用服务实施影响用户选择、干扰其他经营者正常经营的，监督检查部门责令停止违法行为，根据情节处以 10 万元以上 300 万元以下的罚款。

10）经营者进行其他不正当竞争行为的，监督检查部门责令停止违法行为，根据情节处以 10 万元以上 300 万元以下的罚款；构成犯罪的，依法追究刑事责任。

11）明知或者应知有违反本法规定的不正当竞争行为，仍为其提供生产、销售、仓储、运输、网络服务、技术支持、广告推广、支付结算等便利条件的，根据情节处以 10 万元以上 100 百万元以下的罚款。主动配合监督检查部门调查，如实说明情况、提供证据的，可以从轻或者减轻处罚。

12）违反法律规定转移、隐匿、销毁或者销售被查封、扣押、责令暂停销售商品的，监督检查部门可以没收涉案商品，处涉案商品价款 1 倍以上 3 倍以下的罚款；价款无法计算的，处以 10 万元以上 100 万元以下的罚款；构成犯罪的，依法追究刑事责任。

13）对监督检查部门依法实施的调查，非因法定事由拒绝提供有关资料、情况，提供虚假资料、情况，隐匿、销毁、转移证据，或者有其他拒绝、阻碍调查行为的，由监督检查部门责令改正，处以 2 万元以上 20 万元以下的罚款。

（三）刑事责任

刑事责任是指经营者因违法从事不正当竞争行为，情节严重，构成犯罪时，所必须承担的刑事法律责任。不正当竞争行为承担刑事责任的有：商业贿赂、引人误解的商业宣传、侵犯商业秘密、侵害他人商誉、串标、转移、隐匿、销毁或者销售被查封、扣押、责令暂停销售商品，构成犯罪的，依法追究刑事责任。

监督检查不正当竞争行为的国家工作人员滥用职权、玩忽职守的，依法给予处分；构成犯罪的，依法追究刑事责任。监督检查不正当竞争行为的国家工作人员徇私舞弊，对明知有违反本法规定构成犯罪的经营者故意包庇不使其受追诉的，依法追究刑事责任。

■■■■■■■■■■■■■■■■ 应 知 应 会 ■■■■■■■■■■■■■■■■

1. 核心概念：不正当竞争行为、反不正当竞争法、市场混淆、商业贿赂、商业秘密、相对优势地位。

2. 不正当竞争行为的表现形式。

3. 不正当竞争行为的法律责任。

■■■■■■■■■■■■■■■■ 实 训 练 习 ■■■■■■■■■■■■■■■■

一、单项选择题

1.《反不正当竞争法》中的"经营者"指（   ）。

A. 从事商品经营或营利性服务的法人，其他经济组织，个人

B. 某些经济组织

C. 公民个人

D. 各种法人

2. 监督检查部门工作人员监督检查不正当竞争行为时（   ）。

A. 可出示检查证件   B. 应出示检查证件

C. 可不出示检查证件   D. 在某些场合应出示检查证件

3. 擅自使用他人的企业名称或者姓名，引人误认为是他人的商品的行为属于（   ）。

A. 采用欺骗性标志交易行为   B. 虚假宣传行为

C. 侵犯商业秘密行为   D. 诋毁商誉行为

4. 违背相对交易人的意愿的搭售行为是侵害了购买者的（   ）权。

A. 自主选择   B. 知悉真情   C. 维护尊严   D. 依法求偿

5. 商业秘密的两大特征是（   ）。

A. 新颖性和保密性   B. 商业性和秘密性

C. 创造性和专有性   D. 实用性和专有性

二、多项选择题

1. 在商品上伪造冒使用（   ），对商品质量作引人误解的虚假表示，是不正当竞争行为。

A. 认证标志   B. 名优标志   C. 产地   D. 非注册商标

2. 监督检查部门在监督检查不正当竞争行为时,（   ）应当如实提供有关资料或情况。

A. 被检查的经营者   B. 利害关系人   C. 证明人   D. 国家机关

3. 下列有奖销售行为中属于不正当有奖销售行为的有（   ）。

A. 谎称有奖进行有奖销售

B. 故意让内定人员中奖进行有奖销售

C. 利用有奖销售的手段推销质次价高的商品

D. 抽奖式有奖销售的奖品为 5000 元的实物

4.《反不正当竞争法》的主体——经营者可以是（   ）。

A. 从事生产的法人 B. 从事销售的个人

C. 从事营利性服务的个人 D. 从事商品服务的个人

5. 根据《反不正当竞争法》的规定，对不正当竞争行为进行监督检查的专门机构是
（   ）。

A. 各级人民政府 B. 县级以上人民政府工商管理部门

C. 法律，行政法规规定的其他部门 D. 各级政府的行政执法部门

三、实务操作题

某省于 1998 年元旦开通有线电视公共频道，该有线电视台为了提高收视率，以吸引更多的广告客户，推出了集娱乐、休闲、广告抽奖为一体的"缤纷时刻"栏目，开展"日日送奖，月月送礼"活动，每天向观众出一道简单的问题，猜对的观众通过抽奖即可获得每日送出的一台 VCD 或者一部摩托罗拉手机，每月还送出一个超过 10 万元的大奖即一套公寓。此举引起了强烈的社会反响。另外，该省还拥有多家电视台，电视台之间的竞争非常激烈，而该有线电视台开展的有奖竞猜活动的目的主要是为了招揽广告客户。

请问：该电视台的哪些行为违反了我国反不正当竞争法？

第十章
反垄断法

 学习目标

知识目标

1. 了解垄断的概念。
2. 掌握垄断的具体表现形式。
3. 理解垄断行为法律责任的承担。

能力目标

1. 熟悉垄断行为的认定。
2. 了解实施垄断行为的法律责任。
3. 树立起维护市场经济公平竞争秩序的良好意识。

 法律检索

《中华人民共和国反垄断法》(以下简称《反垄断法》)(2007年8月30日中华人民共和国第十届全国人民代表大会常务委员会第二十九次会议通过,自2008年8月1日起施行)

 法谚名言

反托拉斯法是自由企业的大宪章,它们对维护经济自由和我们企业制度的重要性,就像权利法案对于保护我们的基本权利的重要性那样。

——1972年美国最高法院判决书

第一节 反垄断法概述

一、垄断的概述

垄断的原意是独占，即一个市场上只有一个经营者。现在通常是指经济活动主体以非法的手段，使经济力过度集中甚至独占某类商品或服务的市场行为。垄断有经济性垄断与行政性垄断。经济垄断是经济主体（企业等）利用自己的垄断地位限制竞争的行为。行政垄断是指国家经济主管部门和地方政府滥用行政权力，排除、限制或妨碍企业之间的合法竞争。

垄断是市场经济发展到一定阶段的产物。市场竞争和生产集中发展到一定程度必然产生垄断，垄断一旦形成，便代替了自由竞争。因此，各国对垄断资本的发展进行了一定程度的遏制，以消除由于垄断对市场竞争机制带来的破坏性影响，其中最有效的措施就是制定反垄断的法律。

二、反垄断法的概念和作用

（一）反垄断法的概念

反垄断法是市场经济发展到近代以后出现的，旨在规制市场中一系列独占市场，滥用市场优势、消除和限制竞争、损害社会公共利益行为的法律制度。《中华人民共和国反垄断法》明确规定，为了预防和制止垄断行为，保护市场公平竞争，提高经济运行效率，维护消费者利益和社会公共利益，促进社会主义市场经济健康发展，制定本法。中华人民共和国境内经济活动中的垄断行为，适用反垄断法；中华人民共和国境外的垄断行为，对境内市场竞争产生排除、限制影响的，也适用反垄断法。《中华人民共和国反垄断法》颁布于 2007 年 8 月 30 日，于 2008 年 8 月 1 日开始实施。

（二）反垄断法的作用

反垄断法的立法目的在于禁止垄断和其他限制竞争的行为，创造公平竞争的良好环境，使市场在资源配置中的基础性作用能够充分发挥。反垄断法的作用可以表述为，通过法律的强制性排除各种作用于竞争机制的干扰，保护市场主体参与市场竞争的权利，维护竞争的市场结构，保护消费者的合法权益。反垄断法的作用主要是通过实现有效竞争表现出来的，同时也表现为弥补市场机制本身的缺陷。主要表现在四个方面：①维持合理的市场结构，提高资源配置效率；②维护和促进有效的市场竞争，推动经济和技术的发展；③保护消费者的合法权益和社会公共福利；④实现经济民主。

第二节 垄 断 行 为

《反垄断法》规定的垄断行为包括：经营者达成垄断协议、经营者滥用市场支配地位、具有或者可能具有排除、限制竞争效果的经营者集中。其中，经营者是指从事商品生产、经营或者提供服务的自然人、法人和其他组织。

一、垄断协议

垄断协议是指经营者达成或者采取的旨在排除、限制竞争的协议、决定或者其他协同行为。经营者达成垄断协议是经济生活中一种最典型的垄断行为，往往造成固定价格、划分市场以及阻碍、限制其他经营者进入市场等排除、限制竞争的后果，对市场竞争危害很大，为各国反垄断法所禁止。

（一）禁止的垄断协议

1）禁止具有竞争关系的经营者达成下列垄断协议，具体表现为：①固定或者变更商品价格；②限制商品的生产数量或者销售数量；③分割销售市场或者原材料采购市场；④限制购买新技术、新设备或者限制开发新技术、新产品；⑤联合抵制交易；⑥国务院反垄断执法机构认定的其他垄断协议；

2）禁止经营者与交易相对人达成下列垄断协议：①固定向第三人转售商品的价格；②限定向第三人转售商品的最低价格；③国务院反垄断执法机构认定的其他垄断协议。

3）行业协会不得组织本行业的经营者从事上述禁止的垄断行为。

（二）垄断协议豁免制度

经营者达成垄断协议是经济生活中一种最常见、最典型的垄断行为，对市场竞争危害很大，为世界各国反垄断法所禁止。但同时，有些经营者达成的某些协议虽然具有限制竞争的结果，但整体上有利于技术进步、经济发展和社会公共利益。因此，在一定情况下，对经营者达成的这类协议予以豁免。我国的《反垄断法》规定了七种情况可得到反垄断法相关条款的"豁免"。

1）为改进技术、研究开发新产品的。

2）为提高产品质量、降低成本、增进效率，统一产品规格、标准或者实行专业化分工的。

3）为提高中小经营者经营效率，增强中小经营者竞争力的。

4）为实现节约能源、保护环境、救灾救助等社会公共利益的。

5）因经济不景气，为缓解销售量严重下降或者生产明显过剩的。

6）为保障对外贸易和对外经济合作中的正当利益的。

7）法律和国务院规定的其他情形。

二、滥用市场支配地位

市场支配地位是指一个经营者或者几个经营者作为整体在相关市场中具有能够控制商品价格、数量或者其他交易条件，或者能够阻碍、影响其他经营者进入相关市场能力的市场地位。具有市场支配地位的经营者都是市场份额较大、实力较雄厚的大公司、大企业。虽然反垄断法一般都不禁止经营者通过竞争取得市场支配地位，但禁止经营者滥用其市场支配地位排除、限制竞争的行为。

（一）禁止具有市场支配地位的经营者从事滥用市场支配地位的行为

1）以不公平的高价销售商品或者以不公平的低价购买商品。

2）没有正当理由，以低于成本的价格销售商品。

3）没有正当理由，拒绝与交易相对人进行交易。

4）没有正当理由，限定交易相对人只能与其进行交易或者只能与其指定的经营者进行交易。

5）没有正当理由搭售商品，或者在交易时附加其他不合理的交易条件。

6）没有正当理由，对条件相同的交易相对人在交易价格等交易条件上实行差别待遇。

7）国务院反垄断执法机构认定的其他滥用市场支配地位的行为。

导学博览10-1　中国反垄断第一大案

国家发改委于2015年3月2日正式公布了高通案的行政处罚决定书，并在其网站全文发布。高通公司被处以2013年在华销售额8%，即60.88亿元人民币的罚款。发改委经调查取证和分析论证，高通公司在CDMA、WCDMA、LTE无线通信标准必要专利许可市场和基带芯片市场具有市场支配地位，实施了滥用市场支配地位的行为，主要表现在三个方面。

首先是收取不公平的高价专利许可费。高通公司对我国企业进行专利许可时拒绝提供专利清单，过期专利一直包含在专利组合中并收取许可费。同时，高通公司要求我国被许可人将持有的相关专利向其进行免费反向许可，拒绝在许可费中抵扣反向许可的专利价值或提供其他对价。此外，对于曾被迫接受非标准必要专利一揽子许可的我国被许可人，高通公司在坚持较高许可费率的同时，按整机批发净售价收取专利许可费。这些因素的结合导致许可费过高。

其次，没有正当理由搭售非无线通信标准必要专利许可。在专利许可中，高通公司不将性质不同的无线通信标准必要专利与非无线通信标准必要专利进行区分并分别对外许可，而是利用在无线通信标准必要专利许可市场的支配地位，没有正当理由将非无线通信标准必要专利许可进行搭售，我国部分被许可人被迫从高通公司获得非无线通信标准必要专利许可。

第三，在基带芯片销售中附加不合理条件。高通公司将签订和不挑战专利许可协议作为我国被许可人获得其基带芯片供应的条件。如果潜在被许可人未签订包含了以上不合理条款的专利许可协议，或者被许可人就专利许可协议产生争议并提起诉讼，高通公司均拒绝供应基带芯片。由于高通公司在基带芯片市场具有市场支配地位，我国被许可人对其基带芯片高度依赖，高通公司在基带芯片销售时附加不合理条件，使我国被许可人被迫接受不公平、不合理的专利许可条件。

因此，发改委提出，高通公司的行为排除、限制了市场竞争，阻碍和抑制了技术创新和发展，损害了消费者利益，违反了我国《反垄断法》关于禁止具有市场支配地位的经营者以不公平的高价销售商品、没有正当理由搭售商品和在交易时附加不合理交易条件的规定。

（资料来源：网易财经，http://it.sohu.com/20150211/n408913527.shtml）

（二）市场支配地位的认定

1. 市场支配地位的概念

市场支配地位，是指经营者在相关市场内具有能够控制商品价格、数量或者其他交易条件，或者能够阻碍、影响其他经营者进入相关市场能力的市场地位。

2. 市场支配地位的认定依据和情形

认定经营者具有市场支配地位，应当依据下列因素：该经营者在相关市场的市场份额，以及相关市场的竞争状况；该经营者控制销售市场或者原材料采购市场的能力；该经营者的财力和技术条件；其他经营者对该经营者在交易上的依赖程度；其他经营者进入相关市场的难易程度；与认定该经营者市场支配地位有关的其他因素。

有下列情形之一的，可以推定经营者具有市场支配地位：一个经营者在相关市场的市场份额达到 1/2 的；两个经营者在相关市场的市场份额合计达到 2/3 的；三个经营者在相关市场的市场份额合计达到 3/4 的。其中，第二项、第三项规定的情形，其中有的经营者市场份额不足 1/10 的，不应当推定该经营者具有市场支配地位。

被推定具有市场支配地位的经营者，有证据证明不具有市场支配地位的，不应当认定其具有市场支配地位。

三、经营者集中

经营者集中是指以下三种情形：经营者合并；经营者通过取得股权或者资产的方式取得对其他经营者的控制权；经营者通过合同等方式取得对其他经营者的控制权或者能够对其他经营者施加决定性影响。对外资并购境内企业或者以其他方式参与经营者集中，涉及国家安全的，除依照规定进行经营者集中审查外，还应当按照国家有关规定进行国家安全审查。

（一）集中申报

1. 经营者集中的申报

经营者集中达到国务院规定的申报标准的，经营者应当事先向国务院反垄断执法机构申报，未申报的不得实施集中。

经营者向国务院反垄断执法机构申报集中，应当提交下列文件、资料：申报书；集中对相关市场竞争状况影响的说明；集中协议；参与集中的经营者经会计师事务所审计的上一会计年度财务会计报告；国务院反垄断执法机构规定的其他文件、资料。申报书应当载明参与集中的经营者的名称、住所、经营范围、预定实施集中的日期和国务院反垄断执法机构规定的其他事项。经营者提交的文件、资料不完备的，应当在国务院反垄断执法机构规定的期限内补交文件、资料。经营者逾期未补交文件、资料的，视为未申报。

导学博览10-2　商务部对于复星等多家企业进行经营者集中未依法申报进行行政处罚

　　2015年9月16日，商务部对于上海复星医药(集团)股份有限公司收购苏州二叶制药有限公司股权的交易未依法进行经营者集中申报一案，做出罚款20万元的行政处罚决定。此外，商务部在2015年还对另外3起未依法进行申报的经营者集中案件进行处罚，涉及微软、庞巴迪等知名企业。

　　根据我国的《未依法申报经营者集中调查处理暂行办法》，任何达到申报标准的经营者集中行为都有义务向商务部事先申报。而未申报且已实施的经营者集中，均构成未依法申报，商务部可处以50万元以下的罚款。2015年处罚的4起未依法申报的经营者集中案件，经商务部评估认为均"不会产生排除、限制竞争的影响"，因而不涉嫌垄断。但即便如此，没有依法遵循申报流程，依然会被处以行政处罚。尽管区区几十万元罚款对于这些参与经营者集中的企业算不上什么，但是一纸行政处罚却会对品牌造成很大的杀伤力。因此，律师建议参与经营者集中的企业一定要严格对照申报标准。一旦发现交易满足需要申报的要求，切不可存在侥幸心理，务必依法进行申报。

（资料来源：虎嗅网，http://www.huxiu.com/article/140503/1.html）

2. 对经营者集中申报的审查

　　国务院反垄断执法机构应当自收到经营者提交的文件、资料之日起30日内，对申报的经营者集中进行初步审查，作出是否实施进一步审查的决定，并书面通知经营者。国务院反垄断执法机构作出决定前，经营者不得实施集中。国务院反垄断执法机构作出不实施进一步审查的决定或者逾期未作出决定的，经营者可以实施集中。国务院反垄断执法机构决定实施进一步审查的，应当自决定之日起90日内审查完毕，作出是否禁止经营者集中的决定，并书面通知经营者。作出禁止经营者集中的决定，应当说明理由。审查期间，经营者不得实施集中。有下列情形之一的，国务院反垄断执法机构经书面通知经营者，可以延长前款规定的审查期限，但最长不得超过60日：经营者同意延长审查期限的；经营者提交的文件、资料不准确，需要进一步核实的；经营者申报后有关情况发生重大变化的。

　　审查经营者集中，应当考虑下列因素：参与集中的经营者在相关市场的市场份额及其对市场的控制力；相关市场的市场集中度；经营者集中对市场进入、技术进步的影响；经营者集中对消费者和其他有关经营者的影响；经营者集中对国民经济发展的影响；国务院反垄断执法机构认为应当考虑的影响市场竞争的其他因素。

（二）申报豁免

　　经营者集中有下列情形之一的，可以不向国务院反垄断执法机构申报：参与集中的一个经营者拥有其他每个经营者50%以上有表决权的股份或者资产的；参与集中的每个经营者50%以上有表决权的股份或者资产被同一个未参与集中的经营者拥有的。

四、滥用行政权力排除和限制竞争

行政机关和法律、法规授权的具有管理公共事务职能的组织不得滥用行政权力，实施下列行为，妨碍商品在地区之间的自由流通：对外地商品设定歧视性收费项目、实行歧视性收费标准，或者规定歧视性价格；对外地商品规定与本地同类商品不同的技术要求、检验标准，或者对外地商品采取重复检验、重复认证等歧视性技术措施，限制外地商品进入本地市场；

采取专门针对外地商品的行政许可，限制外地商品进入本地市场；设置关卡或者采取其他手段，阻碍外地商品进入或者本地商品运出；妨碍商品在地区之间自由流通的其他行为。

行政机关和法律、法规授权的具有管理公共事务职能的组织不得滥用行政权力，以设定歧视性资质要求、评审标准或者不依法发布信息等方式，排斥或者限制外地经营者参加本地的招标投标活动。

行政机关和法律、法规授权的具有管理公共事务职能的组织不得滥用行政权力，采取与本地经营者不平等待遇等方式，排斥或者限制外地经营者在本地投资或者设立分支机构。

行政机关和法律、法规授权的具有管理公共事务职能的组织不得滥用行政权力，强制经营者从事本法规定的垄断行为。

行政机关不得滥用行政权力，制定含有排除、限制竞争内容的规定。

导学博览10-3　广州市中院做出全国首例裁定行政垄断的司法判决

在广东省教育厅主办的"工程造价基本技能赛项"省级比赛中，广东省教育厅指定广联达股份软件有限公司提供的软件为独家参赛软件。原告深圳市斯维尔科技公司认为广东省教育厅的做法滥用行政权力排除竞争，向广州市中级人民法院提起行政诉讼，请求确认该行为违法。2015年2月2日，广州市中院经审理后一审裁定，广东省教育厅的行为违反了《反垄断法》规定。

广州市中院做出的行政垄断判决，毫无疑问在我国反垄断法历史上具有里程碑式的意义。首先，这是反垄断法实施6年多来，首例由司法机关做出的行政垄断裁决。这说明，在法治建设最重要的司法环节，行政垄断行为也不再是法外之地。公民在面对政府机构行政垄断行为时，可以切实通过司法程序来保障自己的权益。此外，本案为对于审理行政垄断案件的方式方法进行了十分有益的探索，为今后类似案件的审理工作提供了宝贵经验。广州市中院对于如何认定"行政垄断行为"，对"规范性文件、政策"等抽象行政行为是否可以提起反垄断诉讼等问题，均从司法机关的角度给予了正面回应。

第三节 对涉嫌垄断行为的调查

一、反垄断职权划分

(一)反垄断委员会

《反垄断法》规定了国务院设立的反垄断委员会负责组织、协调、指导反垄断工作职能。国务院设立反垄断委员会,负责组织、协调、指导反垄断工作,履行以下五大职能:研究拟订有关竞争政策;组织调查、评估市场总体竞争状况,并发布评估报告;制定、发布反垄断指南;协调反垄断行政执法工作;国务院规定的其他职责。国务院反垄断委员会的组成和工作规则由国务院规定。

(二)反垄断执法机构

国务院规定的承担反垄断执法职责的机构(以下统称国务院反垄断执法机构)依照法律规定,负责反垄断执法工作。国务院反垄断执法机构根据工作需要,可以授权省、自治区、直辖市人民政府相应的机构,依照法律规定负责有关反垄断执法工作。

另外,对于国务院反垄断执法机构的作出的决议不服的,可以采取行政复议和行政诉讼的方式来进行救济。

二、反垄断执法机构的调查

(一)反垄断执法机构对涉嫌垄断行为的措施和执法程序

反垄断执法机构依法对涉嫌垄断行为进行调查。对涉嫌垄断行为,任何单位和个人有权向反垄断执法机构举报。反垄断执法机构应当为举报人保密。举报采用书面形式并提供相关事实和证据的,反垄断执法机构应当进行必要的调查。反垄断执法机构调查涉嫌垄断行为,可以采取下列措施:进入被调查的经营者的营业场所或者其他有关场所进行检查;询问被调查的经营者、利害关系人或者其他有关单位或者个人,要求其说明有关情况;查阅、复制被调查的经营者、利害关系人或者其他有关单位或者个人的有关单证、协议、会计账簿、业务函电、电子数据等文件、资料;查封、扣押相关证据;查询经营者的银行账户。

采取以上措施,应当向反垄断执法机构主要负责人书面报告,并经批准。反垄断执法机构调查涉嫌垄断行为,执法人员不得少于两人,并应当出示执法证件。执法人员进行询问和调查,应当制作笔录,并由被询问人或者被调查人签字。反垄断执法机构及其工作人员对执法过程中知悉的商业秘密负有保密义务。

导学博览10-4 各地工商局对中国移动、电信、联通、铁通进行反垄断调查

2015年多家省一级工商部门对辖区内的电信市场开展多次反垄断调查,涉及中国移动、中国电信、中国联通、中国铁通等多家国内电信行业巨头。案情涉及宽带业务搭售固定电话、月底流量清零、限制用户选择套餐内服务项目等行为。在各地涉案电信运营商向当地工商部门做出整改承诺后，案件调查均已中止。其后，移动、电信、联通三大运营商在 2015 年底均推出手机流量不清零的政策。

"提速降费"是 2015 年电信行业的关键词。但如何做到提速降费，业内认为打破几家电信巨头的垄断是突破口。工商部门分别在宁夏和内蒙古开展了针对安装宽带网络搭售固定电话行为的调查，而在内蒙古则开展了针对移动网络流量清零和限制用户选择套餐服务项目行为的调查。尽管调查均以电信企业提出整改方案而中止，但整改方案确实在一定程度上达到了"提速降费"的效果。特别是，在内蒙古移动做出手机流量隔月清零的整改承诺后不久，移动、联通和电信三大运营商就在全国范围内推行了手机流量不清零政策，使得在地方反垄断调查中的成果惠及全国。更应指出的是，工商部门在 2015 年针对多家国有电信巨头的调查也说明，大型国有企业并不会因其在国民经济中的特殊地位，而游离于反垄断执法之外。大型国有企业同样应当高度重视反垄断法律合规工作。

（二）被调查的经营者、利害关系人或者其他有关单位或者个人的义务

被调查的经营者、利害关系人或者其他有关单位或者个人应当配合反垄断执法机构依法履行职责，不得拒绝、阻碍反垄断执法机构的调查。被调查的经营者、利害关系人有权陈述意见。反垄断执法机构应当对被调查的经营者、利害关系人提出的事实、理由和证据进行核实。反垄断执法机构对涉嫌垄断行为调查核实后，认为构成垄断行为的，应当依法作出处理决定，并可以向社会公布。

对反垄断执法机构调查的涉嫌垄断行为，被调查的经营者承诺在反垄断执法机构认可的期限内采取具体措施消除该行为后果的，反垄断执法机构可以决定中止调查。中止调查的决定应当载明被调查的经营者承诺的具体内容。反垄断执法机构决定中止调查的，应当对经营者履行承诺的情况进行监督。经营者履行承诺的，反垄断执法机构可以决定终止调查。有下列情形之一的，反垄断执法机构应当恢复调查：①经营者未履行承诺的；②作出中止调查决定所依据的事实发生重大变化的；③中止调查的决定是基于经营者提供的不完整或者不真实的信息作出的。

第四节　违反《反垄断法》的法律责任

一、经营者的法律责任

1）违反法律规定达成并实施垄断协议的，由反垄断执法机构责令停止违法行为，没收违法所得，并处上一年度销售额 1% 以上 10% 以下的罚款；尚未实施所达成的垄断协议的，可以处 50 万元以下的罚款。经营者主动向反垄断执法机构报告达成垄断协议的有关情况并提供重要证据的，反垄断执法机构可以酌情减轻或者免除对该经营者的处

罚。行业协会违反法律规定，组织本行业的经营者达成垄断协议的，反垄断执法机构可以处 50 万元以下的罚款；情节严重的，社会团体登记管理机关可以依法撤销登记。

2）经营者违反法律规定，滥用市场支配地位的，由反垄断执法机构责令停止违法行为，没收违法所得，并处上一年度销售额 1%以上 10%以下的罚款。

3）经营者违反法律规定实施集中的，由国务院反垄断执法机构责令停止实施集中、限期处分股份或者资产、限期转让营业以及采取其他必要措施恢复到集中前的状态，可以处五十万元以下的罚款。

4）反垄断执法机构确定具体罚款数额时，应当考虑违法行为的性质、程度和持续的时间等因素。

5）经营者实施垄断行为，给他人造成损失的，依法承担民事责任。

6）对反垄断执法机构依法实施的审查和调查，拒绝提供有关材料、信息，或者提供虚假材料、信息，或者隐匿、销毁、转移证据，或者有其他拒绝、阻碍调查行为的，由反垄断执法机构责令改正，对个人可以处 2 万元以下的罚款，对单位可以处 20 万元以下的罚款；情节严重的，对个人处 2 万元以上 10 万元以下的罚款，对单位处 20 万元以上 100 万元以下的罚款；构成犯罪的，依法追究刑事责任。

导学博览10-5　工商总局对信雅达系统工程股份有限公司拒绝配合调查的行为进行处罚

2015 年 9 月 18 日，安徽省工商局对信雅达系统工程股份有限公司下达行政处罚决定书，由于信雅达公司在安徽省工商局查处垄断案件中不履行配合调查的法律义务，决定对其处以 20 万元的罚款。

本案作为我国首例由于企业拒不配合调查而受到处罚的案例，具有很强的警示意义。根据我国反垄断法律法规的规定，无论是涉嫌垄断的被调查对象还是协助调查的相关方，均有义务积极配合反垄断执法机构的调查，否则后果将非常严重。同时，《反垄断法》中也规定了被调查的经营者有陈述意见进行抗辩的权利。

二、行政机关和法律、法规授权的具有管理公共事务职能的组织的法律责任

行政机关和法律、法规授权的具有管理公共事务职能的组织滥用行政权力，实施排除、限制竞争行为的，由上级机关责令改正；对直接负责的主管人员和其他直接责任人员依法给予处分。反垄断执法机构可以向有关上级机关提出依法处理的建议。法律、行政法规对行政机关和法律、法规授权的具有管理公共事务职能的组织滥用行政权力实施排除、限制竞争行为的处理另有规定的，依照其规定。

三、反垄断执法机构工作人员的法律责任

反垄断执法机构工作人员滥用职权、玩忽职守、徇私舞弊或者泄露执法过程中知悉的商业秘密，构成犯罪的，依法追究刑事责任；尚不构成犯罪的，依法给予处分。

1. 核心概念：垄断、反垄断法。
2. 反垄断法的作用。
3. 垄断行为的种类。
4. 对涉嫌垄断行为的调查。
5. 违反反垄断法的法律责任。

一、单项选择题

1. 在不会严重限制相关市场竞争，并能使消费者分享由此产生的利益前提下，经营者与具有竞争关系的经营者（　　）不为反垄断法所禁止。
　　A. 为排除竞争，达成的联合抵制交易协议
　　B. 为实现其支配地位，达成的限制商品的生产数量协议
　　C. 为限制竞争，达成的固定商品价格协议
　　D. 为改进技术，达成的限制购买新技术协议

2. 下列不是垄断协议的（　　）。
　　A. 家乐福和沃尔玛约定：前者占北京市场，后者占天津市场
　　B. 因为价格问题，甲乙两家汽车厂口头约定都不购买丙钢铁公司的钢材
　　C. 甲药厂和乙医药连锁超市约定：后者出售前者的某种专利药品只能按某价格出售
　　D. 甲药厂和乙医药连锁超市约定：后者出售前者的某种专利药品最高按某价格出售

3. 世界上第一部正式的反垄断法是（　　）。
　　A. 日本《禁止垄断法》　　　　　　　B. 德国《反对限制竞争法》
　　C. 美国《谢尔曼法》　　　　　　　　D. 俄罗斯《竞争和垄断法》

4. 反法律规定达成并实施垄断协议的，由反垄断执法机构责令停止违法行为，没收违法所得，并处上一年度销售额（　　）的罚款。
　　A. 5%以上 10%以下　　　　　　　　B. 1%以上 10%以下
　　C. 1%以上 5%以下　　　　　　　　 D. 5%以上 15%以下

5. 依反垄断法规定，具有市场支配地位的经营者从事的（　　）的行为是滥用市场支配地位的行为。
　　A. 以不公平的高价销售商品　　　　　B. 以低于成本的价格销售商品
　　C. 限定交易相对人只能与其进行交易　D. 拒绝与交易相对人进行交易

二、多项选择题

1. 根据反垄断法的规定，下列各项中，不适用反垄断法的行为有（   ）。
   A. 知识产权的正当行使
   B. 经营者达成垄断协议
   C. 可能具有排除、限制竞争效果的经营者集中
   D. 农业生产中的联合或者协同行为

2. 甲乙公司违反《反垄断法》的规定，达成垄断协议。根据《反垄断法》的规定，下列表述中，正确的有（   ）。
   A. 如果实施垄断协议的，由反垄断执法机构责令停止违法行为
   B. 如果实施垄断协议的，由反垄断执法机构没收违法所得
   C. 如果实施垄断协议的，由反垄断执法机构并处上一年度销售额 1%以上 10%以下罚款
   D. 如果尚未实施垄断协议的，反垄断执法机构可以处其 50 万元以下的罚款

3. 根据《反垄断法》的规定，下列各项中，属于法律禁止的横向垄断协议的有（   ）。
   A. 固定或者变更商品价格的协议
   B. 限制购买新技术、新设备或者限制开发新技术、新产品
   C. 联合抵制交易
   D. 固定向第三人转售商品的价格

4. 根据《反垄断法》的规定，下列各项中，可被豁免的垄断协议有（   ）。
   A. 为改进技术、研究开发新产品的
   B. 限制开发新技术、新产品的
   C. 为提高产品质量、降低成本、增进效率，统一产品规格、标准或者实行专业化分工的
   D. 为实现节约能源、保护环境、救灾救助等社会公共利益的

5. 对于违反反垄断法实施集中的经营者，国务院反垄断执法机构可以采取的措施（   ）。
   A. 责令停止实施集中   B. 限期处分股份或者资产
   C. 限期转让营业   D. 处以罚款

三、实务操作题

1. 运用反垄断法原理，举例并分析我国市场运行中的经营者集中行为的类型，并剖析其利弊。

2. "世界拉面协会中国分会"（以下简称"方便面中国分会"）在北京召开了一届八次峰会，研究棕榈油和面粉涨价引起的企业成本增加的问题。会议商定了高价面（当时价格每包 1.5 元以上）和低价面（当时价格每包 1 元以下）涨价的时间和实施步骤。而后方便面中国分会在杭州召开一届九次峰会，再次研究方便面调价日程，明确了调价幅度和调价时间，高价面从每包 1.5 元直接涨到 1.7 元，计划从 6 月 1 日起全行业统一上

调。之后"方便面中国分会"又一次在北京召开价格协调会议，部分企业决定从7月26日起全面提价。有关企业按照以上会议协调安排，从近年6月起，相继调高了方便面的价格。思考：该行为是否违反了《反垄断法》？为什么？

3. 2008年9月3日，可口可乐宣布计划以现金收购中国汇源果汁集团有限公司。可口可乐公司建议收购要约为每股12.20港元，并等价收购已发行的可换股债券及期权。可口可乐现已取得汇源三个股东签署的接受要约不可撤销承诺，三个股东合共拥有汇源66%股份。汇源果汁2007年2月在香港上市，拥有汇源果汁在中国的全部业务。据媒体援引市场调研公司的数据，汇源果汁在中国纯果汁市场占有46%的市场份额，中浓度果汁也占到39.8%的市场份额，是毫无争议的行业龙头，可口可乐旗下的果汁子品牌也占有25.3%，位居第二。两者若合并，将占市场份额70%以上，将对统一等其他企业形成很大的竞争压力。

请问：可口可乐的收购行为涉及哪些法律问题？按照《反垄断法》的规定，反垄断调查机构在受理申报后该如何处理？

第十一章

产品质量法

 学习目标

知识目标

1. 了解产品质量法的调整对象、适用范围。
2. 理解产品、产品质量、产品瑕疵、产品缺陷的含义。
3. 掌握产品质量监督管理的主要制度。
4. 掌握生产者、销售者的产品质量义务和违反义务应承担的法律责任。

能力目标

1. 能够切实认识到产品质量对企业的重要性。
2. 能够运用产品质量法分析案例。
3. 能够处理涉及产品质量的现实问题。
4. 能够知道作为生产者或销售者应如何履行产品质量义务。

 法律检索

《中华人民共和国产品质量法》(以下简称《产品质量法》)(1993年2月22日第七届全国人民代表大会常务委员会第三十次会议通过,2000年7月8日第九届全国人民代表大会常务委员会第十六次会议修正,自2000年9月1日起施行)

 **法谚名言**

产品质量是生产出来的,不是检验出来的。

——(美国)威廉·爱德华兹·戴明

第一节　产品质量法概述

一、产品和产品质量

（一）产品

一般意义上的产品是指人们运用劳动手段对劳动对象进行加工而成，用于满足人们生产和生活需要的物品。但法律上所规定的产品，其范围小于一般意义上产品。我国 1993 年制定、2003 年修改的《产品质量法》第 2 条第 2 款规定："本法所称产品是指经过加工、制作，用于销售的产品。"第 3 款规定："建设工程不适用本法规定；但是，建设工程使用的建筑材料、建筑构配件和设备，属于前款规定的产品范围的，适用本法规定。"第 73 条第 1 款规定："军工产品质量监督管理办法，由国务院、中央军事委员会另行制定。"因此我国产品质量法律上所指的"产品"，排除了初级农产品，未经加工的天然形成的物品，由建筑工程形成的房屋、桥梁、其他建筑物等不动产以及军工产品。

（二）产品质量

产品质量是产品应具有的，符合人们需要的各种特性。包括适用性、安全性、可靠性、可维修性等。在我国，产品质量是指国家有关法律法规、质量标准以及合同规定的对产品适用、安全和其他特性的要求。而相应的产品质量责任就是指因产品质量不符合规定要求，给消费者造成损失而应承担的责任。

二、产品质量法

（一）产品质量法的概念

产品质量法是调整产品质量监督管理关系和产品质量责任关系的法律规范的总称。广义的产品质量法包括所有调整质量及产品责任关系的法律、法规。狭义的产品质量法仅指 1993 年 2 月 22 日颁布，2000 年 7 月 8 日修正，同年 9 月 1 日施行的《中华人民共和国产品质量法》。

（二）产品质量法的立法宗旨

产品质量法的立法目的可以从以下几个方面加以理解。

1. 加强质量监督管理，提高产品质量水平

为了全社会的利益，加强对产品质量的监督管理，提高产品质量水平，是政府的责任。运用法律手段，规范产品质量，是现代社会的要求。产品质量法为此作了不懈努力，尤其是修改后的产品质量法，强化政府对产品质量监督管理的职权。

2. 明确产品质量责任

要提高产品质量水平，必须明确研制、生产、销售各个环节对产品质量所担负的责

任；对产品质量进行管理监督，则必须分清政府有关部门、质量检验中介机构及各个企业的产品质量责任。产品质量法对各种主体的义务和责任作了明确的划分。

3. 保护消费者的合法权益，维护社会经济秩序

加强管理，明确责任，其根本目的在于保护消费者的合法权益，促使生产、消费、再生产的良性循环，保障社会经济的正常秩序。产品质量法通过建立质量监督、质量检验、产品责任分配、违法制裁等规则，较好地体现了这一立法目的。

（三）产品质量法的适用范围

从空间上说，在中华人民共和国境内从事产品生产、销售活动，包括销售进口商品，必须遵守《产品质量法》；从客体上说，《产品质量法》只适用于生产、流通的产品，而不包括不动产；从主体上说，该法适用于生产者、销售者和消费者以及监督管理机构，《产品质量法》的调整范围没有延伸到产品的运输、仓储活动。

（四）产品质量法的调整对象

在我国从事生产、销售活动的企业、其他组织和个人（包括外国人）均须遵守《产品质量法》的规定。具体来说我国的《产品质量法》主要调整三方面的法律关系。

1. 产品质量的监督管理关系

产品质量的监督管理关系即各级技术质量监督部门、工商行政管理部门在产品质量的监督检查、行使行政惩罚权时与生产者、销售者形成的法律关系。

2. 产品质量责任关系

产品质量责任关系即因产品质量问题而引起的消费者与生产者、销售者之间的法律关系，包括因产品缺陷导致的人身、财产损害在生产者、销售者、消费者之间所产生的损害赔偿法律关系。

3. 产品质量检验、认证关系

产品质量检验、认证关系即因产品质量检验和认证不实损害消费者利益而产生的法律关系，即因中介服务所产生的中介机构与市场经营主体之间的法律关系。

导学博览11-1 缺陷产品召回制度

缺陷产品召回制度是生产厂家按照惯例对产品进行检查时发现问题，报国家有关部门后主动召回，其目的是为了防患于未然，防止更大灾祸的发生，同时规避制度惩戒的巨大风险。在"召回制度"实行比较早的国家，企业接受惩戒的成本比召回的成本大，因而企业会更加认真地生产优质产品。

中国在2004年3月15日正式发布《缺陷汽车产品召回管理规定》，并于同年10月1日开始实施，这是中国以缺陷汽车产品为试点首次实施召回制度。自2013

年1月1日起《缺陷汽车产品召回管理条例》开始实施，新条例不但对拒不召回的车企大幅提高了罚款额度，还对严重违规的车企吊销有关许可。

自2004年10月缺陷汽车产品召回制度实施以来，我国已实施汽车召回1079次，共召回缺陷汽车2533.85万辆。自2016年1月1日正式实施的《缺陷消费品召回管理办法》根据消费类产品存在伤害及安全隐患的风险程度，对消费品召回实施目录管理，计划先从儿童用品和家用电子电器产品开始实施。

第二节　产品质量的监督管理

一、政府对产品质量的宏观管理

（一）加强统筹规划和组织领导

《产品质量法》第7条要求各级人民政府应当把提高产品质量纳入国民经济和社会发展规划，加强对产品质量工作的统筹和组织领导，引导、督促生产者、销售者加强产品质量管理，提高产品质量，组织各有关部门依法采取措施，制止产品生产、销售中违反该法规定的行为，保障该法的实施。

（二）鼓励与奖励

《产品质量法》第6条明确规定，鼓励推行科学的质量管理方法，采用先进的科学技术，鼓励企业产品质量达到并超过行业标准、国家标准和国际标准；对质量管理先进和产品质量达到国际先进水平、成绩显著的单位和个人，给予奖励。

（三）运用法律手段，强化个人责任

《产品质量法》第9条规定，各级人民政府工作人员和其他国家机关工作人员不得滥用职权、玩忽职守或者徇私舞弊，包庇、放纵本地区、本系统发生的产品生产、销售中违反该法规定的行为，或者阻挠、干预依法对这些行为进行查处。各级地方人民政府和国家机关包庇、放纵产品生产、销售中违反该法规定的行为的，依法追究主要负责人的法律责任。

二、产品质量监督管理体制

（一）产品质量监督管理机构

产品质量直接关系到国家经济发展的方向和全社会各个成员的切身利益，因此必须对产品质量实行国家监督。《产品质量法》第8条第1、2款分别规定："国务院产品质量监督管理部门主管全国产品质量监督工作。国务院有关部门在各自的职责范围内负责产品质量监督工作。""县级以上地方产品质量监督部门主管本行政区域内的产品质量监督工作。县级以上地方人民政府有关部门在各自的职权范围内负责产品质量监督工作。"这一系列规定就确立了统一管理与分工管理、层次管理与地域管理相结合的原则。

（二）产品质量监督管理机构的职权

县级以上产品质量监督部门根据已经取得的违法嫌疑证据或者举报，对涉嫌违反该法规定的行为进行查处时，可以行使下列职权。

1）对当事人涉嫌从事违反本法的生产、销售活动的场所实施现场检查。

2）向当事人的法定代表人、主要负责人和其他有关人员调查、了解与涉嫌从事违反本法的生产、销售活动有关的情况。

3）查阅、复制当事人有关的合同、发票、账簿以及其他有关资料。

4）对有根据认为不符合保障人体健康和人身、财产安全的国家标准、行业标准的产品或者有其他严重质量问题的产品，以及直接用于生产、销售该项产品的原辅材料、包装物、生产工具，予以查封或者扣押。

县级以上工商行政管理部门按照国务院规定的职责范围，对涉嫌违反本法的行为进行查处时，也可以行使上述职权。

三、产品质量监督管理制度

产品质量监督管理，是指对质量监督活动的计划、组织、指挥、调节和监督的总称。根据《产品质量法》的规定，产品质量的监督管理主要有以下几项制度。

（一）产品质量检验合格制度

产品质量应当检验合格，不得以不合格产品（包括处理品、劣质品）冒充合格产品。产品或者其包装上的标识，要有产品质量检验合格证明。任何产品在出厂前都必须经过检验，只有经过检验质量合格的产品才能出厂销售。检验产品，可以由企业自行设立检验机构，也可以委托其他从事产品质量检验的中介机构进行，承担产品质量检验的机构必须具备相应的监测条件和能力，经有权考核的部门考核合格后方可承担产品质量检验工作。产品在出厂时要检验，商家在进货时也要检验。通过检验程序严格把好产品质量关。

检验的标准，可依据国家法律、法规标准，也可以是企业自行制定的或与合同当事人约定的标准。可能危及人体健康和人身、财产安全的工业产品，必须符合保障人体健康和人身、财产安全的国家标准、行业标准；未制定国家标准、行业标准的，必须符合保障人体健康和人身、财产安全的要求。禁止生产、销售不符合保障人体健康和人身、财产安全标准和要求的工业产品。对于进口、出口的产品，则需要按照《进出口商品检验法》的规定进行检验。

（二）企业质量体系认证制度

企业质量体系认证制度是指国家质量监督部门认可的认证机构根据企业的申请，依据国家颁布的标准依法进行的，对企业质量体系进行审核、评定，并对符合标准的企业颁发企业质量体系认证证书，从而证明该企业的质量体系达到相应标准的制度。其认证的是企业的质量管理、质量保证能力的整体水平。这种制度是国家根据国际通用的质量管理和质量保证系列标准，积极推行的有利于提高企业竞争能力的管理制度。我国企业质量体系认证采用自愿原则。企业根据自身的情况自主决定是否申请企业质量体系认证。

（三）产品质量认证制度

产品质量认证制度是指国家质量监督部门认可的认证机构根据企业的申请，依据产品标准和相应的技术要求，对其产品进行审核、评定，并对符合标准和要求的产品颁发认证证书和认证标志，从而证明某一产品达到相应标准的制度。

1. 产品质量认证采用自愿原则

企业对有国家标准或者行业标准的产品，可以向国务院产品质量监督部门或者国务院产品质量监督部门授权的部门认可的认证机构申请产品质量认证。经认证合格的，由认证机构颁发产品质量认证证书，准许企业在产品或其包装上使用产品质量认证标志。

认证证书是证明产品质量符合认证要求和许可产品使用质量认证标志的法定证明文件。认证标志分为方圆标志、长城标志和 PRC 标志。方圆标志分为合格认证标志和安全认证标志。获准合格认证的产品，使用合格认证标志；获准安全认证的产品，使用安全认证标志。长城标志为电工产品专用认证标志。PRC 标志为电子元器件专用标志。

企业可以在产品标识、包装或者广告宣传中使用产品质量认证标志或认证证书，使产品更具竞争力，并为企业进入国际市场提供方便。

2. 产品质量认证不同于企业质量体系认证

产品质量认证的对象是某种特定的产品，即某种特定产品的质量技术水平。而企业质量体系认证的对象是企业的质量管理和质量保证的综合能力。仅获得质量体系认证证书的企业，不得在其产品上使用产品质量认证标志。

（四）产品质量监督检查制度

产品质量监督检查制度，是指国务院以及地方各级产品监督管理部门依法对生产、流通领域的产品质量所进行的强制性监督检查制度。

1. 产品质量抽查制度

产品质量抽查制度是国家对产品质量监督检查的基本制度之一。监督检查的主要方式是进行抽查，根据监督抽查的需要，可对产品进行检验。抽查的重点是对可能危及人体健康和人身、财产安全的产品，影响国计民生的重要工业品以及用户、消费者、有关组织反映有质量问题的产品进行抽查。根据《产品质量法》的规定，为实现检验的公正，抽查的样品应当在市场上或者企业成品仓库内的待销产品中随机抽取。为防止增加企业的负担，不得向被检查人收取检验费用，抽取样品的数量也不得超过检验的合理需要，监督抽查所需检验费用按照国务院规定列支。为避免重复抽查，国家监督抽查的产品，地方不得另行重复抽查；上级监督抽查的产品，下级不得另行重复抽查。生产者、销售者对抽查结果有异议的，可以在规定的时间内向监督抽查部门或者向上级产品质量监督部门申请复检。监督抽查工作由国务院产品质量监督部门规划和组织。县级以上地方产品质量监督部门在本行政区域内也可以组织监督抽查。

监督抽查的产品质量不合格的，由实施监督抽查的产品质量监督部门责令生产者、销售者限期改正。逾期不改正的，由省级以上人民政府产品质量监督部门予以公告；公告后经查仍不合格的，责令停业，限期整顿；整顿期满后，经复查产品质量仍不合格的，吊销营业执照。对依法进行的产品质量监督检查，生产者、销售者不得拒绝。

2. 质量状况信息发布制度

为使质量监督管理工作公开、透明，使社会公众及时了解产品质量状况，引导和督促市场经营主体切实提高产品质量，《产品质量法》还规定了国务院和省、自治区、直辖市人民政府的产品质量监督部门应当定期发布其监督抽查的产品的质量状况公告。政府质量信息发布是消费者知情权的基本要求，也是行使监督权的前提条件，政府有关部门必须依法履行该项职责。

四、产品质量的社会监督

（一）公民个人的监督权

消费者有权就产品质量问题进行查询，有权向产品质量监督部门、工商行政管理部门及有关部门申诉，接受申诉的部门应当负责处理。

（二）社会组织的监督权

保护消费者权益的社会组织可以就消费者反映的产品质量问题建议有关部门负责处理，支持消费者对因产品质量造成的损害向人民法院起诉。

（三）公众的检举权

任何单位和个人有权对违反本法规定的行为，向产品质量监督部门或者其他有关部门检举，产品质量监督部门和有关部门应当为检举人保密，并按照省、自治区、直辖市人民政府的规定给予奖励。

第三节 生产者和销售者的产品质量义务

产品质量义务，是指生产者、销售者应当做出或不做出一定质量行为的约束，以满足对方利益需要的责任。它是生产者、销售者承担责任的前提和基础。

一、生产者的产品质量义务

（一）作为的义务

《产品质量法》规定："生产者应当对其生产的产品质量负责。"具体要求如下。

1. 产品应符合内在质量的要求

符合以下三项要求，即为合格产品。第一，不存在危及人身、财产安全的不合理的危险；有保障人体健康和人身、财产安全的国家标准、行业标准的，应当符合该标准；第二，具备产品应当具备的使用性能，但是，对产品存在使用性能的瑕疵作出说明的除外；第三，符合在产品或其包装上注明采用的产品标准，符合以产品说明、实物样品等方式表明的质量状况。其中前两项为默示担保条件，后一项为明示担保条件。

2. 产品或其包装上的标志必须真实，并符合要求

一般普通的产品应有产品质量检验的合格证明，有中文标明的产品名称、生产厂家的厂名和地址；根据需要标明产品规格、等级、主要成分；限期使用的产品，应标明生产日期和安全使用期或失效日期；产品本身易坏或者可能危及人身、财产安全的产品，有警示标志或者中文说明。裸装的食品和其他根据产品的特点难以附加标志的裸装产品，可以不附加产品标志。

3. 特殊产品的包装必须符合要求

特殊产品主要指易碎、易燃、易爆的物品，有毒、有腐蚀性、有放射性的物品及其他危险物品，以及储运中不能倒置和其他有特殊要求的产品。上述特殊产品的标识、包装质量必须符合相应的要求，并按规定作出警示标志或者中文说明。

导学博览 11-2　劣质果冻噎死幼童

2006 年 2 月 8 日下午 4 时许，原告之父带领原告年仅三岁的儿子到本村被告张某开的小商品零售点购买了某果冻饮料厂（被告方某开办）生产的"鑫鑫"牌杯状凝胶小果冻四个。之后，原告之父领着孙子离开被告张某零售点；走到不远处时，原告之子因食用所购果冻而被果冻阻塞气管当场昏迷，邻居遂即拨打了 120 急救电话，并开车把原告之子送往医院，途中与赶来的医院 120 急救车相遇，经随车的医生检查，原告之子已窒息死亡。经山东省菏泽市产品质量监督检验所进行检验，被告方某生产的"鑫鑫"牌果冻日期及贮藏说明、安全食用方法均未标示，产品标准号也已过期。检验结论为：该样品本次检验标签不合格。法院还查明，被告张某某所销售"鑫鑫"牌果冻系在被告东明县某商场个体工商户马某处批发。法院一审判决生产者方某赔偿受害者亲属经济损失 4.4 万余元，两位销售者张某和马某各赔偿受害者亲属经济损失 1.77 万余元，共计 7.967 万余元。

（二）不作为的义务

不作为的义务具体要求为：生产者不得生产国家明令淘汰的产品；生产者不得伪造产地、伪造或者冒用他人的厂名、厂址；生产者不得伪造或者冒用认证标志等质量标志；生产者生产产品，不得以假充真，以次充好，不得以不合格产品冒充合格产品。

二、销售者的产品质量义务

（一）作为的义务

1. 进货验收义务

在产品进货环节中销售者应当建立并严格执行进货检查验收制度，验明产品合格证明和其他标志。该制度相对消费者及国家市场管理秩序而言是销售者的义务，相对供货商而言是销售者的权利。严格执行进货验收制度，可以防止不合格产品进入市场，可以为准确判断和区分生产者及销售者的产品质量责任提供依据。

2. 保持产品质量的义务

在进货后销售者应当采取措施，保持销售产品的质量，以防止产品在进货待售的过程中发生受潮、腐烂、变质等丧失或降低产品使用性能的情况发生，从而出现危害人身、财产安全的产品质量瑕疵等。如果进货时的产品符合质量要求，销售时发生质量问题的，销售者应当承担相应的责任。

3. 有关标识的义务

销售者销售的产品的标志应当符合有关规定。销售者在销售产品时，应当保证产品标识符合产品质量法对产品标识的要求，符合进货时验收的状态，不得更改、覆盖、涂抹产品标识，以保证产品标识的真实性。

（二）不作为的义务

不作为的义务具体要求为：销售者不得销售国家明令淘汰并停止销售的产品和失效、变质的产品；销售者不得伪造产地、伪造或者冒用他人的厂名、厂址；销售者不得伪造或者冒用认证标志等质量标志；销售者销售产品，不得掺杂、掺假，以假充真，以次充好，以不合格产品冒充合格产品。

为了实现消费者的产品质量权利，生产者、销售者都必须履行《产品质量法》中规定的各自的产品责任和义务，通过对生产环节、流通环节的控制，达到标本兼治的目的，才能使产品质量得到基本保障。

第四节　违反《产品质量法》的法律责任

一、判定产品质量责任的依据

（一）瑕疵与缺陷

产品质量责任的发生，以该产品是否存在质量问题为前提，而质量问题又可分为一般性的质量问题和严重的质量问题。

《产品质量法》第 46 条规定："本法所称缺陷，是指产品存在危及人身、他人财产安全的不合理的危险；产品有保障人体健康和人身、财产安全的国家标准、行业标准的，是指不符合该标准。"《产品质量法》对瑕疵未作明确界定，一般认为，产品存在除危险之外的其他质量问题是产品瑕疵。

（二）归责原则

由于产品存在质量问题特别是产品缺陷问题，对消费者造成损害或损失，不管双方之间有没有合同关系，该产品的经营者都应对由于产品质量不合格给消费者造成的侵权责任承担责任。我国《产品质量法》实行的是国际通行的严格责任原则。

（三）诉讼时效与请求权

1. 诉讼时效

出售质量不合格的商品未声明的，诉讼时效期间为 1 年；因产品存在缺陷造成损害要求赔偿的，诉讼时效期间为 2 年，自当事人知道或应当知道其权益受到损害时起计算。

2. 请求权

损害赔偿的请求权是指权利人的权利受到侵害时，受害人享有的要求侵权人给予赔偿损失的权利。产品质量法规定，因产品存在缺陷造成损害要求赔偿的请求权，在造成损害的缺陷产品交付最初用户、消费者满 10 年丧失。但是，尚未超过明示的安全使用期的除外。

二、民事责任

（一）产品瑕疵责任

1. 承担瑕疵责任的条件

1）不具备产品应当具备的使用性能而事先未作出说明的。
2）不符合在产品或者其包装上注明采用的产品标准的。
3）不符合以产品说明、实物样品等方式表明的质量状况的。
前面第一项为默示担保，后面两项为明示担保。只要存在上述情形的，不论是否造成损害后果，都应当赔偿。

2. 承担瑕疵责任的方式

售出的产品具有上述三种情形的，销售者应当负责修理、更换、退货，给购买产品的消费者造成损失的，销售者应当赔偿损失。简单地说就是"三包"加"赔偿"，其对象为"售出的产品"。"赔偿"在"三包"之后，是指消费者在要求销售者进行修理、更换、退货过程中所发生的运输费、交通费、误工费等损失。

3. 履行瑕疵责任后的损失追偿

销售者依照上述要求负责修理、更换、退货、赔偿损失后，属于生产者的责任或者属于向销售者提供产品的其他销售者的责任的，销售者有权向生产者、供货者追偿。

（二）产品缺陷责任

1. 生产者承担缺陷责任

生产者承担缺陷责任的条件主要有：①产品存在缺陷；②造成人身、他人财产（缺陷产品以外的其他财产）损害；③缺陷与损害之间存在因果关系。三者必须同时具备。无须考虑生产者有无过错，即使无过错也要依法承担责任。

2. 销售者承担缺陷责任

销售者承担缺陷责任有两种情况：一种是实行过错责任原则，由于销售者的过错使产品存在缺陷，造成他人人身、财产损害的，销售者应当承担赔偿责任。另一种是过错推定原则，销售者不能指明缺陷产品的生产者，也不能指明缺陷产品的供货者的，销售者应当承担赔偿责任。两种承担责任的前提都是产品存在缺陷，并且造成损害。

3. 赔偿方式和赔偿标准

1）造成人身损害的。侵害人应当赔偿医疗费、治疗期间的护理费、因误工减少的收入等费用；造成残疾的，还应当支付残疾者生活自助费、生活补助费、残疾赔偿金以及由其扶养的人所必需的生活费等费用；造成受害人死亡的，还应当支付丧葬费、死亡赔偿金以及由死者生前扶养的人所必需的生活费（此项为间接损失赔偿）等费用。

2）造成财产损失的。因产品存在缺陷造成受害人财产损失的，侵害人应当恢复原状或者折价赔偿。受害人因此遭受其他重大损失的，侵害人应当赔偿损失。这里的"其他重大损失"是指其他经济等方面的损失，包括可得的利益的损失。

导学博览11-3　产品责任理赔案例

【电熨斗短路引发火灾】加拿大法院判决一小家电（电熨斗）进口商向一消费者赔偿200万加元，以补偿电熨斗因短路所造成的对第三方火灾损失。

【缺少合适的警示】一个2岁的小孩因使用由主电源控制的电视计时器而导致心脏衰竭和大脑损伤。因为计时器并没有附带任何警告说它可能带电，小孩的父母于是根据严格侵权责任向电视计时器的制造商提出诉讼。日本制造商强烈反驳纽约法庭的司法管辖权。但10年之后，就在审判开始之前，他们还是同意偿付2700万美元作庭外和解。

【果冻梗塞喉咙】2003年5月，美国加利福尼亚州法院作出一项判决，判定生产果冻的一家台湾公司向一位9岁女童的家人赔付1670万美元。该女童1999年因吃了该公司生产的果冻后被噎住，不幸成为植物人；后于2001年不治身亡。

随着国内消费水平的提高，消费者的产品责任意识也日渐增强，企业购买产品责任险既能让消费者放心，也可免除企业的后顾之忧。在国外，特别是美、加及欧洲国家的产品责任体系已相当完善，投保率达到90%以上，购买产品责任保险的产品成为产品质量的一个重要标志。否则有可能面临非常严厉的法律诉讼风险和巨额赔偿责任。

4. 赔偿程序

第一程序是受害人与生产者、销售者的关系。因产品缺陷造成人身、他人财产损害的，受害人可以向产品的生产者要求赔偿，也可以向产品的销售者要求赔偿。消费者享有选择权。

第二程序是生产者、销售者相互之间的关系。属于产品的生产者的责任，产品的销售者赔偿的，产品的销售者有权向产品的生产者追偿。属于产品的销售者的责任，产品的生产者赔偿的，产品的生产者有权向产品的销售者追偿。

5. 产品质量责任的免责条件

《产品质量法》规定，生产者能够证明有下列情形之一的，不承担赔偿责任：①未将产品投入流通的；②产品投入流通时，引起损害的缺陷尚不存在的；③将产品投入流通时的科学技术水平尚不能发现缺陷存在的。对于这些法定免责事项的举证责任由生产者举证，这是一种举证责任倒置的原则，这些法定免责条件也可以看成是产品严格责任或无过错责任的例外。

除此之外，在司法实践中有下列情况者不负质量责任：①损害是由于消费者擅自改变产品性能、用途或者没有按照产品的使用说明使用并且确因改变或使用不当造成的；②损害是由于受害人的故意所为造成的；③损害是由于常识性的危险造成的；④产品造成损害，是由于使用者自身特殊敏感所致；⑤产品已过时效期限；⑥超过诉讼和赔偿请求时效。

三、行政责任

（一）承担行政责任的具体违法行为

根据《产品质量法》相关规定，承担行政责任的违法行为有：生产、销售不符合保障人体健康和人身、财产安全的国家标准、行业标准的产品；生产国家明令淘汰的产品；销售失效、变质的产品；在产品中掺杂、掺假，以假充真，以次充好，或者以不合格产品冒充合格产品；伪造产品产地，伪造或者冒用他人的厂名、厂址，伪造或者冒用认证标志等质量标志；产品标识或者有包装的产品标识不符合法律规定；伪造检验数据或者检验结论；法律规定的其他应当承担责任的违法行为。

（二）承担行政责任的主要形式

承担行政责任的主要形式是行政处罚。产品质量监督部门、工商行政管理部门依照各自的职权，对违反产品质量法的行为可以责令纠正，并给予下列行政处罚：警告，罚款，没收违法生产、销售的产品和没收违法所得，责令停止生产、销售，吊销营业执照。

四、刑事责任

违反产品质量法的行为，如已触犯刑法，构成犯罪的，依照刑法的规定追究刑事责任。追究刑事责任的违法犯罪行为有：生产、销售不符合标准的产品的。在产品中掺杂、掺假，以假充真，以次充好，或者以不合格产品冒充合格产品的。销售失效、变质的产品的。生产国家明令淘汰的产品的，销售国家明令淘汰并停止销售的产品的。

■■■■■■■■■■■■■■■■■ 应 知 应 会 ■■■■■■■■■■■■■■■■■

1. 核心概念：产品、产品质量、产品质量法、产品瑕疵、产品缺陷。
2. 产品质量监督管理制度的内容。
3. 生产者、销售者承担的产品质量义务和责任。
4. 违反产品质量法的法律责任。

■■■■■■■■■■■■■■■■■ 实 训 练 习 ■■■■■■■■■■■■■■■■■

一、单项选择题

1. 根据产品质量法的有关规定，某食品厂生产奶粉（袋装），该厂在奶粉的包装袋上应当标明（　　）

    A. 奶粉的生产日期

    B. 奶粉的保质期，如 1 年

    C. 奶粉的生产日期、保质期和失效日期，必须同时具备，缺一不可

    D. 奶粉的生产日期和保质期或者失效日期

2. 某酒厂用食用酒精兑制成白酒，使用本厂酿制的粮食白酒"幸福特曲"的包装及标贴向社会销售。该种勾兑制成的白酒理化、卫生指标符合标准，每瓶售价仅为"幸福特曲"的四分之一，销售状况甚好。对该厂的上述作法应如何定性？（　　）

    A. 属于以假充真行为

    B. 有关指标符合国家标准，不属以假充真行为

    C. 与"幸福特曲"差价显著，不属以假充真行为

    D. 国家允许生产代粮白酒，不属以假充真行为

3. 根据《产品质量法》的规定，下列关于因产品缺陷造成受害人死亡，侵害人应当赔偿的范围的表述正确的是（　　）。

A. 以丧葬费和抚恤费为限

B. 以医疗费、丧葬费为限

C. 以医疗费、丧葬费、抚恤费、死者生前抚养的人必要的生活费为限

D. 医疗费、因误工减少的收入、丧葬费、抚恤费、死者生前抚养的人必要的生活费等费用

4. 可能危及人体健康和人身、财产安全的工业产品，在未制定国家标准、行业标准的情况下，必须符合（　　）要求。

A. 部颁标准

B. 同等情况下其他类似行业的标准

C. 保障人体健康，人身、财产安全的要求

D. 技术监督管理部门的要求

5. 某厂开发一种新型节能炉具，先后制造出 10 件样品。后样品中有 6 件丢失。1996 年某户居民的燃气罐发生爆炸，查明原因是使用了某厂丢失的 6 件样品炉具中的一件，而该炉具存在重大缺陷。该户居民要求某厂赔偿损失。某厂不同意赔偿，最能支持某厂的立场的理由是（　　）。

A. 该炉具尚未投入流通

B. 该户居民如何得到炉具的事实不清

C. 该户居民偷盗样品，由此造成的损失应由其自负

D. 该户居民应向提供给其炉具的人索赔

二、多项选择题

1. 下列选项中属于生产者对产品质量的默示担保义务的是（　　）。

A. 保健食品所含主要成分及其含量应当与其产品说明所列标准相吻合

B. 电冰箱应当具备制冷的功能

C. 燃气热水器应当符合保障人身、财产安全的国家标准

D. 家具应当符合以实物样品表明的质量状况

2. 下列关于产品责任的表述中是正确的是（　　）。

A. 缺陷产品的生产者应对因该产品造成的他人人身、财产损害承担无过错责任

B. 缺陷产品造成他人人身、财产损害的，该产品的销售者和生产者承担连带责任

C. 因缺陷产品造成损害要求赔偿的诉讼时效为 1 年

D. 销售者不能指明缺陷产品的生产者也不能指明其供货者的，应承担赔偿责任

3. 某医院给病人高某开的治疗湿疹的药物，使用后反而加重了病情。经检验，这批药因在医院库存房存放过久已经变质。下列有关该案处理的表述中正确的是（　　）。

A. 对医院应依据《产品质量法》进行处罚

B. 对医院应依据《药品管理法》进行处罚

C. 医院应赔偿给高某带来的损失

D. 药品生产者应承担赔偿责任

4. 下列产品的包装不符合《产品质量法》要求的是（　　）。

A. 某商场销售的"三星"彩电只有韩文和英文的说明书

B. 某厂生产的火腿肠没有标明厂址

C. 某厂生产的香烟上没有标明"吸烟有害身体健康"

D. 某厂生产的瓶装葡萄酒没有标明酒精度

5. 行政机关对产品质量违法行为作出行政处罚后,当事人不服的,可以在接到处罚通知之日起 15 日内采取如下的办法有(   )。

A. 向作出处罚决定的机关的上一级机关申请复议

B. 向人民法院起诉

C. 请求检察机关审查行政处罚的合法性

D. 请求原处理机关复议

三、实务操作题

1. 陈某到一家饭店就餐,饭店服务员韩某在给卡式煤气炉点火时,煤气炉突然爆炸,陈某、韩某及邻座顾客杜某均被炸伤。经查,煤气炉系甲厂生产,质量存在严重缺陷。

根据该案情回答下列问题:

1）陈某应如何确定起诉的对象并主张赔偿责任?

2）韩某应如何主张自己的权利?

3）杜某应如何主张自己的权利?

4）陈某、韩某和杜某如向厂家要求赔偿,如何确定诉讼时效?

2. 张某从甲商场购买一电热毯,电热毯为乙厂家所产。使用中电热毯发生漏电,致使房间着火,烧毁张某邻居王某价值 5000 元的财产,张某本人也被烧伤致残。

根据该案情回答下列问题:

1）张某应如何主张自己的权利?

2）张某向甲商场主张自己的权利和向乙厂家主张权利有什么不同?

3）王某应如何主张自己的权利?

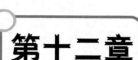

第十二章

消费者权益保护法

学习目标

知识目标

1. 了解消费者和消费者权益保护法的概念。
2. 掌握消费者权利和经营者义务的具体表现。
3. 理解侵害消费者权益的法律责任。

能力目标

1. 熟悉消费者权利和经营者义务的内容。
2. 能够正确行使消费者权利解决纠纷和界定法律责任的承担。
3. 树立维护消费者合法权益的良好意识。

法律检索

《中华人民共和国消费者权益保护法》（以下简称《消费者权益保护法》）（1993 年 10 月 31 日第八届全国人民代表大会常务委员会第四次会议通过，2013 年 10 月 25 日第十二届全国人民代表大会常务委员会第五次会议第二次修正，自 2014 年 3 月 15 日起施行）

法谚名言

买受人给付完整之价金，即应获得完美之商品。

(A sound price warrants a sound commodity.)

——（英国）曼斯菲尔德

第一节 消费者权益保护法概述

一、消费者与消费者权益

消费者有广义和狭义两种理解，狭义的消费者是指为生活消费需要购买、使用商品或者接受服务的自然人。广义的消费者包括为满足生产和生活消费或物质、文化消费而有偿取得商品和服务的单位和个人。国际标准化组织消费者政策委员会将消费者定义为"为了个人目的购买或者使用商品和接受服务的个体社会成员"。我国消费者权益保护法采用的是狭义的消费者概念。与消费者对称的就是经营者，就是向消费者出售商品或者提供服务的市场主体。

与消费者相伴而生的就是消费者权益。消费者权益是指消费者依法享有的权利及该权利受到保护时给消费者带来的应得利益。没有消费者及消费者权益，消费者权益保护法也就失去了赖以存在的基础，消费者权益的核心是消费者的权利。

二、消费者权益保护法

（一）消费者权益保护法的概念

消费者权益保护法是指调整在保护消费者权益过程中发生的经济关系的法律规范的总称。1993年10月31日第八届全国人民代表大会常务委员会第四次会议通过了《中华人民共和国消费者权益保护法》，该法于1994年1月1日起实施。2009年8月27日第十一届全国人民代表大会常务委员会第十次会议《关于修改部分法律的决定》第1次修正，2013年10月25日对《消费者权益保护法》进行了第2次修正，修订后的《消费者权益保护法》于2014年3月15日起施行。

（二）消费者权益保护法的基本原则

从一般情况来看，消费者权益保护法应当包括以下原则：一是尊重和保障人权原则；二是保障社会经济秩序原则；三是依法交易原则。我国《消费者权益保护法》规定四项基本原则：①经营者应当依法提供商品或者服务的原则；②经营者与消费者进行交易应当遵循自愿、平等、公平、诚实信用的原则；③国家对保护消费者的合法权益的行为进行社会监督的原则；④全社会共同保护消费者合法权益的原则。

（三）消费者权益保护法的适用对象

根据消费者权益保护法的规定，其适用对象为以下几种。

1）消费者为生活消费需要购买、使用商品或者接受服务的。因为分散的、单个的自然人，在市场中处于弱者地位，需要法律的特殊保护。而从事消费活动的社会组织、企事业单位不属于消费者权益保护法意义上的"消费者"。

2）农民购买、使用直接用于农业生产的生产资料时，参照消费者权益保护法执行。

农民购买直接用于农业生产的生产资料，虽然不是为个人生活消费，但是作为经营者的相对方，其弱者地位是不言而喻的。所以，《消费者权益保护法》将农民购买、使用直接用于农业生产的生产资料行为纳入了保护范围。

3）经营者为消费者提供其生产、销售的商品或者提供服务，适用《消费者权益保护法》。《消费者权益保护法》以保护消费者利益为核心，在处理经营者与消费者的关系时，经营者首先应当遵守该法的有关规定；该法未做规定的，应当遵守其他有关法律、行政法规的规定。

导学博览12-1　孙银山诉南京欧尚超市有限公司江宁店买卖合同纠纷案

2012年5月1日，原告孙银山在被告南京欧尚超市有限公司江宁店（简称欧尚超市江宁店）购买"玉兔牌"香肠15包，其中价值558.6元的14包香肠已过保质期。孙银山到收银台结账后，即径直到服务台索赔，后因协商未果诉至法院，要求欧尚超市江宁店支付14包香肠售价十倍的赔偿金5586元。

江苏省南京市江宁区人民法院于2012年9月10日作出判决：被告欧尚超市江宁店于判决发生法律效力之日起10日内赔偿原告孙银山5586元。宣判后，双方当事人均未上诉，判决已发生法律效力。

法院生效裁判认为：关于原告孙银山是否属于消费者的问题。《中华人民共和国消费者权益保护法》第二条规定："消费者为生活消费需要购买、使用商品或者接受服务，其权益受本法保护；本法未作规定的，受其他有关法律、法规保护。"消费者是相对于销售者和生产者的概念。只要在市场交易中购买、使用商品或者接受服务是为了个人、家庭生活需要，而不是为了生产经营活动或者职业活动需要的，就应当认定为"为生活消费需要"的消费者，属于消费者权益保护法调整的范围。本案中，原、被告双方对孙银山从欧尚超市江宁店购买香肠这一事实不持异议，据此可以认定孙银山实施了购买商品的行为，且孙银山并未将所购香肠用于再次销售经营，欧尚超市江宁店也未提供证据证明其购买商品是为了生产经营。孙银山因购买到超过保质期的食品而索赔，属于行使法定权利。因此欧尚超市江宁店认为孙银山"买假索赔"不是消费者的抗辩理由不能成立。

裁判要点：消费者购买到不符合食品安全标准的食品，要求销售者或者生产者依照食品安全法规定支付价款十倍赔偿金或者依照法律规定的其他赔偿标准赔偿的，不论其购买时是否明知食品不符合安全标准，人民法院都应予支持。

相关法条：《中华人民共和国食品安全法》第九十六条第二款

（资料来源：最高人民法院指导案例23号）

第二节　消费者的权利和经营者的义务

一、消费者的权利

消费者的权利，是指在消费活动中，消费者依法享有的各项权利的总和。《消费者权益保护法》规定了消费者享有以下权利。

（一）保障安全权

消费者在购买、使用商品和接受服务时，享有人身、财产安全不受损害的权利。对可能危及人身、财产安全的商品和服务，经营者应当向消费者作出真实的说明和明确的警示，并说明和标明正确使用商品或者接受服务的方法以及防止危害发生的方法。

（二）知悉真情权

消费者享有知悉商品真实情况的权利。消费者有权根据商品或者服务的不同情况，要求经营者提供商品的价格、产地、生产者、用途、性能、规格、等级、主要成分、生产日期、有效期限、检验合格证明、使用方法说明书、售后服务，或者服务的内容、规格、费用等有关情况。

（三）自主选择权

消费者享有自由选择商品或者服务的权利。消费者有权自主选择提供商品或者服务的经营者，自主选择商品品种或者服务方式，自主决定购买或者不购买任何一种商品、接受或者不接受任何一项服务。消费者在自主选择商品或者服务时，有权进行比较、鉴别和挑选。

（四）公平交易权

消费者在购买商品或者接受服务时，有权获得质量保障、价格合理、计量正确等公平交易条件，有权拒绝经营者的强制交易行为。

（五）依法求偿权

消费者因购买、使用商品或者接受服务受到人身、财产损害时，享有依法获得赔偿的权利。依法求偿权是弥补消费者所受损害的必不可少的救济性权利。确立和保护这一权利，对于解决实践中大量存在的侵害消费者权益的问题，对于有效惩戒不法经营者，维护市场秩序，保障基本人权，都是非常重要的。

（六）依法结社权

消费者享有依法成立维护自身合法权益的社会组织的权利。政府对合法的消费者组织不应加以限制，并且，在制定有关消费者方面的政策和法律时，还应向消费者团体征求意见，以更好地保护消费者权利。消费者团结起来，依法组建自己的社团，有助于使消费者从分散、弱小走向集中和强大，并通过集体的力量来改变自己的弱者地位，以便与实力雄厚的经营者相抗衡。

（七）获取知识权

消费者享有获得有关消费和消费者权益保护方面的知识的权利。消费者应当努力掌握所需商品或者服务的知识和使用技能，正确使用商品，提高自我保护意识。

（八）获得尊重权和信息保护权

消费者在购买、使用商品和接受服务时，享有人格尊严、民族风俗习惯得到尊重的权利，享有个人信息依法得到保护的权利。

（九）监督、批评和建议权

消费者有权检举、控告侵害消费者权益的行为和国家机关及其工作人员在保护消费者权益工作中的违法失职行为，有权对保护消费者权益工作提出批评、建议。

国家保护消费者的合法权益不受侵害。国家采取措施，保障消费者依法行使权利，维护消费者的合法权益。国家倡导文明、健康、节约资源和保护环境的消费方式，反对浪费。

二、经营者的义务

在保护消费者权利方面，经营者、国家、社会均负有相应的义务，其中，经营者的义务是更为直接、更为具体的。要有效地保护消费者权利，就必须使经营者能够全面地履行其相应的义务。经营者是为消费者提供商品和服务的市场主体，是与消费者直接进行交易的另一方，所以明确经营者的义务对于保护消费者权益至为重要。我国《消费者权益保护法》较为全面的规定了在保护消费者权益方面经营者所应负的主要义务。

（一）履行法定和约定义务

经营者向消费者提供商品或者服务，应当依照本法和其他有关法律、法规的规定履行义务。经营者和消费者有约定的，应当按照约定履行义务，但双方的约定不得违背法律、法规的规定。

经营者向消费者提供商品或者服务，应当恪守社会公德，诚信经营，保障消费者的合法权益；不得设定不公平、不合理的交易条件，不得强制交易。

（二）听取意见和接受监督的义务

经营者应当听取消费者对其提供的商品或者服务的意见，接受消费者的监督。这是与消费者的监督批评权和质询权相对应的经营者的义务。法律规定经营者的这一义务，有利于提高和改善消费者的地位。

（三）保障商品和服务安全的义务

经营者应当保证其提供的商品或者服务符合保障人身、财产安全的要求。对可能危及人身、财产安全的商品和服务，应当向消费者作出真实的说明和明确的警示，并说明和标明正确使用商品或者接受服务的方法以及防止危害发生的方法。

宾馆、商场、餐馆、银行、机场、车站、港口、影剧院等经营场所的经营者，应当对消费者尽到安全保障义务。

经营者发现其提供的商品或者服务存在缺陷，可能对人身、财产安全造成危害的，应当立即向有关行政部门报告和告知消费者，并及时采取停止生产、停止销售、警示、召回等消除危险的措施。采取召回措施的，经营者应当承担消费者因商品被召回支出的必要费用。

（四）提供真实信息的义务

经营者向消费者提供有关商品或者服务的质量、性能、用途、有效期限等信息，应当真实、全面，不得作虚假或者引人误解的宣传。

经营者对消费者就其提供的商品或者服务的质量和使用方法等问题提出的询问，应当作出真实、明确的答复。

经营者提供商品或者服务应当明码标价。

（五）标明真实名称和标记的义务

经营者应当标明其真实名称和标记。租赁他人柜台或者场地的经营者，应当标明其真实名称和标记。

（六）出具凭证和单据的义务

经营者提供商品或者服务，应当按照国家有关规定或者商业惯例向消费者出具发票等购货凭证或者服务单据；消费者索要发票等购货凭证或者服务单据的，经营者必须出具。

（七）质量保证的义务

经营者应当保证在正常使用商品或者接受服务的情况下其提供的商品或者服务应当具有的质量、性能、用途和有效期限；但消费者在购买该商品或者接受该服务前已经知道其存在瑕疵，且存在该瑕疵不违反法律强制性规定的除外。

经营者以广告、产品说明、实物样品或者其他方式表明商品或者服务的质量状况的，应当保证其提供的商品或者服务的实际质量与表明的质量状况相符。

经营者提供的机动车、计算机、电视机、电冰箱、空调器、洗衣机等耐用商品或者装饰装修等服务，消费者自接受商品或者服务之日起 6 个月内发现瑕疵，发生争议的，由经营者承担有关瑕疵的举证责任。

（八）履行"三包"承诺的义务

经营者提供的商品或者服务不符合质量要求的，消费者可以依照国家规定、当事人约定退货，或者要求经营者履行更换、修理等义务。没有国家规定和当事人约定的，消费者可以自收到商品之日起 7 日内退货；7 日后符合法定解除合同条件的，消费者可以及时退货，不符合法定解除合同条件的，可以要求经营者履行更换、修理等义务。

依照前款规定进行退货、更换、修理的，经营者应当承担运输等必要费用。

（九）非现场购物七日内无条件退货的义务

经营者采用网络、电视、电话、邮购等方式销售商品，消费者有权自收到商品之日起七日内退货，且无需说明理由，但下列商品除外：①消费者定做的；②鲜活易腐的；③在线下载或者消费者拆封的音像制品、计算机软件等数字化商品；④交付的报纸、期刊。

除前款所列商品外，其他根据商品性质并经消费者在购买时确认不宜退货的商品，不适用无理由退货。

消费者退货的商品应当完好。经营者应当自收到退回商品之日起 7 日内返还消费者支付的商品价款。退回商品的运费由消费者承担；经营者和消费者另有约定的，按照约定。

（十）公平合理交易的义务

经营者在经营活动中使用格式条款的，应当以显著方式提请消费者注意商品或者服务的数量和质量、价款或者费用、履行期限和方式、安全注意事项和风险警示、售后服务、民事责任等与消费者有重大利害关系的内容，并按照消费者的要求予以说明。

经营者不得以格式条款、通知、声明、店堂告示等方式，作出排除或者限制消费者权利、减轻或者免除经营者责任、加重消费者责任等对消费者不公平、不合理的规定，不得利用格式条款并借助技术手段强制交易。

格式条款、通知、声明、店堂告示等含有前款所列内容的，其内容无效。

（十一）尊重消费者的义务

经营者不得对消费者进行侮辱、诽谤，不得搜查消费者的身体及其携带的物品，不得侵犯消费者的人身自由。

（十二）确保消费者知情权的义务

采用网络、电视、电话、邮购等方式提供商品或者服务的经营者，以及提供证券、保险、银行等金融服务的经营者，应当向消费者提供经营地址、联系方式、商品或者服务的数量和质量、价款或者费用、履行期限和方式、安全注意事项和风险警示、售后服务、民事责任等信息。

（十三）保护消费者隐私的义务

经营者收集、使用消费者个人信息，应当遵循合法、正当、必要的原则，明示收集、使用信息的目的、方式和范围，并经消费者同意。经营者收集、使用消费者个人信息，应当公开其收集、使用规则，不得违反法律、法规的规定和双方的约定收集、使用信息。

经营者及其工作人员对收集的消费者个人信息必须严格保密，不得泄露、出售或者非法向他人提供。经营者应当采取技术措施和其他必要措施，确保信息安全，防止消费者个人信息泄露、丢失。在发生或者可能发生信息泄露、丢失的情况时，应当立即采取补救措施。

经营者未经消费者同意或者请求，或者消费者明确表示拒绝的，不得向其发送商业性信息。

第三节　国家对消费者权益的保护和消费者组织

一、国家对消费者权益的保护

国家制定有关消费者权益的法律、法规、规章和强制性标准，应当听取消费者和消费者协会等组织的意见。

各级人民政府应当加强领导，组织、协调、督促有关行政部门做好保护消费者合法权益的工作，落实保护消费者合法权益的职责。各级人民政府应当加强监督，预防危害消费者人身、财产安全行为的发生，及时制止危害消费者人身、财产安全的行为。

各级人民政府工商行政管理部门和其他有关行政部门应当依照法律、法规的规定，在各自的职责范围内，采取措施，保护消费者的合法权益。有关行政部门应当听取消费者和消费者协会等组织对经营者交易行为、商品和服务质量问题的意见，及时调查处理。

有关行政部门在各自的职责范围内，应当定期或者不定期对经营者提供的商品和服务进行抽查检验，并及时向社会公布抽查检验结果。有关行政部门发现并认定经营者提供的商品或者服务存在缺陷，有危及人身、财产安全危险的，应当立即责令经营者采取停止销售、警示、召回、无害化处理、销毁、停止生产或者服务等措施。

有关国家机关应当依照法律、法规的规定，惩处经营者在提供商品和服务中侵害消费者合法权益的违法犯罪行为。

人民法院应当采取措施，方便消费者提起诉讼。对符合《中华人民共和国民事诉讼法》起诉条件的消费者权益争议，必须受理，及时审理。

二、消费者组织

（一）消费者组织的性质

消费者协会和其他消费者组织是依法成立的对商品和服务进行社会监督的保护消费者合法权益的社会组织。消费者组织不得从事商品经营和营利性服务，不得以收取费用或者其他牟取利益的方式向消费者推荐商品和服务。依法成立的其他消费者组织依照法律、法规及其章程的规定，开展保护消费者合法权益的活动。

导学博览12-2　消费者组织的发展

1898年，全世界第一个消费者组织在美国成立，1936年，建立了全美的消费者联盟。第二次世界大战后，各种反映消费者利益和要求的组织，在一些发达国家相继出现。在此基础上，1960年，国际消费者联盟组织宣告成立。之后，消费者运动更加活跃，许多发展中国家也建立了消费者组织，使消费者运动成为一种全球性的社会现象。全世界已有90多个国家共300多个消费者组织在开展活动。"国际消费者权益日"定于每年的3月15日，最先由国际消费者联盟组织于1983年确定，目的在于扩大消费者权益保护的宣传，使之在世界范围内得到重视，促进各国和地区消费者组织之间的合作与交往，在国际范围内更好地保护消费者权益。

（二）消费者组织的职责

消费者协会履行下列公益性职责。

1）向消费者提供消费信息和咨询服务，提高消费者维护自身合法权益的能力，引导文明、健康、节约资源和保护环境的消费方式。

2）参与制定有关消费者权益的法律、法规、规章和强制性标准。

3）参与有关行政部门对商品和服务的监督、检查。

4）就有关消费者合法权益的问题，向有关部门反映、查询，提出建议。

5）受理消费者的投诉，并对投诉事项进行调查、调解。

6）投诉事项涉及商品和服务质量问题的，可以委托具备资格的鉴定人鉴定，鉴定人应当告知鉴定意见。

7）就损害消费者合法权益的行为，支持受损害的消费者提起诉讼或者依照本法提起诉讼。

8）对损害消费者合法权益的行为，通过大众传播媒介予以揭露、批评。

各级人民政府对消费者协会履行职责应当予以必要的经费等支持。消费者协会应当认真履行保护消费者合法权益的职责，听取消费者的意见和建议，接受社会监督。

依法成立的其他消费者组织依照法律、法规及其章程的规定，开展保护消费者合法权益的活动。

第四节　争议的解决和法律责任

一、争议的解决

（一）争议解决的途径

消费者和经营者发生消费者权益争议的，可以通过下列途径解决：①与经营者协商和解；②请求消费者协会或者依法成立的其他调解组织调解；③向有关行政部门投诉；④根据与经营者达成的仲裁协议提请仲裁机构仲裁；⑤向人民法院提起诉讼。

导学博览12-3　网拍翡翠生质量争议 消保委调解退款到位

上海的马女士于2015年7月23日在某平台"拍卖会"拍得一件价值7000元的翡翠挂件，但收到货后感觉商品色泽暗沉，与页面图片上展示的翠绿完全不符，马女士认为销售者有引人误解的虚假宣传行为，是欺骗消费者。消费者向该平台申请退货退款被卖家拒绝后，向杭州市余杭区消保委寻求维权帮助。

余杭区消保委工作人员立即与平台卖家联系核实情况，了解到平台"拍卖会"是为会员提供的具有独特性或有较高附加值的特殊拍品的交易平台，不同于普通的网络交易程序，竞拍者需经过缴纳保证金、出价竞拍、竞拍成功、支付货款、完成交易五个步骤才能拍得拍品。同时，卖家称已在商品页面注明"依据商品性质不支持7天无理由退货"，且实物与图片色泽不符属于主观认识的不同，故不同意退货退款，也不接受调解。经过余杭区消保委的多次努力尝试，加上平台的积极配合，卖家最终同意退货退款。为了降低马女士的退货风险，工作人员还要求平台积极提供技术支持，督促卖家补足保证金，并从中冻结 7000 元。最终，马女士成功拿回货款。

（二）损害赔偿责任的承担主体

1）消费者在购买、使用商品时，其合法权益受到损害的，可以向销售者要求赔偿。销售者赔偿后，属于生产者的责任或者属于向销售者提供商品的其他销售者的责任的，销售者有权向生产者或者其他销售者追偿。

消费者或者其他受害人因商品缺陷造成人身、财产损害的，可以向销售者要求赔偿，也可以向生产者要求赔偿。属于生产者责任的，销售者赔偿后，有权向生产者追偿。属于销售者责任的，生产者赔偿后，有权向销售者追偿。消费者在接受服务时，其合法权益受到损害的，可以向服务者要求赔偿。

2）消费者在购买、使用商品或者接受服务时，其合法权益受到损害，因原企业分立、合并的，可以向变更后承受其权利义务的企业要求赔偿。

3）使用他人营业执照的违法经营者提供商品或者服务，损害消费者合法权益，消费者可以向其要求赔偿，也可以向营业执照的持有人要求赔偿。

4）消费者在展销会、租赁柜台购买商品或者接受服务，其合法权益受到损害的，可以向销售者或者服务者要求赔偿。展销会结束或者柜台租赁期满后，也可以向展销会的举办者、柜台的出租者要求赔偿。展销会的举办者、柜台的出租者赔偿后，有权向销售者或者服务者追偿。

5）消费者通过网络交易平台购买商品或者接受服务，其合法权益受到损害的，可以向销售者或者服务者要求赔偿。网络交易平台提供者不能提供销售者或者服务者的真实名称、地址和有效联系方式的，消费者也可以向网络交易平台提供者要求赔偿；网络交易平台提供者作出更有利于消费者的承诺的，应当履行承诺。网络交易平台提供者赔偿后，有权向销售者或者服务者追偿。网络交易平台提供者明知或者应知销售者或者服务者利用其平台侵害消费者合法权益，未采取必要措施的，依法与该销售者或者服务者承担连带责任。

6）消费者因经营者利用虚假广告提供商品或者服务，其合法权益受到损害的，可以向经营者要求赔偿。广告经营者、发布者发布虚假广告的，消费者可以请求行政主管部门予以惩处。广告经营者、发布者不能提供经营者的真实名称、地址的，应当承担赔偿责任。

广告经营者、发布者设计、制作、发布食品药品等关系消费者生命健康商品或者服务的虚假广告，造成消费者损害的，广告经营者、发布者与提供该商品或者服务的经营者承担连带责任。社会团体或者其他组织、个人在关系消费者生命健康商品或者服务的虚假广告或者其他虚假宣传中向消费者推荐商品或者服务，造成消费者损害的，应当与提供该商品或者服务的经营者承担连带责任。

消费者向有关行政部门投诉的，该部门应当自收到投诉之日起 7 个工作日内，予以处理并告知消费者。对侵害众多消费者合法权益的行为，中国消费者协会以及在省、自治区、直辖市设立的消费者协会，可以向人民法院提起诉讼。

二、法律责任

损害消费者合法权益的法律责任，包括民事责任、行政责任和刑事责任三种形式。

（一）民事责任

1. 民事责任的一般规定

《消费者权益保护法》第48条规定，经营者提供商品或者服务有下列情形之一的，除本法另有规定外，应当依照其他有关法律、法规的规定，承担民事责任。

1）商品或者服务存在缺陷的。

2）不具备商品应当具备的使用性能而出售时未作说明的。

3）不符合在商品或者其包装上注明采用的商品标准的。

4）不符合商品说明、实物样品等方式表明的质量状况的。

5）生产国家明令淘汰的商品或者销售失效、变质的商品的。

6）销售的商品数量不足的。

7）服务的内容和费用违反约定的。

8）对消费者提出的修理、重作、更换、退货、补足商品数量、退还货款和服务费用或者赔偿损失的要求，故意拖延或者无理拒绝的。

9）法律、法规规定的其他损害消费者权益的情形。

经营者对消费者未尽到安全保障义务，造成消费者损害的，应当承担侵权责任。

2. 民事责任的特殊规定

1）预收款方式提供商品或服务的责任。《消费者权益保护法》第53条规定，经营者以预收款方式提供商品或服务的，应当按照约定提供。未按照约定提供的，应依照消费者的要求履行约定或者退回预付款；并应当承担预付款的利息、消费者必须支付的合理费用。

2）依法经有关行政部门认定为不合格的商品，消费者要求退货的，经营者应当负责退货。

3. 侵犯消费者人身权的民事责任

《消费者权益保护法》第49条规定，经营者提供商品或者服务，造成消费者或者其他受害人人身伤害的，应当赔偿医疗费、护理费、交通费等为治疗和康复支出的合理费用，以及因误工减少的收入。造成残疾的，还应当赔偿残疾生活辅助具费和残疾赔偿金。造成死亡的，还应当赔偿丧葬费和死亡赔偿金。

4. 侵犯消费者财产权的民事责任

经营者提供商品或者服务，造成消费者财产损害的，应当依照法律规定或者当事人约定承担修理、重作、更换、退货、补足商品数量、退还货款和服务费用或者赔偿损失等民事责任。

5. 侵犯消费者人格尊严或者侵犯消费者人身自由等的民事责任

《消费者权益保护法》第50条规定，经营者侵害消费者的人格尊严、侵犯消费者人身自由或者侵害消费者姓名权、肖像权、隐私权等个人信息得到保护的权利的，应当停止侵害、恢复名誉、消除影响、赔礼道歉，并赔偿损失。

《消费者权益保护法》第51条规定，经营者有侮辱诽谤、限制人身自由等侵害消费者或者其他受害人人身权益的行为，造成严重精神损害的，受害人可以要求精神损害赔偿。

6. 对欺诈行为的惩罚性规定

经营者提供商品或者服务有欺诈行为的，应当按照消费者的要求增加赔偿其受到的损失，增加赔偿的金额为消费者购买商品的价款或者接受服务的费用的3倍；增加赔偿的金额不足500元的，为500元。法律另有规定的，依照其规定。

经营者明知商品或者服务存在缺陷，仍然向消费者提供，造成消费者或者其他受害人死亡或者健康严重损害的，受害人有权要求经营者依照《消费者权益保护法》第49条、第51条等法律规定赔偿损失，并有权要求所受损失2倍以下的惩罚性赔偿。

导学博览12-4 张莉诉北京合力华通汽车服务有限公司买卖合同纠纷案

2007年2月28日，原告张莉从被告北京合力华通汽车服务有限公司（简称合力华通公司）购买上海通用雪佛兰景程轿车一辆，价格138000元，双方签有《汽车销售合同》。该合同第七条约定："……卖方保证买方所购车辆为新车，在交付之前已作了必要的检验和清洁，车辆路程表的公里数为18公里且符合卖方提供给买方的随车交付文件中所列的各项规格和指标……"。合同签订当日，张莉向合力华通公司交付了购车款138000元，同时支付了车辆购置税12400元、一条龙服务费500元、保险费6060元。同日，合力华通公司将雪佛兰景程轿车一辆交付张莉，张莉为该车办理了机动车登记手续。2007年5月13日，张莉在将车辆送合力华通公司保养时，发现该车曾于2007年1月17日进行过维修。

审理中，合力华通公司表示张莉所购车辆曾在运输途中造成划伤，于2007年1月17日进行过维修，送修人系该公司业务员。合力华通公司称，对于车辆曾进行维修之事已在销售时明确告知张莉，并据此予以较大幅度优惠，该车销售定价应为151900元，经协商后该车实际销售价格为138000元，还赠送了部分装饰。为证明上述事实，合力华通公司提供了车辆维修记录及有张莉签字的日期为2007年2月28日的车辆交接验收单一份，在车辆交接验收单备注一栏中注有"加1/4油，此车右侧有钣喷修复，按约定价格销售"。合力华通公司表示该验收单系该公司保存，张莉手中并无此单。对于合力华通公司提供的上述两份证据，张莉表示对于车辆维修记录没有异议，车辆交接验收单中的签字确系其所签，但合力华通公司在销售时并未告知车辆曾有维修，其在签字时备注一栏中没有"此车右侧有钣喷修复，按约定价格销售"字样。

北京市朝阳区人民法院于 2007 年 10 月作出判决：一、撤销张莉与合力华通公司于 2007 年 2 月 28 日签订的《汽车销售合同》；二、张莉于判决生效后七日内将其所购的雪佛兰景程轿车退还合力华通公司；三、合力华通公司于判决生效后七日内退还张莉购车款十二万四千二百元；四、合力华通公司于判决生效后七日内赔偿张莉购置税一万二千四百元、服务费五百元、保险费六千零六十元；五、合力华通公司于判决生效后七日内加倍赔偿张莉购车款十三万八千元；六、驳回张莉其他诉讼请求。宣判后，合力华通公司提出上诉。北京市第二中级人民法院于 2008 年 3 月 13 日作出判决：驳回上诉，维持原判。

裁判要点：

1）为家庭生活消费需要购买汽车，发生欺诈纠纷的，可以按照《中华人民共和国消费者权益保护法》处理。

2）汽车销售者承诺向消费者出售没有使用或维修过的新车，消费者购买后发现系使用或维修过的汽车，销售者不能证明已履行告知义务且得到消费者认可的，构成销售欺诈，消费者要求销售者按照消费者权益保护法赔偿损失的，人民法院应予支持。

相关法条：《中华人民共和国消费者权益保护法》第 2 条、第 55 条第 1 款（该款系 2013 年 10 月 25 日修改，修改前为第 49 条）

（资料来源：最高人民法院指导案例 17 号）

（二）行政责任

经营者有下列情形之一，除承担相应的民事责任外，其他有关法律、法规对处罚机关和处罚方式有规定的，依照法律、法规的规定执行；法律、法规未作规定的，由工商行政管理部门或者其他有关行政部门责令改正，可以根据情节单处或者并处警告、没收违法所得、处以违法所得 1 倍以上 10 倍以下的罚款，没有违法所得的，处以 50 万元以下的罚款；情节严重的，责令停业整顿、吊销营业执照。

1）提供的商品或者服务不符合保障人身、财产安全要求的。

2）在商品中掺杂、掺假，以假充真，以次充好，或者以不合格商品冒充合格商品的。

3）生产国家明令淘汰的商品或者销售失效、变质的商品的。

4）伪造商品的产地，伪造或者冒用他人的厂名、厂址，篡改生产日期，伪造或者冒用认证标志等质量标志的。

5）销售的商品应当检验、检疫而未检验、检疫或者伪造检验、检疫结果的。

6）对商品或者服务作虚假或者引人误解的宣传的。

7）拒绝或者拖延有关行政部门责令对缺陷商品或者服务采取停止销售、警示、召回、无害化处理、销毁、停止生产或者服务等措施的。

8）对消费者提出的修理、重作、更换、退货、补足商品数量、退还货款和服务费用或者赔偿损失的要求，故意拖延或者无理拒绝的。

9）侵害消费者人格尊严、侵犯消费者人身自由或者侵害消费者个人信息依法得到保护的权利的。

10）法律、法规规定的对损害消费者权益应当予以处罚的其他情形。

经营者有上述规定情形的，除依照法律、法规规定予以处罚外，处罚机关应当记入信用档案，向社会公布。

（三）刑事责任

违反《消费者权益保护法》，构成犯罪的行为包括以下几种。

1）经营者提供商品或者服务，造成消费者或者其他受害人人身伤害的，构成犯罪的，依法追究刑事责任。

2）以暴力、威胁等方法阻碍有关行政部门工作人员依法执行职务的，依法追究刑事责任。

3）国家机关工作人员玩忽职守或者包庇经营者侵害消费者合法权益的行为的，情节严重，构成犯罪的，依法追究刑事责任。

■■■■■■■■■■■■■■■■■ 应 知 应 会 ■■■■■■■■■■■■■■■■■

1. 核心概念：消费者、消费者权益、消费者权益保护法、消费争议。
2. 消费者各项权利的内容。
3. 经营者各项义务的内容。
4. 解决消费争议的途径和规则。
5. 侵犯消费者权益应承担的赔偿责任。

■■■■■■■■■■■■■■■■■ 实 训 练 习 ■■■■■■■■■■■■■■■■■

一、单项选择题

1. 王某到超市购买了一台多功能洗衣机，回家后才发现该机只有一种功能，即洗衣服，其他所列功能均未发现。王某向超市提出质疑，超市负责人回答说："产品是工厂起的名，说明书不明确是工厂的事，没有质量问题，本店概不负责。"隔了几日，王某的妻子侯某到该超市购物，出来时，保安怀疑她手中的小包，要求打开检查，被侯某拒绝，双方发生争执，保安一时火起，打了侯某一拳，致使侯轻度脑震荡，住院一星期，花去医药费3000元。事后，超市以门口已贴有"概不带包入内，违者应接受检查"的警示为理由，拒绝承担责任。

（1）王某可以行使（ ）权利来补偿自己的损失。

    A. 要求销售者给予退货

    B. 要求生产者给予调换

    C. 选择销售者或生产者要求予以退换

    D. 既不能向销售者也不能向生产者提出要求

（2）侯某的 3000 元医药费应由（　　）负担。

  A. 保安承担，因为打人超出保安工作范围，商场不需对此负责

  B. 保安与商场

  C. 由商场承担

  D. 先找保安，如找不到或保安无力承担，才能再找商场

（3）超市门口贴的警示标志具有（　　）效力。

  A. 民事效力   B. 行政效力   C. 合同效力   D. 无效

（4）如王某和侯某决定同时向超市所在地基层法院起诉，该法院对这两个案件的处理方式可以是（　　）。

  A. 可以合并审理，因为被告是同一人

  B. 可以合并审理，因为王与侯某是夫妻

  C. 不可以合并审理，因为是两个不同案子且原告不同

  D. 由法院自行决定是否合并审理

2. 居住某市南区的唐某向本市电信局支付 2000 元初装费安装电话一部，2 个月后，唐某发现话费单上出现自己从未打过的长途电话，话费 150 余元，遂找电信局交涉，经查系电信局设备技术故障所致，唐某多次要求电信局作进一步的解释并保证以后不再发生此类事情，电信局未予确认。不久，此类事情再次发生，唐某再次找电信局交涉，并要求电信局双倍返还多收的话费共计 600 余元。电话局遂派人到唐某所在单位，要求其单位领导做唐某的工作，让唐某不要再去电信局纠缠。此举引起唐某单位同事、邻居多人围观，议论纷纷，有人认为唐某意图趁机讹诈电信局。唐某甚怒，遂又找到电信局。电信局负责接待的人说："我们把多收的话费退给你，你不要，那你去法院告我们好了。你不是想要钱吗？开个价，10 万、20 万都可以。"唐某觉得羞辱无比，决意起诉电信局。请根据以上案情，回答问题：唐某的诉讼请求中有拆机终止电话服务合同，退还初装费 2000 元的要求。电信局以上级主管部门有文件规定为由，只同意退还 70%，对此你的判断是（　　）。

  A. 电信局应退还全部初装费

  B. 电信局应退还 70% 的初装费

  C. 如电信局承担多收的 300 元话费，则只退还 70% 的初装费

  D. 如电信局不承担多收的 300 元话费，则应退还全部初装费

3. 王某在电脑公司购买一台电脑，使用 10 个月后出现故障。在"三包"有效期内，经两次修理仍无法正常使用。此时市上已无同型号电脑。依照法律规定，解决的方式为（　　）。

  A. 王某只能要求再次修理

  B. 王某只能要求调换其他型号的电脑

  C. 电脑公司应无条件退货或予以更换

  D. 电脑公司应予退货，但可抵销折旧费

4. 一日，李女士在家中做饭时高压锅突然爆炸，李女士被炸飞的锅盖击中头部，抢救无效死亡。后据质量检测专家鉴定，高压锅发生爆炸的直接原因是设计不尽合理，使

用时造成排气孔堵塞而发生爆炸。本案中，可以以（　　）为依据判定生产者承担责任。

  A. 产品存在的缺陷   B. 产品买卖合同约定

  C. 产品默示担保条件   D. 产品明示担保条件

  5. 我国《消费者权益保护法》中第一次规定了适用惩罚性赔偿制度。对下列经营者的（　　）行为，消费者可以依法按其所支付价款的两倍要求经营者赔偿其损失。

  A. 不具备产品应当具备的性能而事先未作说明

  B. 所售产品包装上未注明出厂日期和保质期

  C. 谎称某国内私营企业产品为"美国进口原装"

  D. 出售国家明令淘汰的产品

  6. 下列店堂告示，没有违反《消费者权益保护法》的规定的是（　　）。

  A. "本店商品一旦售出概不退换"

  B. "购买总额在十元以下者，请恕本商场不开发票"

  C. "钱物请当面点清，否则后果自负"

  D. "如售假药，包赔顾客 20000 元"

  7. 某塑胶企业在本市晚报上作虚假广告，声称提供质优价廉的塑钢门窗。李林看到广告后，按照晚报上提供的电话，买了一套塑钢门窗。哪知没用几日就出现断裂现象。以下对于李林实现自己的权利的方式说法正确的是（　　）。

  A. 只能找到该塑胶企业要其承担责任

  B. 不可以要求晚报承担赔偿责任

  C. 自认倒霉

  D. 晚报不能提供该塑胶企业的真实名称、地址的，应当承担赔偿责任

二、多项选择题

  1. 马某在一家商场购物，经几次试穿终于选中价值 280 元的一条超短裙，但在付款的时候马某又担心这条裙子太暴露，遂决定不买。营业员刁某对马某的行为非常不满，执意要求马某买下裙子，否则就要找商场保安。营业员刁某侵犯了马某（　　）权利。

  A. 安全保障权   B. 人格尊严权

  C. 公平交易权   D. 自由选择权

  2. 依据有关规定，《消费者权益保护法》不适用的情况有（　　）。

  A. 某农民购买并直接用于农业生产的生产资料

  B. 某企业单位购买其他企业汽车配件准备装配汽车以便于出售的

  C. 某种子公司购买小麦种子并准备销售给农民使用的

  D. 王某购买一台彩电准备送给他人当结婚贺礼的

  3. 下列各项中销售者、生产者的行为不符合法律规定的是（　　）。

  A. 张三在超市买的电暖器保修期内修了两次仍不合格，超市表示可更换，但不能退货

  B. 某方便面厂家在大街上展示其方便面样品，李某买了几包，回去发现与样品不太一样，少了两种配料

C. 王某在超市买东西，随身带了一个小包，出来时被保安拦住要检查，王某一气之下，把包里东西倒了出来

D. 某西瓜摊前黑板上写"一角"，刘某见如此便宜，便买了 10 斤，不料摊主便要 10 元，后来发现一角后面隐约写着两个小字"一两"

4. 在甲公司举办的商品展销会期间，消费者李某从标明参展单位为乙公司的展位柜台购买了一台丙公司生产的家用电暖气，使用时发现有漏电现象，无法正常使用。由于展销会已经结束，李某先后找到甲公司、乙公司，方得知展销会期间乙公司将租赁的部分柜台转租给了丁公司，该电暖气是由丁公司卖出的。若该电暖气漏电使李某触电致残的，刘某可向（   ）要求赔偿。

    A. 甲公司　　　　B. 乙公司　　　　C. 丙公司　　　　D. 丁公司

5. 因虚假广告而购买商品或者接受服务，其合法权益受到损害的，消费者可以请求赔偿。下列关于赔偿义务人的确定正确的有（   ）。

A. 广告的经营者发布虚假广告的，消费者可以请求行政主管部门予以惩处

B. 广告经营者不能提供经营者的真实名称、地址的，应当承担赔偿责任

C. 消费者只能向利用虚假广告提供商品或者服务的经营者请求赔偿，而不能向广告经营者请求赔偿，因为广告经营者并没有直接获利

D. 既然是因虚假广告而受害，故不一定是产品质量的问题。无论产品质量合格与否，产品的生产者、销售者都不承担责任。

三、案例分析题

某消费者 A 男士在某商店见一双男皮鞋，式样新颖，颜色适中，便有意购买。商店售货员见状笑容可掬地迎上来极力推销此商品。A 男士随意说了一句："价格高了些，能否便宜些？"售货员立刻说："这双皮鞋盒丢了，这样吧，我可以送你个塑料袋，价格下降 50 元！"于是双方成交。售货员在开具发票时，在发票上写上"处理"二字。A 男士不解其意，售货员解释说，因为降价又没有鞋盒，在商店票据结算一栏中打入"处理栏"，这样写只为商店结算方便。A 男士遂未在意。A 男士回去穿此鞋 10 天后，发现鞋不但表面亮度全无，最可恨的是鞋底掉了下来。A 男士持鞋找到商店负责人，答称："此鞋为处理品，一旦售出概不负责。"A 男士又找到当地消费者协会咨询，得知凡处理品系指质量有问题的商品，购此类商品，质量问题无法解决。至此，A 男士恍然大悟，难怪购鞋时，售货员要在发票上写上"处理"二字。原来商店早就预料到消费者会来找他们。A 男士诉到法院。

请问：

1）A 男士购鞋时，是否有权了解该鞋的情况？

2）商店是否有义务为 A 男士如实介绍该鞋的真实情况？

3）此案如何处理？

学习目标

知识目标

1. 了解广告法、广告主、广告经营者、广告发布者、广告代言人等基本概念。
2. 掌握广告内容准则及广告行为规范的具体规定。
3. 了解广告监督管理制度。
4. 理解违反广告法的法律责任。

能力目标

1. 熟知广告内容准则及广告行为规范的具体规定。
2. 能够正确选择违法广告行为承担法律责任的具体方式。

法律检索

《中华人民共和国广告法》（以下简称《广告法》）（1994 年 10 月 27 日第八届全国人民代表大会常务委员会第十次会议通过，2015 年 4 月 24 日第十二届全国人民代表大会常务委员会第十四次会议修订，自 2015 年 9 月 1 日起施行）

法谚名言

我们制作销售产品的广告，但也请记住，广告负有广泛的社会责任。

——（美国）李奥贝纳

第一节　广告法概述

一、广告法的概念和适用范围

广义的广告法是调整广告活动和广告管理过程中产生的社会关系的法律规范的总称。狭义的广告法即《中华人民共和国广告法》，该法于 1994 年 10 月 27 日第八届全国人民代表大会常务委员会第十次会议通过，2015 年 4 月 24 日第十二届全国人民代表大会常务委员会第十四次会议修订，自 2015 年 9 月 1 日起施行。

在中华人民共和国境内，商品经营者或者服务提供者通过一定媒介和形式直接或者间接地介绍自己所推销的商品或者服务的商业广告活动，适用《广告法》。

二、广告活动主体

（一）广告主

广告主是指为推销商品或者服务，自行或者委托他人设计、制作、发布广告的自然人、法人或者其他组织。

（二）广告经营者

广告经营者是指接受委托提供广告设计、制作、代理服务的自然人、法人或者其他组织。

（三）广告发布者

广告发布者是指为广告主或者广告主委托的广告经营者发布广告的自然人、法人或者其他组织。

（四）广告代言人

广告代言人是指广告主以外的，在广告中以自己的名义或者形象对商品、服务作推荐、证明的自然人、法人或者其他组织。

国务院工商行政管理部门主管全国的广告监督管理工作，国务院有关部门在各自的职责范围内负责广告管理相关工作。县级以上地方工商行政管理部门主管本行政区域的广告监督管理工作，县级以上地方人民政府有关部门在各自的职责范围内负责广告管理相关工作。

广告行业组织依照法律、法规和章程的规定，制定行业规范，加强行业自律，促进行业发展，引导会员依法从事广告活动，推动广告行业诚信建设。

三、广告活动原则

广告活动原则是指广告主、广告经营者、广告发布者和广告代言人在从事广告活动时必须遵循的准则。广告的内容一方面要体现广告的目的和要求，另一方面也关系到消费者和经营者的合法权益，因此，广告活动应当遵循以下原则。

（一）合法真实原则

广告应当真实、合法，以健康的表现形式表达广告内容，符合社会主义精神文明建设和弘扬中华民族优秀传统文化的要求。广告不得含有虚假或者引人误解的内容，不得欺骗、误导消费者。广告主应当对广告内容的真实性负责。

（二）诚实信用、公平竞争原则

广告主、广告经营者、广告发布者从事广告活动，应当遵守法律、法规，诚实信用，公平竞争。

第二节 广告内容准则

一、一般性广告的规定

（一）有关广告对商品性能、功能等内容的规定

广告中对商品的性能、功能、产地、用途、质量、成分、价格、生产者、有效期限、允诺等或者对服务的内容、提供者、形式、质量、价格、允诺等有表示的，应当准确、清楚、明白。广告中表明推销的商品或者服务附带赠送的，应当明示所附带赠送商品或者服务的品种、规格、数量、期限和方式。法律、行政法规规定广告中应当明示的内容，应当显著、清晰表示。

（二）有关广告内容中不得有的情形

广告不得有下列情形：①使用或者变相使用中华人民共和国的国旗、国歌、国徽，军旗、军歌、军徽；②使用或者变相使用国家机关、国家机关工作人员的名义或者形象；③使用"国家级"、"最高级"、"最佳"等用语；④损害国家的尊严或者利益，泄露国家机密；⑤妨碍社会安定，损害社会公共利益；⑥危害人身、财产安全，泄露个人隐私；⑦妨碍社会公共秩序或者违背社会良好风尚；⑧含有淫秽、色情、赌博、迷信、恐怖、暴力的内容；⑨含有民族、种族、宗教、性别歧视的内容；⑩妨碍环境、自然资源或者文化遗产保护；⑪法律、行政法规规定禁止的其他情形。

（三）有关广告中涉及未成年人和残疾人内容的规定

广告不得损害未成年人和残疾人的身心健康。

（四）有关广告中涉及行政许可和引证内容的规定

广告内容涉及的事项需要取得行政许可的，应当与许可的内容相符合。

广告使用数据、统计资料、调查结果、文摘、引用语等引证内容的，应当真实、准确，并表明出处。引证内容有适用范围和有效期限的，应当明确表示。

（五）有关广告中涉及专利产品或者专利方法的规定

广告中涉及专利产品或者专利方法的，应当标明专利号和专利种类。未取得专利权的，不得在广告中谎称取得专利权。禁止使用未授予专利权的专利申请和已经终止、撤销、无效的专利作广告。

（六）有关广告中涉及其他生产经营者的商品或者服务的规定

广告不得贬低其他生产经营者的商品或者服务。

（七）有关广告应当具有可识别性的规定

广告应当具有可识别性，能够使消费者辨明其为广告。大众传播媒介不得以新闻报道形式变相发布广告。通过大众传播媒介发布的广告应当显著标明"广告"，与其他非广告信息相区别，不得使消费者产生误解。广播电台、电视台发布广告，应当遵守国务院有关部门关于时长、方式的规定，并应当对广告时长作出明显提示。

（八）有关广告中涉及特殊药品的规定

麻醉药品、精神药品、医疗用毒性药品、放射性药品等特殊药品，药品类易制毒化学品，以及戒毒治疗的药品、医疗器械和治疗方法，不得作广告。规定以外的处方药，只能在国务院卫生行政部门和国务院药品监督管理部门共同指定的医学、药学专业刊物上作广告。

导学博览13-1　工商总局曝光2015年违反广告法十大典型案例

据央视财经消息，日前，国家工商总局公布了2015年涉嫌违反《广告法》的十大典型案例。国家工商总局提醒消费者，如果在生活中遇到了违反广告法的案件，请及时举报。

案例1：虎符兵印——大阅兵纪念宝玺

广告中说：这九尊虎头宝玺都是由中国知名的九种玉制作的，其中说有一种和田老坑玉，总共加在一起是7.5千克，有巨大的升值空间，正值大阅兵时期，现在我们白送。这种类似天上掉馅饼的事本身就是不可能的。另外该广告有很多涉嫌违法的语言，特别这个事情是一个虚构的事情，说有10套免费送，谁打进去就给谁。然而免费的背后却是一个需要缴纳5000块钱工本费的陷阱。

案例2：十大传世名画

案件当事人河北信超企业管理咨询公司制作、发布"国宝十绝——中国十大传世名画"的广告，自行或委托广告代理，在多地电视媒体进行发布。其内容含有利用虚构的"由国际收藏家协会监制""限量发行""中国梦文化惠民工程"夸大该书画为收藏品且具有较大升值空间，且宣称其书画是"免费赠送"消费者的事实。利用知名艺人侯耀华等人员进行涉嫌虚假宣传，提升自身产品影响力。经工商部门调查核实，所谓的"传世名画"只是浙江某工艺品厂生产的丝绸制印刷品。其行为误导消费者并进行虚假宣传。

案例3：十二幅书画真迹大全套

广告宣称所销售的是中国十二位书画大师传人或再传弟子的作品真迹，是一次收藏可能创造升值千百倍，甚至是下一个亿万富翁。并有文化部颁布的"润格"价为证，十二幅作品免费赠送，只收取装裱费。经工商部门调查，所谓"大师传人或再传弟子"，只是说被某某大师指点过，或者听过某某大师的课，或者自认为与某某大师的艺术风格接近，甚至只是与某某大师及其家人合过影、吃过饭。文化部并未颁布"润格"价，属于内容涉嫌虚假，欺骗和误导消费者。

案例4：金斗寻宝

该广告中使用绝对化用语：中国最有价值的五大文玩投资手串套组；中国第一套最昂贵的红木手串大全；世界前几位的顶级材质；中国第一套正规发行带有国家检测手串套组。

该广告涉嫌虚假宣传：免费赠送，仅收取报关税及加工费1680元；虚构观众打进热线电话抢购中国五大投资手串的场景；以中国木材与制品流通委员会和北京国博文物鉴定中心的名义，联合推出放心收藏活动；将该手串套组与2014年奇楠沉香制手串及2012年香港泰珑手串拍卖价格作不科学的比较，暗示该手串升值空间大。该广告还宣传治疗疾病作用，称该手串套组中的紫檀对于呕吐和气喘等病症有一定的帮助。

案例5：五套人民币收藏

广告中含有虚假内容，广告误导消费者购买，经营者利用广告或者其他方法，对商品做引人误解的虚假宣传。

案例6：陈老师泄油瘦身汤

该广告中出现的"已经有几万人喝陈老师泄油瘦身汤瘦下来了""不到一个月，一般人都达到理想体重，体重200多斤的，3个月内也能拥有标准的好身材"等内容，使用数据无法证明真实、准确，未表明出处。

该广告涉嫌违反了《中华人民共和国广告法》第十条"广告使用数据、统计资料、调查结果、文摘、引用语，应当真实、准确，并表明出处"的规定，属于广告使用数据未表明出处的违法行为。同时使用消费者的名义或者形象做证明，违反了《食品广告发布暂行规定》的有关规定。

案例7：一碗泄油瘦身汤

该广告涉嫌违反了《中华人民共和国广告法》第十条"广告使用数据、统计资料、调查结果、文摘、引用语，应当真实、准确，并表明出处"的规定，属于广告使用数据未表明出处的违法行为。同时使用消费者的名义或者形象做证明，违反了《食品广告发布暂行规定》的有关规定。

案例8：郑多燕减肥晚餐

"郑多燕营养晚餐"是普通食品，生产许可证号为：QS440106015152。广告中均出现"用郑多燕减肥晚餐，保证让你瘦下来，不节食，不运动，躺着就能让你瘦，不腹泻，不反胃，没有一例副作用，郑多燕减肥晚餐1周减掉10斤油30天狂甩一身肉，只要一个月，保证让你瘦下来。3大瘦身新突破：一是7天断肥根；二是15天排肥油；三是终身不反弹"等内容，使用数据无法证明真实、准确，且未表明出处。该广告涉嫌违反了《中华人民共和国广告法》第十条。

案例9：冬虫夏草胶囊

该广告出现了与药品相混淆的广告用语，宣称具有治疗作用，涉及疾病预防及治疗功效，并出现医生、医疗机构的名义和形象，使用专家、消费者作证明。

案例10：舒尼迩滴耳油

该广告中宣称"老年性耳聋、噪音性耳聋、神经性耳聋……"，如果使用了该产品就会"交流无障碍，听力恢复得和正常人一样了"，同时使用患者形象作证明。涉嫌违反广告法的相关规定。

二、特殊商品和服务广告的规定

（一）对医疗、药品、医疗器械广告的规定

医疗、药品、医疗器械广告不得含有下列内容：①表示功效、安全性的断言或者保证；②说明治愈率或者有效率；③与其他药品、医疗器械的功效和安全性或者其他医疗机构比较；④利用广告代言人作推荐、证明；⑤法律、行政法规规定禁止的其他内容。

药品广告的内容不得与国务院药品监督管理部门批准的说明书不一致，并应当显著标明禁忌、不良反应。处方药广告应当显著标明"本广告仅供医学药学专业人士阅读"，非处方药广告应当显著标明"请按药品说明书或者在药师指导下购买和使用"。

推荐给个人自用的医疗器械的广告，应当显著标明"请仔细阅读产品说明书或者在医务人员的指导下购买和使用"。医疗器械产品注册证明文件中有禁忌内容、注意事项的，广告中应当显著标明"禁忌内容或者注意事项详见说明书"。

除医疗、药品、医疗器械广告外，禁止其他任何广告涉及疾病治疗功能，并不得使用医疗用语或者易使推销的商品与药品、医疗器械相混淆的用语。

（二）对保健食品广告的规定

保健食品广告不得含有下列内容：①表示功效、安全性的断言或者保证；②涉及疾病预防、治疗功能；③声称或者暗示广告商品为保障健康所必需；④与药品、其他保健食品进行比较；⑤利用广告代言人作推荐、证明；⑥法律、行政法规规定禁止的其他内容。

保健食品广告应当显著标明"本品不能代替药物"。广播电台、电视台、报刊音像出版单位、互联网信息服务提供者不得以介绍健康、养生知识等形式变相发布医疗、药品、医疗器械、保健食品广告。禁止在大众传播媒介或者公共场所发布声称全部或者部分替代母乳的婴儿乳制品、饮料和其他食品广告。

（三）对农药、兽药、饲料和饲料添加剂广告的规定

农药、兽药、饲料和饲料添加剂广告不得含有下列内容：①表示功效、安全性的断言或者保证；②利用科研单位、学术机构、技术推广机构、行业协会或者专业人士、用户的名义或者形象作推荐、证明；③说明有效率；④违反安全使用规程的文字、语言或者画面；⑤法律、行政法规规定禁止的其他内容。

（四）对烟草广告的规定

禁止在大众传播媒介或者公共场所、公共交通工具、户外发布烟草广告。禁止向未成年人发送任何形式的烟草广告。禁止利用其他商品或者服务的广告、公益广告，宣传烟草制品名称、商标、包装、装潢以及类似内容。烟草制品生产者或者销售者发布的迁址、更名、招聘等启事中，不得含有烟草制品名称、商标、包装、装潢以及类似内容。

（五）对酒类广告的规定

酒类广告不得含有下列内容：①诱导、怂恿饮酒或者宣传无节制饮酒；②出现饮酒的动作；③表现驾驶车、船、飞机等活动；④明示或者暗示饮酒有消除紧张和焦虑、增加体力等功效。

（六）对教育、培训广告的规定

教育、培训广告不得含有下列内容：①对升学、通过考试、获得学位学历或者合格证书，或者对教育、培训的效果作出明示或者暗示的保证性承诺；②明示或者暗示有相关考试机构或者其工作人员、考试命题人员参与教育、培训；③利用科研单位、学术机构、教育机构、行业协会、专业人士、受益者的名义或者形象作推荐、证明。

（七）对招商等有投资回报预期的商品或者服务广告的规定

招商等有投资回报预期的商品或者服务广告，应当对可能存在的风险以及风险责任承担有合理提示或者警示，并不得含有下列内容：①对未来效果、收益或者与其相关的情况作出保证性承诺，明示或者暗示保本、无风险或者保收益等，国家另有规定的除外；②利用学术机构、行业协会、专业人士、受益者的名义或者形象作推荐、证明。

（八）对房地产广告的规定

房地产广告，房源信息应当真实，面积应当表明为建筑面积或者套内建筑面积，并不得含有下列内容：①升值或者投资回报的承诺；②以项目到达某一具体参照物的所需时间表示项目位置；③违反国家有关价格管理的规定；④对规划或者建设中的交通、商业、文化教育设施以及其他市政条件作误导宣传。

（九）对农作物种子、林木种子、草种子、种畜禽、水产苗种和种养殖广告的规定

农作物种子、林木种子、草种子、种畜禽、水产苗种和种养殖广告关于品种名称、

生产性能、生长量或者产量、品质、抗性、特殊使用价值、经济价值、适宜种植或者养殖的范围和条件等方面的表述应当真实、清楚、明白，并不得含有下列内容：①作科学上无法验证的断言；②表示功效的断言或者保证；③对经济效益进行分析、预测或者作保证性承诺；④利用科研单位、学术机构、技术推广机构、行业协会或者专业人士、用户的名义或者形象作推荐、证明。

三、对虚假广告的规定

广告以虚假或者引人误解的内容欺骗、误导消费者的，构成虚假广告。广告有下列情形之一的，为虚假广告。

1）商品或者服务不存在的。

2）商品的性能、功能、产地、用途、质量、规格、成分、价格、生产者、有效期限、销售状况、曾获荣誉等信息，或者服务的内容、提供者、形式、质量、价格、销售状况、曾获荣誉等信息，以及与商品或者服务有关的允诺等信息与实际情况不符，对购买行为有实质性影响的。

3）使用虚构、伪造或者无法验证的科研成果、统计资料、调查结果、文摘、引用语等信息作证明材料的。

4）虚构使用商品或者接受服务的效果的。

5）以虚假或者引人误解的内容欺骗、误导消费者的其他情形。

第三节　广告行为规范和广告监督管理

一、广告行为规范

（一）广播电台、电视台、报刊出版单位的行为规范

广播电台、电视台、报刊出版单位从事广告发布业务的，应当设有专门从事广告业务的机构，配备必要的人员，具有与发布广告相适应的场所、设备，并向县级以上地方工商行政管理部门办理广告发布登记。

（二）广告主、广告经营者、广告发布者的行为规范

1）广告主、广告经营者、广告发布者之间在广告活动中应当依法订立书面合同。

2）广告主、广告经营者、广告发布者不得在广告活动中进行任何形式的不正当竞争。

3）广告主委托设计、制作、发布广告，应当委托具有合法经营资格的广告经营者、广告发布者。

4）广告主或者广告经营者在广告中使用他人名义或者形象的，应当事先取得其书面同意；使用无民事行为能力人、限制民事行为能力人的名义或者形象的，应当事先取得其监护人的书面同意。

5）广告经营者、广告发布者应当按照国家有关规定，建立、健全广告业务的承接登记、审核、档案管理制度。广告经营者、广告发布者依据法律、行政法规查验有关证明文件，核对广告内容。对内容不符或者证明文件不全的广告，广告经营者不得提供设

计、制作、代理服务，广告发布者不得发布。

6）广告经营者、广告发布者应当公布其收费标准和收费办法。

7）广告发布者向广告主、广告经营者提供的覆盖率、收视率、点击率、发行量等资料应当真实。

8）法律、行政法规规定禁止生产、销售的产品或者提供的服务，以及禁止发布广告的商品或者服务，任何单位或者个人不得设计、制作、代理、发布广告。

（三）广告代言的行为规范

1）广告代言人在广告中对商品、服务作推荐、证明，应当依据事实，符合本法和有关法律、行政法规规定，并不得为其未使用过的商品或者未接受过的服务作推荐、证明。

2）不得利用不满 10 周岁的未成年人作为广告代言人。

3）对在虚假广告中作推荐、证明受到行政处罚未满 3 年的自然人、法人或者其他组织，不得利用其作为广告代言人。

4）不得在中小学校、幼儿园内开展广告活动，不得利用中小学生和幼儿的教材、教辅材料、练习册、文具、教具、校服、校车等发布或者变相发布广告，但公益广告除外。

5）在针对未成年人的大众传播媒介上不得发布医疗、药品、保健食品、医疗器械、化妆品、酒类、美容广告以及不利于未成年人身心健康的网络游戏广告。针对不满 14 周岁的未成年人的商品或者服务的广告不得含有下列内容：①劝诱其要求家长购买广告商品或者服务；②可能引发其模仿不安全行为。

（四）户外广告的行为规范

县级以上地方人民政府应当组织有关部门加强对利用户外场所、空间、设施等发布户外广告的监督管理，制定户外广告设置规划和安全要求。户外广告的管理办法，由地方性法规、地方政府规章规定。有下列情形之一的，不得设置户外广告。

1）利用交通安全设施、交通标志的。

2）影响市政公共设施、交通安全设施、交通标志、消防设施、消防安全标志使用的。

3）妨碍生产或者人民生活，损害市容市貌的。

4）在国家机关、文物保护单位、风景名胜区等的建筑控制地带，或者县级以上地方人民政府禁止设置户外广告的区域设置的。

（五）电子信息等方式广告的行为规范

任何单位或者个人未经当事人同意或者请求，不得向其住宅、交通工具等发送广告，也不得以电子信息方式向其发送广告。以电子信息方式发送广告的，应当明示发送者的真实身份和联系方式，并向接收者提供拒绝继续接收的方式。

导学博览13-2 首个银行违反广告法案例

2015 年 9 月 1 日，某银行温州乐清支行在没有征得接收者同意、也没有接收者向当事人请求发送的情况下，向 556 个手机号码发送如下短信："活期理财真给力，存取灵活，收益 3.6%，是活期的 10 倍多。还有 51 天 4.5% 保本固定收益。61601027，新户有礼哦！"

温州市市场监督管理局广告监管处在通报中指出，以上短信内容有两方面不符合新广告法要求。首先是信息中的"活期理财"，指的是当事人的"得利宝·天添利"A款（高净值版）人民币理财产品，该产品为非保本浮动收益型产品，不同于储蓄存款，具有一定风险；其次是信息中收益3.6%指的是产品的预期年化收益，但该收益是不确定的，信息中未标明风险责任承担的提示或者警示。

以上两点违反了《中华人民共和国广告法》第四十三条"任何单位或者个人未经当事人同意或者请求，不得向其住宅、交通工具等发送广告，也不得以电子信息方式向其发送广告"；第二十五条"招商等有投资回报预期的商品或者服务广告，应当对可能存在的风险以及风险责任承担有合理提示或者警示，并不得含有下列内容：（一）对未来效果、收益或者与其相关的情况作出保证性承诺，明示或者暗示保本、无风险或者保收益等，国家另有规定的除外"之规定。银行的以上违法广告，温州市场监督管理机关已依法立案查处。

（六）互联网广告的行为规范

利用互联网从事广告活动，适用广告法的各项规定。利用互联网发布、发送广告，不得影响用户正常使用网络。在互联网页面以弹出等形式发布的广告，应当显著标明关闭标志，确保一键关闭。

（七）公共场所的管理者或者电信业务经营者、互联网信息服务提供者的行为规范

公共场所的管理者或者电信业务经营者、互联网信息服务提供者对其明知或者应知的利用其场所或者信息传输、发布平台发送、发布违法广告的，应当予以制止。

二、广告监督管理

（一）广告的监督管理机构

国务院工商行政管理部门主管全国的广告监督管理工作，国务院有关部门在各自的职责范围内负责广告管理相关工作。县级以上地方工商行政管理部门主管本行政区域的广告监督管理工作，县级以上地方人民政府有关部门在各自的职责范围内负责广告管理相关工作。

（二）工商行政管理部门广告监督管理的职责

工商行政管理部门履行广告监督管理的职责，可以行使下列职权：①对涉嫌从事违法广告活动的场所实施现场检查；②询问涉嫌违法当事人或者其法定代表人、主要负责人和其他有关人员，对有关单位或者个人进行调查；③要求涉嫌违法当事人限期提供有关证明文件；④查阅、复制与涉嫌违法广告有关的合同、票据、账簿、广告作品和其他有关资料；⑤查封、扣押与涉嫌违法广告直接相关的广告物品、经营工具、设备等财物；

⑥责令暂停发布可能造成严重后果的涉嫌违法广告；⑦法律、行政法规规定的其他职权。

工商行政管理部门应当建立健全广告监测制度，完善监测措施，及时发现和依法查处违法广告行为。

（三）广告的审查

发布医疗、药品、医疗器械、农药、兽药和保健食品广告，以及法律、行政法规规定应当进行审查的其他广告，应当在发布前由有关部门（以下称广告审查机关）对广告内容进行审查；未经审查，不得发布。

广告主申请广告审查，应当依照法律、行政法规向广告审查机关提交有关证明文件。广告审查机关应当依照法律、行政法规规定作出审查决定，并应当将审查批准文件抄送同级工商行政管理部门。广告审查机关应当及时向社会公布批准的广告。任何单位或者个人不得伪造、变造或者转让广告审查批准文件。

第四节　违反广告法的法律责任

违反广告法的法律责任是指广告主、广告经营者、广告发布者和广告代言人等主体因在广告活动中实施了违反法律、法规的行为而应承担的法律后果，主要包括民事责任、行政责任和刑事责任。

一、民事责任

广告主、广告经营者、广告发布者和广告代言人因进行违法广告活动而给用户或者消费者造成损失，或有其他侵权行为的，应当承担民事责任。

广告主、广告经营者、广告发布者违反本法规定，有下列侵权行为之一的，依法承担民事责任：①在广告中损害未成年人或者残疾人的身心健康的；②假冒他人专利的；③贬低其他生产经营者的商品、服务的；④在广告中未经同意使用他人名义或者形象的；⑤其他侵犯他人合法民事权益的。

违法发布虚假广告，欺骗、误导消费者，使购买商品或者接受服务的消费者的合法权益受到损害的，由广告主依法承担民事责任。广告经营者、广告发布者不能提供广告主的真实名称、地址和有效联系方式的，消费者可以要求广告经营者、广告发布者先行赔偿。关系消费者生命健康的商品或者服务的虚假广告，造成消费者损害的，其广告经营者、广告发布者、广告代言人应当与广告主承担连带责任。上述规定以外的商品或者服务的虚假广告，造成消费者损害的，其广告经营者、广告发布者、广告代言人，明知或者应知广告虚假仍设计、制作、代理、发布或者作推荐、证明的，应当与广告主承担连带责任。

二、行政责任

广告主、广告经营者、广告发布者、广告代言人在不履行法定义务或者实施了法律禁止行为时所应受到的行政制裁。对违反广告法的广告主、广告经营者、广告发布者，广告代言人由工商行政管理部门依法追究其行政责任，分别给予行政处罚。

1）发布虚假广告的，由工商行政管理部门责令停止发布广告，责令广告主在相应范围内消除影响，处广告费用 3 倍以上 5 倍以下的罚款，广告费用无法计算或者明显偏低的，处 20 万元以上 100 万元以下的罚款；两年内有三次以上违法行为或者有其他严重情节的，处广告费用 5 倍以上 10 倍以下的罚款，广告费用无法计算或者明显偏低的，处 100 万元以上 200 万元以下的罚款，可以吊销营业执照，并由广告审查机关撤销广告审查批准文件、一年内不受理其广告审查申请。

医疗机构有上述规定违法行为，情节严重的，除由工商行政管理部门依照本法处罚外，卫生行政部门可以吊销诊疗科目或者吊销医疗机构执业许可证。

广告经营者、广告发布者明知或者应知广告虚假仍设计、制作、代理、发布的，由工商行政管理部门没收广告费用，并处广告费用 3 倍以上 5 倍以下的罚款，广告费用无法计算或者明显偏低的，处 20 万元以上 100 万元以下的罚款；两年内有三次以上违法行为或者有其他严重情节的，处广告费用 5 倍以上 10 倍以下的罚款，广告费用无法计算或者明显偏低的，处 100 万元以上 200 万元以下的罚款，并可以由有关部门暂停广告发布业务、吊销营业执照、吊销广告发布登记证件。

2）有下列行为之一的，由工商行政管理部门责令停止发布广告，对广告主处 20 万元以上 100 万元以下的罚款，情节严重的，并可以吊销营业执照，由广告审查机关撤销广告审查批准文件、一年内不受理其广告审查申请；对广告经营者、广告发布者，由工商行政管理部门没收广告费用，处 20 万元以上 100 万元以下的罚款，情节严重的，并可以吊销营业执照、吊销广告发布登记证件：①发布有《广告法》第 9 条关于禁止情形和第 10 条规定的损害未成年人和残疾人的身心健康的广告的；②违反《广告法》第 15 条规定发布处方药广告、药品类易制毒化学品广告、戒毒治疗的医疗器械和治疗方法广告的；③违反《广告法》第 20 条规定，发布声称全部或者部分替代母乳的婴儿乳制品、饮料和其他食品广告的；④违反《本法》第 22 条规定发布烟草广告的；⑤违反《广告法》第 37 条规定，利用广告推销禁止生产、销售的产品或者提供的服务，或者禁止发布广告的商品或者服务的；⑥违反《广告法》第 40 条第一款规定，在针对未成年人的大众传播媒介上发布医疗、药品、保健食品、医疗器械、化妆品、酒类、美容广告，以及不利于未成年人身心健康的网络游戏广告的。

3）有下列行为之一的，由工商行政管理部门责令停止发布广告，责令广告主在相应范围内消除影响，处广告费用 1 倍以上 3 倍以下的罚款，广告费用无法计算或者明显偏低的，处 10 万元以上 20 万元以下的罚款；情节严重的，处广告费用 3 倍以上 5 倍以下的罚款，广告费用无法计算或者明显偏低的，处 20 万元以上 100 万元以下的罚款，可以吊销营业执照，并由广告审查机关撤销广告审查批准文件、一年内不受理其广告审查申请：①违反《广告法》第 16 条规定发布医疗、药品、医疗器械广告的；②违反《广告法》第 17 条规定，在广告中涉及疾病治疗功能，以及使用医疗用语或者易使推销的商品与药品、医疗器械相混淆的用语的；③违反《广告法》第 18 条规定发布保健食品广告的；④违反《广告法》第 21 条规定发布农药、兽药、饲料和饲料添加剂广告的；⑤违反《广告法》第 23 条规定发布酒类广告的；⑥违反《广告法》第 24 条规定发布教育、培训广告的；⑦违反《广告法》第 25 条规定发布招商等有投资回报预期的商品或者服务广告的；⑧违反《广告法》第 26 条规定发布房地产广告的；⑨违反《广告法》第 27 条规定发布农作物种子、林木种子、草种子、种畜禽、水产苗种和种养殖广告的；⑩违反《广告法》第 38 条第 2 款规定，利用不满十周岁的未成年人作为广告代言人的；⑪违反《广告法》第 38 条第 3 款规定，利用在虚假广告中作推荐、证明受到行政处罚未满三年的自然人、法人或者其他组织作为广告代言人的；⑫违反《广告法》第 39 条规定，在中小学校、幼儿园内或者利用与中小学生、幼儿有关的物品发布广告的；⑬违反《广告法》第 40 条第 2 款规定，发布针对不满十四周岁的未成年人的商品或者服务的广告中有：劝诱其要求家长购买或可能引发其模仿不安全行为内容的；⑭违反《广告法》第 46 条规定，未经审查发布广告的。

医疗机构有上述违法行为，情节严重的，除由工商行政管理部门依照本法处罚外，卫生行政部门可以吊销诊疗科目或者吊销医疗机构执业许可证。

广告经营者、广告发布者明知或者应知有上述违法行为仍设计、制作、代理、发布的，由工商行政管理部门没收广告费用，并处广告费用 1 倍以上 3 倍以下的罚款，广告费用无法计算或者明显偏低的，处 10 万元以上 20 万元以下的罚款；情节严重的，处广告费用 3 倍以上 5 倍以下的罚款，广告费用无法计算或者明显偏低的，处 20 万元以上 100 万元以下的罚款，并可以由有关部门暂停广告发布业务、吊销营业执照、吊销广告发布登记证件。

4）有下列行为之一的，由工商行政管理部门责令停止发布广告，对广告主处 10 万元以下的罚款：①广告内容违反《广告法》第 8 条规定的；②广告引证内容违反《广告法》第 11 条规定的；③涉及专利的广告违反《广告法》第 12 条规定的；④违反《广告法》第 13 条规定，广告贬低其他生产经营者的商品或者服务的。

广告经营者、广告发布者明知或者应知有上述违法行为仍设计、制作、代理、发布的，由工商行政管理部门处 10 万元以下的罚款。

广告不具有可识别性的，或者违反《广告法》第 19 条规定，变相发布医疗、药品、医疗器械、保健食品广告的，由工商行政管理部门责令改正，对广告发布者处 10 万元以下的罚款。

5）广播电台、电视台、报刊出版单位未办理广告发布登记，擅自从事广告发布业务的，由工商行政管理部门责令改正，没收违法所得，违法所得 1 万元以上的，并处违法所得 1 倍以上 3 倍以下的罚款；违法所得不足 1 万元的，并处 5 千元以上 3 万元以下的罚款。

6）广告经营者、广告发布者未按照国家有关规定建立、健全广告业务管理制度的，或者未对广告内容进行核对的，由工商行政管理部门责令改正，可以处 5 万元以下的罚款。

广告经营者、广告发布者未公布其收费标准和收费办法的，由价格主管部门责令改正，可以处 5 万元以下的罚款。

7）广告代言人有下列情形之一的，由工商行政管理部门没收违法所得，并处违法所得 1 倍以上 2 倍以下的罚款：①违反《广告法》第 16 条第 1 款第 4 项规定，在医疗、药品、医疗器械广告中作推荐、证明的；②违反《广告法》第 18 条第 1 款第 5 项规定，在保健食品广告中作推荐、证明的；③违反《广告法》第 38 条第 1 款规定，为其未使用过的商品或者未接受过的服务作推荐、证明的；④明知或者应知广告虚假仍在广告中对商品、服务作推荐、证明的。

8）未经当事人同意或者请求，向其住宅、交通工具等发送广告，以电子信息方式向其发送广告的；或以电子信息方式发送广告，未明示发送者的真实身份和联系方式，并向接收者提供拒绝继续接收的方式的，由有关部门责令停止违法行为，对广告主处5千元以上3万元以下的罚款。

利用互联网发布、发送广告，影响用户正常使用网络的；在互联网页面以弹出等形式发布的广告未显著标明关闭标志，确保一键关闭的，由工商行政管理部门责令改正，对广告主处5千元以上3万元以下的罚款。

9）公共场所的管理者和电信业务经营者、互联网信息服务提供者，明知或者应知广告活动违法不予制止的，由工商行政管理部门没收违法所得，违法所得5万元以上的，并处违法所得1倍以上3倍以下的罚款，违法所得不足5万元的，并处1万元以上5万元以下的罚款；情节严重的，由有关部门依法停止相关业务。

10）隐瞒真实情况或者提供虚假材料申请广告审查的，广告审查机关不予受理或者不予批准，予以警告，1年内不受理该申请人的广告审查申请；以欺骗、贿赂等不正当手段取得广告审查批准的，广告审查机关予以撤销，处10万元以上20万元以下的罚款，3年内不受理该申请人的广告审查申请。

11）伪造、变造或者转让广告审查批准文件的，由工商行政管理部门没收违法所得，并处1万元以上10万元以下的罚款。

12）有广告法规定的违法行为的，由工商行政管理部门记入信用档案，并依照有关法律、行政法规规定予以公示。

三、刑事责任

违反《广告法》情节严重，构成犯罪的，依法追究刑事责任。

1）广告主发布虚假广告，广告经营者、广告发布者明知或者应知广告虚假仍设计、制作、代理、发布并构成犯罪的，依法追究刑事责任。

2）拒绝、阻挠工商行政管理部门监督检查，或者有其他构成违反治安管理行为的，依法给予治安管理处罚；构成犯罪的，依法追究刑事责任。

3）广告审查机关对违法的广告内容作出审查批准决定的，对负有责任的主管人员和直接责任人员，由任免机关或者监察机关依法给予处分；构成犯罪的，依法追究刑事责任。

4）工商行政管理部门对在履行广告监测职责中发现的违法广告行为或者对经投诉、举报的违法广告行为，不依法予以查处的，对负有责任的主管人员和直接责任人员，依法给予处分。工商行政管理部门和负责广告管理相关工作的有关部门的工作人员玩忽职守、滥用职权、徇私舞弊的，依法给予处分。有上述两种行为，构成犯罪的，依法追究刑事责任。

■■■■■■■■■■■■■■■■　应 知 应 会　■■■■■■■■■■■■■■■■

1. 核心概念：广告法、广告主、广告经营者、广告发布者、广告代言人、虚假广告。
2. 广告活动的主体。

3. 广告内容准则的一般性规定。

4. 特殊商品和服务广告的规定。

5. 广告行为规范的内容。

6. 违反广告法的法律责任。

实 训 练 习

一、单项选择题

1. （   ）是广告监督管理机关。

    A. 县级以上人民政府质量技术监督部门   B. 物价局

    C. 县级以上人民政府工商行政管理部门   D. 广播电视局

2. 大众传播媒介不得以（   ）形式发布广告。

    A. 报告文学   B. 产品介绍   C. 新闻报道   D. 文艺表演

3. 当事人对广告监督管理机关的行政处罚决定不服，可以在接到处罚通知之日起（   ）日内向作出处罚决定的上一级机关申请复议。

    A. 15   B. 60   C. 90   D. 30

4. 麻醉药品、精神药品、毒性药品、（   ）等特殊药品不得做广告。

    A. 兽用药品   B. 人用药品   C. 保健用品   D. 放射性药品

5. 广告主提供虚假证明文件的，由广告监督管理机关处以（   ）的罚款。

    A. 1 千元以上，5 千元以下   B. 1 万元以上，10 万元以下

    C. 5 千元以上，5 万元以下   D. 1 万元以上，5 万元以下

6. 广告不得使用（   ）和国家机关工作人员的名义。

    A. 社会团体   B. 国家机关

    C. 企事业单位   D. 其他经济组织

7. 药品、医疗器械不得有说明（   ）或有效率的内容。

    A. 治愈率   B. 药品万分   C. 材料说明   D. 质量标志

8. 广告应当具有（   ），能够使消费者辨明其为广告。

    A. 可识别性   B. 新颖性   C. 独特性   D. 艺术性

9. 药品广告的内容必须以国务院卫生行政部门或者（   ）卫生行政部门批准的说明书为准。

    A. 县级   B. 省、自治区、直辖市

    C. 计划单列市   D. 国务院批准的较大的市

10. 广告中表明推销商品提供服务附带赠送礼品的，应标明赠送的品种和（   ）。

    A. 质量   B. 等级   C. 数量   D. 价值

二、多项选择题

1.《广告法》中所称广告主是指为推销商品或提供服务，自行或者委托他人（   ）

广告的法人、其他经济组织或者个人。

  A. 设计   B. 制作   C. 发布   D. 计划

  2. （ ）广告的内容必须符合卫生许可的事项，并不得使用医疗用语或与药品混淆的用语。

  A. 食品   B. 酒类   C. 化妆品   D. 保健品

  3. （ ）广告不得有说明治愈率或者有效率的语言。

  A. 药品   B. 医疗器械   C. 农药   D. 兽药

  4. 广告使用数据、统计资料、调查结果、文摘、引用语应（ ）并标明出处。

  A. 真实   B. 准确   C. 明白   D. 概括

  5. 广告不得使用（ ）等用语。

  A. 国家级   B. 最高级   C. 最佳   D. 正确

  6. 广告不得使用含有（ ）歧视的内容。

  A. 民族   B. 种族宗教   C. 性别   D. 党派

  7. 药品、医疗器械广告不得有（ ）禁止的内容。

  A. 法律   B. 行政法规   C. 制度   D. 章程

  8. 麻醉药品和（ ）等特殊药品，不得做广告。

  A. 毒性药品   B. 放射性药品 C. 农作物药品 D. 精神药品

  9. 农药广告不得含有违反农药安全使用规程的（ ）。

  A. 文字   B. 语言   C. 画面   D. 说明

  10. 禁止使用未授予专利权的专利申请和已经（ ）专利做广告。

  A. 终止   B. 撤销   C. 无效   D. 暂停

三、实务操作题

请根据《广告法》规定评价以下案例。

1. 无锡某数码器材销售商店开业，在海报中称该店所销售的数码器材为全市最低价，消费者在 5 天内如发现比该店价格低的同型号商品，退还差价。消费者陈某于 2005 年 8 月 8 日在该电买一台数码摄像机，8 月 12 日在其他商店发现同型号数码摄像机的价格比该店低 1181 元，陈某到该店退差价时，遭到拒绝，遂投诉到无锡市消委会，经依法调解，店方退还陈某差价 1181 元。

2. 无锡市某厨房设备有限公司为了宣传本公司产品，提高公司知名度，在一批产品宣传样本上印有"ISO 9001：2000 质量认证证书""重合同守信用企业""企业资信等级 AAA 级""全国用户产品质量满意、售后服务满意十佳企业"奖牌等资料。经调查核实，该公司实际上从未取得上述认证证书和奖牌，属不真实的虚假宣传。锡山工商局对该公司作出了责令改正，罚款 20000 元的处罚。

3. 宜兴市某医院在广告中声称："本院拥有全国各大医院的著名医疗专家上百名，能治疗各种疑难杂症"。经了解，该医院的规模并不大，根本达不到上述广告所称的实力和医疗能力，为了医院生计，只是外聘了一些退休医生坐诊，由于医疗水平不够等原因，所谓"医疗专家"也不断在变动。

4. 无锡市一家美容院，为了扩大名明度，招来生意，一段时间打出免费美容的广告。学生消费者汤某、高某信以为真，便同到该美容院接受美容服务。不料，美容结束后，该美容院列出清单要分别收取汤某、高某198元和582元的化妆品费，两名消费者感到上当受骗，向无锡市消委会投诉，经调解，退还汤某140元，高某432元化妆品费。

第十四章
劳动法及劳动合同法

 学习目标

知识目标

1. 了解劳动法的概念、适用范围和调整对象。
2. 熟悉劳动法律关系中各构成要素的内容。
3. 掌握劳动合同法的主要内容和最低工资、加班加点等相关法律规定。
4. 掌握劳动争议的处理程序。

能力目标

1. 能够运用掌握的劳动法理论，解决现实中存在的问题。
2. 能够拟订劳动合同。
3. 能够依法处理劳动争议。

 法律检索

《中华人民共和国劳动法》（以下简称《劳动法》）（1994 年 7 月 5 日第八届全国人民代表大会常务委员会第八次会议通过，自 1995 年 1 月 1 日起施行）

《中华人民共和国劳动合同法》（以下简称《劳动合同法》）（2007 年 6 月 29 日第十届全国人民代表大会常务委员会第二十八次会议通过，2012 年 12 月 28 日第十一届全国人民代表大会常务委员会第三十次会议修正，自 2013 年 7 月 1 日起施行）

 **法谚名言**

在 20 世纪，人类理性显然已认识到，人不仅有作为一个人格的人和公民社会的人的权利，而且还有作为从事生产和消费活动的社会的人的权利，尤其是作为一个工作者的权利。

——（法国）马里旦

第一节 劳动法概述

一、劳动法的概念和调整对象

（一）劳动法的概念

劳动法是调整劳动关系以及与劳动关系密切联系的其他社会关系的法律规范的总称。

我国劳动法包括促进就业法、劳动合同法、集体合同法、工作时间法和休息休假时间法、工资法、劳动安全卫生法、女职工和未成年工特殊劳动保护法、职业培训法、劳动纪律法、社会保险和福利法、职工民主管理法、劳动争议处理法、劳动监督检查法等内容。

《中华人民共和国劳动法》于 1994 年 7 月 5 日由第八届全国人民代表大会常务委员会第八次会议通过，1995 年 1 月 1 日起施行。《劳动法》是我国第一部专门保障劳动者合法权益的基本法律，该法的颁布实施，初步建立起劳动关系协调制度、劳动争议处理制度、劳动保障监察制度，有力地推动了劳动立法体系的逐步形成，有利于维护劳动者的合法权益。

2007 年 6 月 29 日，第十届全国人民代表大会常务委员会第二十八次会议通过《中华人民共和国劳动合同法》，于 2008 年 1 月 1 日施行。《劳动合同法》作为我国协调劳动关系和维护劳动者权益的一部重要法律，将为完善劳动合同制度，明确劳动合同双方当事人的权利和义务，保护劳动者的合法权益，构建和发展和谐稳定的劳动关系，提供明确而具体的法律依据。《劳动合同法》的颁布实施，标志着我国的劳动合同制度纳入了依法规范、依法调整的法制轨道，必将对我国劳动关系的稳定发展和和谐社会的构建产生积极的推动作用。

2012 年 12 月 28 日，第十一届全国人民代表大会常务委员会第三十次会议通过了《全国人民代表大会常务委员会关于修改〈中华人民共和国劳动合同法〉的决定》，重点对劳务派遣作了新的法律规定，并于 2013 年 7 月 1 日起施行。此次修改共四条内容，分别是《劳动合同法》第五十七条、第六十三条、第六十六条和第九十二条，都是关于劳务派遣方面的。新修订的《劳动合同法》，提高了劳务派遣单位设立条件，对劳务派遣中的"同工同酬"、"三性"岗位等规定进行了细化。

（二）劳动法的调整对象

劳动法的调整对象是劳动关系和与劳动关系密切联系的其他社会关系。劳动关系是指劳动者与用人单位之间在实现劳动过程中形成的社会关系。与劳动关系有密切关系的其他关系，是指随着劳动关系的产生、变更、消灭而附带产生的其他社会关系，这些关系主要包括：

因管理劳动发生的关系；因执行社会保险产生的关系；因组织工会发生的关系；因处理劳动争议发生的关系；因监督劳动法的执行而产生的关系。

二、我国劳动法的适用范围

（一）劳动法的适用范围

根据《劳动法》的规定，劳动法的适用范围包括：在中华人民共和国境内的企业、个体经济组织（以下统称用人单位）和与之形成劳动关系的劳动者，适用本法；国家机关、事业组织、社会团体和与之建立劳动合同关系的劳动者，依照本法执行。

（二）劳动合同法的适用范围

根据《劳动合同法》的规定，劳动合同法的适用范围包括：在中华人民共和国境内的企业、个体经济组织、民办非企业单位等组织（以下称用人单位）与劳动者建立劳动关系，订立、履行、变更、解除或者终止劳动合同，适用本法。国家机关、事业单位、社会团体和与其建立劳动合同关系的劳动者，订立、履行、变更、解除或者终止劳动合同，依照本法执行。

适用本法和依照本法执行之间的关系：第一，在法律意义上，适用本法和依照本法执行二者没有区别，都是必须适用劳动合同法的意思。第二，上述用人单位中国家机关中的公务员和机关的关系非订立、履行、变更、解除或者终止劳动合同的关系，不属于《劳动合同法》的调整范围，因此，参照公务员法管理的事业单位和社会团体也不在该法的调整范围之内。但是国家机关、参照公务员法管理的事业单位和社会团体与其之外的劳动者建立的劳动关系，都必须依照该法执行。另据该法第九十六条的规定：事业单位与实行聘用制的工作人员订立、履行、变更、解除或者终止劳动合同，法律、行政法规或者国务院另有规定的，依照其规定；未作规定的，依照本法有关规定执行。

三、劳动法律关系

劳动法律关系是当事人依据劳动法律规范，在实现劳动过程中形成的权利义务关系。狭义的劳动法律关系当事人包括劳动者和用人单位。

（一）劳动者

1. 劳动者的概念

劳动者是具有劳动能力，以从事劳动获取合法劳动报酬的自然人。

2. 劳动者的权利

根据劳动法的规定，劳动者的劳动权利主要有：平等就业和选择职业的权利；取得劳动报酬的权利；休息休假的权利；获得劳动安全卫生保护的权利；接受职业技能培训的权利；享受社会保险和福利的权利；依法参加工会和职工民主管理的权利；提请劳动争议处理的权利；法律规定的其他劳动权利。

3. 劳动者的义务

劳动者的劳动义务主要有：劳动者应按时完成劳动任务，提高职业技能，执行劳动安全卫生规程，遵守劳动纪律和职业道德，爱护和保卫公共财产，保守国家秘密和用人单位商业秘密等。

（二）用人单位

1. 用人单位的概念

用人单位是指依法使用和管理劳动者并付给其劳动报酬的单位。

2. 用人单位的权利

用人单位的权利主要有：招工权，是用人单位根据本单位需要招用职工的权利；用人权，是用人单位依照法律和合同的规定，使用和管理劳动者的权利；奖惩权，是用人单位依照法律和本单位的劳动纪律，决定对职工奖惩的权利；分配权，是用人单位在法律和合同规定的范围内，决定劳动报酬分配方面的权利。

3. 用人单位的义务

用人单位的义务主要有：用人单位应当依法建立和完善规章制度，保障劳动者享有劳动权利和履行劳动义务；用人单位招用未满 16 周岁的未成年人；用人单位由于生产经营需要，经与工会和劳动者协商后可以延长工作时间，一般每日不得超过 1 小时；因特殊原因需要延长工作时间的，在保障劳动者身体健康的条件下延长工作时间每日不得超过 3 小时，但是每月不得超过 36 小时等。

第二节　劳动合同

一、劳动合同的概念和特征

（一）劳动合同的概念

劳动合同，是指劳动者与用人单位之间确立劳动关系，明确双方权利和义务的书面协议。

（二）劳动合同的特征

劳动合同的特征：劳动合同当事人的一方是劳动者，另一方是用人单位；劳动合同内容是明确双方当事人在实现劳动过程中的权利义务和违反合同的责任；劳动合同标的是劳动行为；劳动合同是诺成性的、有偿的双务合同；劳动合同是双方当事人达成的书面协议。

二、订立劳动合同的原则和劳动合同效力

（一）订立劳动合同应当遵循的原则

1. 合法原则

合法原则指用人单位与劳动者订立合同时，不违反有关法律法规规定，主要表现在：

①主体合法：劳动者应是年满 16 周岁，身体健康，具有劳动权利能力和劳动行为能力的公民，可以是中国人、外国人、无国籍人。用人单位应是依法成立或核准登记的企业、个体经济组织、国家机关、事业组织、社会团体，具有用人的权利能力和行为能力。②内容合法：劳动合同中约定的权利和义务必须符合法律法规和国家有关工作时间、工资、劳动安全与卫生和社会保险等强制规定。③程序合法：订立劳动合同应当依据法定程序，例如以书面形式订立，遵守有关订立期限的要求等。

2. 公平原则

公平原则指用人单位和劳动者订立劳动合同时应当遵循符合社会正义、公正的理念和原则确定双方的权利和义务。

3. 平等自愿原则

平等是指用人单位和劳动者双方在订立劳动合同时具有平等的法律地位，一方不能将自己的意志强加给另一方。双方不存在一方命令一方服从的关系。自愿是指在订立劳动合同时用人单位和劳动者选择对方当事人、决定劳动合同内容都是真实的意思表示。

4. 协商一致原则

指订立劳动合同的双方当事人经过协商达成一致意见。协商是过程，一致是结果。

5. 诚实信用原则

要求当事人诚实地告知对方有关情况，不隐瞒真相；出于真诚的目的与对方磋商以期订立劳动合同。

（二）劳动合同的法律约束力

劳动合同的法律约束力具体表现为：劳动合同订立之后，不论劳动合同生效与否，任何一方当事人不能擅自变更或者解除劳动合同；双方当事人基于劳动合同的权利受法律保护。一方当事人在对方违反劳动合同约定，给对方造成损失时，可以申请劳动仲裁或者提起诉讼，保护自己的合法权益；双方当事人都必须履行劳动合同规定的义务。

三、劳动合同的订立

（一）劳动合同的种类、形式和内容

1. 劳动合同的种类

劳动合同按照合同的期限分为固定期限劳动合同、无固定期限劳动合同和以完成一定工作为期限的劳动合同。

1）固定期限劳动合同，是指用人单位与劳动者约定合同终止时间的劳动合同，用人单位与劳动者协商一致，可以订立固定期限劳动合同。

2）无固定期限劳动合同，是指用人单位与劳动者约定无确定终止时间的劳动合同。

用人单位与劳动者协商一致，可以订立无固定期限劳动合同。有下列情形之一，劳动者提出或者同意续订、订立劳动合同的，除劳动者提出订立固定期限劳动合同外，应当订立无固定期限劳动合同：①劳动者在该用人单位连续工作满 10 年的；②用人单位初次实行劳动合同制度或者国有企业改制重新订立劳动合同时，劳动者在该用人单位连续工作满 10 年且距法定退休年龄不足 10 年的；③连续订立两次固定期限劳动合同，且劳动者没有《劳动法》第 39 条和第 40 条第一项、第二项规定的情形，续订劳动合同的。用人单位自用工之日起满 1 年不与劳动者订立书面劳动合同的，视为用人单位与劳动者已订立无固定期限劳动合同。

导学博览14-1　无锡一企业违反《劳动合同法》输了官司

《劳动合同法》于 2008 年 1 月起正式实施，而有些用人单位不顾法律的规定，仍试图用各种方法私自解除与员工的劳动关系，结果栽了跟头。

1992 年，无锡市民赵某到某公司任总账会计。2006 年 1 月，该公司由原先的乡镇集体企业改制为私营企业，该私企随即与赵某签订了一年期的劳动合同。一年期合同期满后，公司便没有同赵某续签劳动合同。2007 年 9 月，该公司在报纸上发布公告，要求赵某到公司补办劳动关系解除手续。双方因此发生纠纷，经当地劳动仲裁裁决，赵某回公司继续履行劳动合同。公司不服向区法院提起诉讼。

法院经审理认为，劳动关系的建立不以劳动合同的签订为标准和依据，而是以用人单位用工之日起计算。建立劳动关系的时间是以在本单位连续工作为计算标准，包括其中发生国有集体企业改制或者单位依法分立或合并的情况，均须认定为在本单位连续工作。

赵某的所在公司虽然在 2006 年进行了改制并与赵某重新签订了一年期劳动合同，但按照规定，当时赵某已经连续在该公司工作满 10 年，已经与公司形成了无固定期限的劳动合同关系。法院作出如下判决：赵某所在企业要求与劳动者解除劳动关系不能成立，劳动者和用人单位继续履行原劳动合同，劳动者赵某的工龄仍应连续计算。

3）以完成一定工作任务为期限的劳动合同，是指用人单位与劳动者约定以某项工作的完成为合同期限的劳动合同。

2. 劳动合同的形式

劳动合同应当采用书面形式，否则应当向劳动者每月支付 2 倍的工资。非全日制用工的劳动合同可以采用口头形式。

3. 劳动合同的内容

劳动合同应当具备以下条款：用人单位的名称、住所和法定代表人或者主要负责人；劳动者的姓名、住址和居民身份证或者其他有效身份证件号码；劳动合同期限；工作内容和工作地点；工作时间和休息休假；劳动报酬；社会保险；劳动保护、劳动条件和职业危害防护；法律、法规规定应当纳入劳动合同的其他事项。

劳动合同除前款规定的必备条款外，用人单位与劳动者可以约定试用期、培训、保守秘密、补充保险和福利待遇等其他事项。

（二）劳动合同法关于试用期的有关规定

1. 试用期的期限

劳动合同期限 3 个月以上不满 1 年的，试用期不得超过 1 个月；劳动合同期限 1 年以上不满 3 年的，试用期不得超过 2 个月；3 年以上固定期限和无固定期限的劳动合同，试用期不得超过 6 个月。

2. 试用期的限制

同一用人单位与同一劳动者只能约定一次试用期；以完成一定工作任务为期限的劳动合同或者劳动合同期限不满 3 个月的，不得约定试用期；试用期包含在劳动合同期限内。劳动合同仅约定试用期的，试用期不成立，该期限为劳动合同期限。

3. 试用期的待遇

劳动者在试用期的工资不得低于本单位相同岗位最低档工资或者劳动合同约定工资的 80%，并不得低于用人单位所在地的最低工资标准；用人单位在试用期解除劳动合同的，应当向劳动者说明理由。

（三）劳动合同的订立

1. 劳动合同的生效

由用人单位与劳动者协商一致，并经用人单位与劳动者在劳动合同文本上签字或者盖章生效。劳动合同文本由用人单位和劳动者各执一份。这里必须注意劳动合同生效时间和劳动关系的建立时间是不同的，用人单位自用工之日起即与劳动者建立劳动关系，但是合同生效日可能早于用工之日，也可能晚于用工之日。

2. 劳动合同订立时双方的权利义务

用人单位招用劳动者时，应当如实告知劳动者工作内容、工作条件、工作地点、职业危害、安全生产状况、劳动报酬，以及劳动者要求了解的其他情况；用人单位有权了解劳动者与劳动合同直接相关的基本情况，劳动者应当如实说明。

用人单位为劳动者提供专项培训费用，对其进行专业技术培训的，可以与该劳动者订立协议，约定服务期。用人单位与劳动者可以在劳动合同中约定保守用人单位的商业秘密和与知识产权相关的保密事项。

四、劳动合同的履行和变更、解除和终止

（一）劳动合同的履行和变更

1. 劳动合同的履行

劳动合同履行，指当事人双方按照劳动合同规定的条件，履行自己所应承担义务的

行为。结合劳动法律关系的特点，履行劳动合同应遵循以下原则：亲自履行原则；权利义务统一原则；全面履行原则；协作履行原则。

用人单位与劳动者应当按照劳动合同的约定，全面履行各自的义务。用人单位应当按照劳动合同约定和国家规定，向劳动者及时足额支付劳动报酬。用人单位应当严格执行劳动定额标准，不得强迫或者变相强迫劳动者加班。用人单位安排加班的，应当按照国家有关规定向劳动者支付加班费。劳动者拒绝用人单位管理人员违章指挥、强令冒险作业的，不视为违反劳动合同。劳动者对危害生命安全和身体健康的劳动条件，有权对用人单位提出批评、检举和控告。

2. 劳动合同的变更

用人单位变更名称、法定代表人、主要负责人或者投资人等事项，不影响劳动合同的履行。用人单位发生合并或者分立等情况，原劳动合同继续有效，劳动合同由承继其权利和义务的用人单位继续履行。用人单位与劳动者协商一致，可以变更劳动合同约定的内容。变更劳动合同，应当采用书面形式。

（二）劳动合同的解除

1. 劳动合同解除的概念

劳动合同的解除，是劳动合同当事人在劳动合同期限届满之前终止劳动合同关系的行为。劳动合同的解除分为协商解除、用人单位单方解除、劳动者单方解除和劳动合同自行解除等。

2. 用人单位单方解除劳动合同的情形

1）即时解除。这种解除用人单位无须提前通知劳动者，只要符合法定情形，用人单位可随时通知劳动者解除合同。即时解除合同的情形有：在试用期间被证明不符合录用条件的；严重违反用人单位的规章制度的；严重失职，营私舞弊，给用人单位造成重大损害的；劳动者同时与其他用人单位建立劳动关系，对完成本单位的工作任务造成严重影响，或者经用人单位提出，拒不改正的；劳动者以欺诈、胁迫的手段或者乘人之危，使对方在违背真实意思的情况下订立或者变更劳动合同，使劳动合同无效的；被依法追究刑事责任的。

导学博览14-2　中兴通讯（杭州）有限责任公司诉王某劳动合同纠纷案

2005年7月，被告王某进入原告中兴通讯（杭州）有限责任公司（以下简称中兴通讯）工作，劳动合同约定王某从事销售工作，基本工资每月3840元。该公司的《员工绩效管理办法》规定：员工半年、年度绩效考核分别为S、A、C1、C2四个等级，分别代表优秀、良好、价值观不符、业绩待改进；S、A、C（C1、C2）等级的比例分别为20%、70%、10%；不胜任工作原则上考核为C2。王某原在该公司分销科从事销售工作，2009年1月后因分销科解散等原因，转岗至华东区从事销售工作。2008年下半年、2009年上半年及2010年下半年，王鹏的考核结果均为C2。中兴通讯认为，王某不能胜任工作，经转岗后，仍不能胜任工作，故在支付了部分经济补偿金的情况下解除了劳动合同。

2011年7月27日，王某提起劳动仲裁。同年10月8日，仲裁委作出裁决：中兴通讯支付王某违法解除劳动合同的赔偿金余额36596.28元。中兴通讯认为其不存在违法解除劳动合同的行为，故于同年11月1日诉至法院，请求判令不予支付解除劳动合同赔偿金余额。

浙江省杭州市滨江区人民法院于2011年12月6日作出判决：原告中兴通讯（杭州）有限责任公司于本判决生效之日起十五日内一次性支付被告王鹏违法解除劳动合同的赔偿金余额36596.28元。宣判后，双方均未上诉，判决已发生法律效力。

裁判要点：劳动者在用人单位等级考核中居于末位等次，不等同于"不能胜任工作"，不符合单方解除劳动合同的法定条件，用人单位不能据此单方解除劳动合同。

相关法条：《中华人民共和国劳动合同法》第三十九条、第四十条

（资料来源：最高人民法院指导案例18号）

2）需预告的解除。就是说用人单位需提前30日以书面形式通知劳动者本人，才能解除劳动合同。需预告解除合同的情形有：劳动者患病或者非因工负伤，在规定的医疗期满后不能从事原工作，也不能从事由用人单位另行安排的工作的；劳动者不能胜任工作，经过培训或者调整工作岗位，仍不能胜任工作的；劳动合同订立时所依据的客观情况发生重大变化，致使劳动合同无法履行，经用人单位与劳动者协商，未能就变更劳动合同内容达成协议的。

3）经济性裁员。用工单位出现以下情形，可以申请经济性裁员：依照企业破产法规定进行重整的；生产经营发生严重困难的；企业转产、重大技术革新或者经营方式调整，经变更劳动合同后，仍需裁减人员的；其他因劳动合同订立时所依据的客观经济情况发生重大变化，致使劳动合同无法履行的。

经济性裁员的程序：应提前30日向工会或者全体职工说明情况，听取工会或者职工的意见，经向劳动行政部门报告后，可以裁减人员。用人单位裁减人员后，在6个月内又录用人员的，同等条件下应优先录用被裁减的人员。因经济性裁员而解除劳动合同的，也应当依照规定对劳动者给予经济补偿。

为维护劳动者的合法权益，法律规定下列情形下，用人单位不得经预先通知或是以经济性裁员为由而解除劳动合同：从事接触职业病危害作业的劳动者未进行离岗前职业健康检查，或者疑似职业病病人在诊断或者医学观察期间的；本单位患职业病或者因工负伤并被确认丧失或者部分丧失劳动能力的；患病或者非因工负伤，在规定的医疗期内的；女职工在孕期、产期、哺乳期的。

3. 劳动者单方解除劳动合同

劳动者单方解除劳动合同分为两种情况：即时解除合同和经预告解除合同。

1）即时解除合同。在下列情形下劳动者可以即时解除合同：未按照劳动合同约定提供劳动保护或者劳动条件的；未及时足额支付劳动报酬的；未依法为劳动者缴纳社会保险费的；用人单位的规章制度违反法律、法规的规定，损害劳动者权益的；因本法第

二十六条第一款规定的情形致使劳动合同无效的；法律、行政法规规定劳动者可以解除劳动合同的其他情形。

用人单位以暴力、威胁或者非法限制人身自由的手段强迫劳动者劳动的，或者用人单位违章指挥、强令冒险作业危及劳动者人身安全的，劳动者可以立即解除劳动合同，不需事先告知用人单位。在上述情形下，劳动者除有即时解除合同的权利外，还可以就用人单位的违约行为和侵权行为请求损害赔偿。

2）经预告解除合同。劳动合同法规定：劳动者除上述情形外，需提前 30 日书面通知用人单位解除合同，无须说明理由，30 日后即可办理有关手续。

4. 劳动合同的终止

劳动合同法规定，以下情形劳动合同终止：劳动合同期满的；劳动者开始依法享受基本养老保险待遇的；劳动者死亡，或者被人民法院宣告死亡或者宣告失踪的；用人单位被依法宣告破产的；用人单位被吊销营业执照、责令关闭、撤销或者用人单位决定提前解散的；法律、行政法规规定的其他情形。

五、特别规定

（一）集体合同

企业职工一方与用人单位通过平等协商，可以就劳动报酬、工作时间、休息休假、劳动安全卫生、保险福利等事项订立集体合同。集体合同草案应当提交职工代表大会或者全体职工讨论通过。集体合同由工会代表企业职工一方与用人单位订立；尚未建立工会的用人单位，由上级工会指导劳动者推举的代表与用人单位订立。

（二）劳务派遣

劳务派遣又称人力派遣、人才租赁、劳动派遣、劳动力租赁、雇员租赁，是指由劳务派遣机构与派遣劳工订立劳动合同，并支付报酬，把劳动者派向其他用工单位，再由其用工单位向派遣机构支付一笔服务费用的一种用工形式。

1. 劳务派遣单位的性质

劳务派遣单位应当依照公司法的有关规定设立，注册资本不得少于 200 万元。劳务派遣单位应当履行用人单位对劳动者的义务。经营劳务派遣业务应当具备下列条件：①注册资本不得少于人民币 200 万元；②有与开展业务相适应的固定的经营场所和设施；③有符合法律、行政法规规定的劳务派遣管理制度；④法律、行政法规规定的其他条件。

经营劳务派遣业务，应当向劳动行政部门依法申请行政许可；经许可的，依法办理相应的公司登记。未经许可，任何单位和个人不得经营劳务派遣业务。

2. 劳务派遣的范围

劳务派遣只能在临时性、辅助性或者替代性的工作岗位上实施。其中，临时性工作岗位是指存续时间不超过 6 个月的岗位；辅助性工作岗位是指为主营业务岗位提供服务的非主营业务岗位；替代性工作岗位是指用工单位的劳动者因脱产学习、休假等原因无法工作的一定期间内，可以由其他劳动者替代工作的岗位。用工单位应当严格控制劳务派遣用工数量，不得超过其用工总量的一定比例，具体比例由国务院劳动行政部门规定。

3. 劳务派遣合同

劳务派遣合同应当载明被派遣劳动者的用工单位以及派遣期限、工作岗位等情况，应与被派遣劳动者订立2年以上的固定期限劳动合同，按月支付劳动报酬；被派遣劳动者在无工作期间，劳务派遣单位应当按照所在地人民政府规定的最低工资标准，向其按月支付报酬。

劳务派遣单位派遣劳动者应当与接受以劳务派遣形式用工的单位订立劳务派遣协议。劳务派遣协议应当约定派遣岗位和人员数量、派遣期限、劳动报酬和社会保险费的数额与支付方式以及违反协议的责任。用工单位应当根据工作岗位的实际需要与劳务派遣单位确定派遣期限，不得将连续用工期限分割订立数个短期劳务派遣协议。劳务派遣单位应当将劳务派遣协议的内容告知被派遣劳动者。

4. 劳务派遣双方权利义务

用工单位应当履行下列义务：执行国家劳动标准，提供相应的劳动条件和劳动保护；告知被派遣劳动者的工作要求和劳动报酬；应当按照同工同酬原则，对被派遣劳动者与本单位同类岗位的劳动者实行相同的劳动报酬分配办法；支付加班费、绩效奖金，提供与工作岗位相关的福利待遇；对在岗被派遣劳动者进行工作岗位所必需的培训；连续用工的，实行正常的工资调整机制。

被派遣劳动者享有与用工单位的劳动者同工同酬的权利；被派遣劳动者有权在劳务派遣单位或者用工单位依法参加或者组织工会，维护自身的合法权益。

5. 劳务派遣禁止性条款

劳务派遣单位不得克扣用工单位按照劳务派遣协议支付给被派遣劳动者的劳动报酬；劳务派遣单位和用工单位不得向被派遣劳动者收取费用；用工单位不得将被派遣劳动者再派遣到其他用人单位；用人单位不得设立劳务派遣单位向本单位或者所属单位派遣劳动者。

（三）非全日制用工

非全日制用工，是指以小时计酬为主，劳动者在同一用人单位一般平均每日工作时间不超过4小时，每周工作时间累计不超过24小时的用工形式。从事非全日制用工的劳动者可以与一个或者一个以上用人单位订立劳动合同；但是，后订立的劳动合同不得影响先订立的劳动合同的履行。非全日制用工双方当事人任何一方都可以随时通知对方终止用工。终止用工，用人单位不向劳动者支付经济补偿。非全日制用工小时计酬标准不得低于用人单位所在地人民政府规定的最低小时工资标准。非全日制用工劳动报酬结算支付周期最长不得超过15日。

六、违反劳动合同法的法律责任

（一）民事责任

1）用人单位自用工之日起超过 1 个月不满 1 年未与劳动者订立书面劳动合同的，应当向劳动者每月支付 2 倍的工资。用人单位违反本法规定不与劳动者订立无固定期限劳动合同的，自应当订立无固定期限劳动合同之日起向劳动者每月支付 2 倍的工资。

2）劳动合同依法被确认无效，给对方造成损害的，有过错的一方应当承担赔偿责任。

3）用人单位违反劳动合同法规定解除或者终止劳动合同的，应当依法规定的经济补偿标准的 2 倍向劳动者支付赔偿金。

4）用人单位违反本法规定与劳动者约定试用期的，由劳动行政部门责令改正；违法约定的试用期已经履行的，由用人单位以劳动者试用期满月工资为标准，按已经履行的超过法定试用期的期间向劳动者支付赔偿金。

5）用人单位有下列情形之一的，由劳动行政部门责令限期支付劳动报酬、加班费或者经济补偿；劳动报酬低于当地最低工资标准的，应当支付其差额部分；逾期不支付的，责令用人单位按应付金额 50%以上 100%以下的标准向劳动者加付赔偿金：未按照劳动合同的约定或者国家规定及时足额支付劳动者劳动报酬的；低于当地最低工资标准支付劳动者工资的；安排加班不支付加班费的；解除或者终止劳动合同，未依照本法规定向劳动者支付经济补偿的。

6）劳动者违反本法规定解除劳动合同，或者违反劳动合同中约定的保密义务或者竞业限制，给用人单位造成损失的，应当承担赔偿责任。

7）用人单位招用与其他用人单位尚未解除或者终止劳动合同的劳动者，给其他用人单位造成损失的，应当承担连带赔偿责任。

8）违反本法规定，未经许可，擅自经营劳务派遣业务的，由劳动行政部门责令停止违法行为，没收违法所得，并处违法所得 1 倍以上 5 倍以下的罚款；没有违法所得的，可以处 5 万元以下的罚款。劳务派遣单位、用工单位违反本法有关劳务派遣规定的，由劳动行政部门责令限期改正；逾期不改正的，以每人 5 千元以上 1 万元以下的标准处以罚款，对劳务派遣单位，吊销其劳务派遣业务经营许可证。用工单位给被派遣劳动者造成损害的，劳务派遣单位与用工单位承担连带赔偿责任。

9）个人承包经营违反本法规定招用劳动者，给劳动者造成损害的，发包的组织与个人承包经营者承担连带赔偿责任。

10）对不具备合法经营资格的用人单位的违法犯罪行为，依法追究法律责任；劳动者已经付出劳动的，该单位或者其出资人应当依照本法有关规定向劳动者支付劳动报酬、经济补偿、赔偿金；给劳动者造成损害的，应当承担赔偿责任。

（二）行政责任

1）用人单位违反本法规定，扣押劳动者居民身份证等证件的，由劳动行政部门责令限期退还劳动者本人，并依照有关法律规定给予处罚。用人单位违反本法规定，以担保或者其他名义向劳动者收取财物的，由劳动行政部门责令限期退还劳动者本人，并以每人五百元以上二千元以下的标准处以罚款；给劳动者造成损害的，应当承担赔偿责任。劳动者依法解除或者终止劳动合同，用人单位扣押劳动者档案或者其他物品的，依照前款规定处罚。

2）用人单位直接涉及劳动者切身利益的规章制度违反法律、法规规定的，由劳动行政部门责令改正，给予警告；给劳动者造成损害的，应当承担赔偿责任。

3）用人单位提供的劳动合同文本未载明本法规定的劳动合同必备条款或者用人单位未将劳动合同文本交付劳动者的，由劳动行政部门责令改正；给劳动者造成损害的，应当承担赔偿责任。

4）用人单位违反本法规定未向劳动者出具解除或者终止劳动合同的书面证明，由劳动行政部门责令改正；给劳动者造成损害的，应当承担赔偿责任。

（三）刑事责任

1）用人单位有下列情形之一的，依法给予行政处罚；构成犯罪的，依法追究刑事责任；给劳动者造成损害的，应当承担赔偿责任：以暴力、威胁或者非法限制人身自由的手段强迫劳动的；违章指挥或者强令冒险作业危及劳动者人身安全的；侮辱、体罚、殴打、非法搜查或者拘禁劳动者的；劳动条件恶劣、环境污染严重，给劳动者身心健康造成严重损害的。

2）劳动行政部门和其他有关主管部门及其工作人员玩忽职守、不履行法定职责，或者违法行使职权，给劳动者或者用人单位造成损害的，应当承担赔偿责任；对直接负责的主管人员和其他直接责任人员，依法给予行政处分；构成犯罪的，依法追究刑事责任。

第三节　工作时间、休息休假和工资

一、工作时间

（一）工作时间的概念

工作时间是指劳动者为履行劳动义务，应当从事劳动的时间。具体是指劳动者每日工作的时数和每周工作的时数。

（二）一般性规定

根据劳动法第四章的规定：国家实行劳动者每日工作时间不超过 8 小时、平均每周工作时间不超过 44 小时的工时制度。对实行计件工作的劳动者。用人单位应当根据《劳动法》规定的工时制度合理确定其劳动定额和计时报酬标准。如果企业因为其自身的生产特点不能实行劳动法确定的工时制度的，经劳动行政部门批准，可以实行其他工作和休息办法。

（三）关于延长工作时间的规定

1. 延长工作时间的规定

《劳动法》规定：用人单位由于生产经营需要，经与工会和劳动者协商后可以延长工作时间，一般每日不得超过 1 小时，因特殊原因需要延长工作时间的，在保障劳动者身体健康的条件下延长工作时间每日不得超过 3 小时每月不得超过 36 小时。

2. 延长工作时间的规定的例外

《劳动法》规定：有下列情形之一的，延长工作时间不受上述规定的限制：发生自然灾害、事故或者因其他原因，威胁劳动者生命健康和财产安全，需要紧急处理的；生产设备、交通运输线路、公共设施发生故障，影响生产和公众利益，必须及时抢修的；法律、行政法规规定的其他情形。

3. 延长工作时间的报酬

《劳动法》规定：有下列情形之一的，用人单位应当按照下列标准支付高于劳动者正常工作时间工资的工资报酬：安排劳动者延长工作时间的，支付不低于工资的 150% 五十的工资报酬；休息日安排劳动者工作又不能安排补休的，支付不低于工资的 200% 的工资报酬；法定休假日安排劳动者工作的，支付不低于工资的 300% 的工资报酬；

二、休息休假

（一）一般性规定

《劳动法》规定，用人单位应当保证劳动者每周至少休息 1 日。

（二）劳动者的休假

劳动者的休假分为两种：节日休假和年休假。节日休假包括元旦、春节、国际劳动节、国庆节以及法律、法规规定的其他休假节日。年休假是指国家实行带薪年休假制度。劳动者连续工作 1 年以上的，享受带薪年休假。具体办法由国务院规定。

三、工资

（一）工资的概念

工资是用人单位依照国家规定或集体合同、劳动合同约定，以法定方式直接支付给劳动者的劳动报酬。

（二）工资分配的原则

《劳动法》规定：工资分配应当遵循按劳分配原则，实行同工同酬。工资水平在经济发展的基础上逐步提高。国家对工资总量实行宏观调控。用人单位根据本单位的生产经营特点和经营效益，依法自主确定本单位的工资分配方式和工资水平。

（三）最低工资保障制度

国家实行最低工资保障制度。最低工资的具体标准由省、自治区、直辖市人民政府规定，报国务院备案。用人单位支付劳动者的工资不得低于当地最低工资标准，确定和调整最低工资标准应当综合参考下列因素：劳动者本人及平均赡养人口的最低生活费用；社会平均工资水平；劳动生产率；就业状况；地区之间经济发展水平的差异。

导学博览14-3 浙江省最低工资标准

自2015年11月1日起，浙江省执行新的最低工资标准：最低月工资标准分为1860元、1660元、1530元、1380元四档，非全日制工作的最低小时工资标准分为17元、15.2元、13.8元、12.5元四档。调整后，各档最低工资标准平均增长幅度接近13%。各市将根据所辖县/市/区经济社会发展水平、居民生活水平和用人单位承受能力等实际情况，选择确定当地最低工资标准予以公布。

（四）工资支付制度

工资应当以货币形式按月支付给劳动者本人。不得克扣或者无故拖欠劳动者的工资。劳动者在法定休假日和婚丧假期间以及依法参加社会活动期间，用人单位应当依法支付工资。

导学博览14-4 胡克金拒不支付劳动报酬案

被告人胡克金于2010年12月分包了位于四川省双流县黄水镇的三盛翡俪山一期景观工程的部分施工工程，之后聘用多名民工入场施工。施工期间，胡克金累计收到发包人支付的工程款51万余元，已超过结算时确认的实际工程款。2011年6月5日工程完工后，胡克金以工程亏损为由拖欠李朝文等20余名民工工资12万余元。6月9日，双流县人力资源和社会保障局责令胡克金支付拖欠的民工工资，胡却于当晚订购机票并在次日早上乘飞机逃匿。6月30日，四川锦天下园林工程有限公司作为工程总承包商代胡克金垫付民工工资12万余元。7月4日，公安机关对胡克金拒不支付劳动报酬案立案侦查。7月12日，胡克金在浙江省慈溪市被抓获。

四川省双流县人民法院于2011年12月29日作出判决，认定被告人胡克金犯拒不支付劳动报酬罪，判处有期徒刑1年，并处罚金人民币2万元。宣判后被告人未上诉，判决已发生法律效力。

裁判要点：

1）不具备用工主体资格的单位或者个人（包工头），违法用工且拒不支付劳动者报酬，数额较大，经政府有关部门责令支付仍不支付的，应当以拒不支付劳动报酬罪追究刑事责任。

2）不具备用工主体资格的单位或者个人（包工头）拒不支付劳动报酬，即使其他单位或者个人在刑事立案前为其垫付了劳动报酬的，也不影响追究该用工单位或者个人（包工头）拒不支付劳动报酬罪的刑事责任。

相关法条：《中华人民共和国刑法》第二百七十六条之一第一款

（资料来源：最高人民法院指导案例28号）

第四节 劳动安全卫生和劳动保护

一、劳动安全卫生和劳动保护制度概述

为了预防和消除工伤事故，保护劳动者在劳动过程中的生命安全和身体健康，《劳动法》从劳动安全卫生规程和标准、劳动安全卫生设施和条件、劳动防护用品、劳动安全卫生教育、监察、统计和事故处理等方面对劳动安全卫生和劳动保护作出了如下规定。

1）用人单位必须建立健全劳动安全卫生制度，严格执行国家劳动安全卫生规程和标准，对劳动者进行劳动安全卫生教育，防止劳动过程中的事故，减少职业危害。

2）劳动安全卫生设施必须符合国家规定的标准。新建、改建、扩建工程的劳动安全卫生设施必须与主体工程同时设计、同时施工、同时投入生产和使用。

3）用人单位必须为劳动者提供符合国家规定的劳动安全卫生条件和必要的劳动防护用品，对从事有职业危害作业的劳动者应当定期进行健康检查。

4）从事特种作业的劳动者必须经过专门培训并取得特种作业资格。

5）劳动者在劳动过程中必须严格遵守安全操作规程。劳动者对用人单位管理人员违章指挥、强令冒险作业，有权拒绝执行；对危害生命安全和身体健康的行为，有权提出批评、检举和控告。

6）国家建立伤亡事故和职业病统计报告和处理制度。县级以上各级人民政府劳动行政部门、有关部门和用人单位应当依法对劳动者在劳动过程中发生的伤亡事故和劳动者的职业病状况，进行统计、报告和处理。

二、女职工特殊保护制度

《劳动法》规定：国家对女职工和未成年工实行特殊劳动保护。对女职工进行保护的具体规定主要有以下几个方面。

（一）女职工禁忌的劳动

法律禁止安排女职工从事矿山井下、国家规定的第四级体力劳动强度的劳动和其他禁忌从事的劳动。

（二）女职工"四期"保护

1. 经期保护

法律禁止安排女职工在经期从事高处、低温、冷水作业和国家规定的第三级体力劳动强度的劳动。

2. 孕期保护

不得安排女职工在怀孕期间从事国家规定的第三级体力劳动强度的劳动和孕期禁

忌从事的活动。对怀孕 7 个月以上的女职工，不得安排其延长工作时间和夜班劳动。

3. 产期保护

劳动法规定女职工生育享受不少于 90 天的产假。

4. 哺乳期保护

不得安排女工在哺乳未满一周岁的婴儿期间从事国家规定的第三级体力劳动强度的劳动和哺乳期禁忌从事的其他劳动，不得安排其延长工作时间和夜班劳动。

三、未成年工特殊保护制度

未成年工是指年满 16 周岁未满 18 周岁的劳动者。劳动法规定不得安排未成年工从事矿山井下、有毒有害、国家规定的第四级体力劳动强度的劳动和其他禁忌从事的劳动。劳动法要求用人单位应当对未成年工定期进行健康检查。

第五节　劳　动　争　议

一、劳动争议的概念和处理原则

（一）劳动争议的概念

劳动争议，又称劳动纠纷，是指劳动者与用人单位之间因实现劳动权利、履行劳动义务而发生的纠纷。具体包括用人单位与劳动者之间因劳动合同，企业开除、辞退职工，职工辞职、自动离职，劳动报酬、社会保险、福利待遇、劳动安全卫生条件等方面问题而发生的纠纷。

（二）劳动争议的处理原则

《劳动法》规定：解决劳动争议，应当根据合法、公正、及时处理的原则，依法维护劳动争议当事人的合法权益。

二、解决劳动争议的机构

（一）劳动争议调解委员会

劳动争议调解委员会是指用人单位依法成立的调解本单位发生的劳动争议的群众性基层组织。

（二）劳动争议仲裁委员会

劳动争议仲裁委员会是指由国家授权的依法独立处理劳动争议案件的专门机构。县、市、市辖区应当设立劳动争议仲裁委员会。

（三）人民法院

人民法院对劳动争议仲裁裁决不服还可以通过司法程序来解决，由人民法院民事审判庭按民事诉讼程序进行审理。

三、劳动争议的处理程序

（一）劳动争议的处理方式

用人单位与劳动者发生劳动争议，当事人可以依法申请调解、仲裁、提起诉讼，也可以协商解决。

（二）劳动争议的处理程序

《劳动法》规定：劳动争议发生后，当事人可以向本单位劳动争议调解委员会申请调解；调解不成，当事人一方要求仲裁的，可以向劳动争议仲裁委员会申请仲裁。当事人一方也可以直接向劳动争议仲裁委员会申请仲裁。对仲裁裁决不服的，可以向人民法院提起诉讼。

提出仲裁要求的一方应当自劳动争议发生之日起 60 日内向劳动争议仲裁委员会提出书面申请。仲裁裁决一般应在收到仲裁申请的 60 日内作出。对仲裁裁决无异议的，当事人必须履行。

（三）对仲裁裁决不服的救济

劳动争议当事人对仲裁裁决不服的，可以自收到仲裁裁决书之日起 15 日内向人民法院提起诉讼。一方当事人在法定期限内不起诉又不履行仲裁裁决的，另一方当事人可以申请人民法院强制执行。

■■■■■■■■■■■■■■■■■　应 知 应 会　■■■■■■■■■■■■■■■■■

1．核心概念：劳动者、用人单位、劳动合同、固定期限劳动合同、无固定期限劳动合同、劳务派遣、试用期、工作时间、休息休假、工资、劳动保护、劳动争议。

2．劳动法的调整对象和适用范围。

3．劳动者享有的劳动权利和承担的劳动义务。

4．劳动法律关系的主体及内容。

5．劳动合同的订立、履行、变更、解除和终止。

6．违反劳动合同的法律责任。

7．劳动法对工作时间、休息休假、工资和劳动保护方面的规定。

8．劳动争议的解决程序。

■■■■■■■■■■■■■■■■■ **实训练习** ■■■■■■■■■■■■■■■■

一、单项选择题

1. 《劳动合同法》调整的劳动关系是一种（   ）。
   A. 人身关系
   B. 财产关系
   C. 人身关系和财产关系相结合的社会关系
   D. 经济关系

2. 《劳动合同法》规定，建立劳动关系，（   ）订立书面劳动合同。
   A. 可以   B. 应当
   C. 需要   D. 无须

3. 用人单位与劳动者的劳动关系自（   ）起建立。
   A. 劳动合同订立之日起   B. 劳动合同订立次日起
   C. 用工之日起   D. 用工次日起

4. 劳动合同期限1年以上不满3年的，试用期不得超过（   ）。
   A. 1个月   B. 2个月   C. 半个月   D. 一个半月

5. 无固定期限劳动合同是指用人单位与劳动者约定无确定（   ）时间的劳动合同
   A. 解除   B. 续订   C. 终止   D. 中止

6. 法律规定，劳动者提前30日以书面形式通知用人单位，可以解除劳动合同。劳动者在试用期内可以解除劳动合同，但也要提前（   ）日通知用人单位。
   A. 30   B. 3   C. 7   D. 5

7. 劳动者在试用期的工资不得低于本单位相同岗位最低档工资或者劳动合同约定工资的（   ），并不得低于用人单位所在地的最低工资标准。
   A. 30%   B. 50%   C. 60%   D. 80%

8. 以下属于劳动合同必备条款的是（   ）。
   A. 劳动报酬   B. 试用期   C. 保守商业秘密   D. 福利待遇

9. 被派遣劳动者享有与用工单位的劳动者（   ）的权利。
   A. 相同   B. 同等
   C. 同工同酬   D. 同样

10. 对劳动合同的无效或者部分无效有争议的，由（   ）或者人民法院确认。
   A. 劳动行政部门   B. 劳动监察机构
   C. 劳动争议调解委员会   D. 劳动争议仲裁机构

二、多项选择题

1. 根据《劳动合同法》的规定，属于劳动合同应当具备的条款的内容是（   ）。
   A. 劳动报酬和劳动保护   B. 劳动合同期限和社会保险

C. 工作时间和休息休假　　　　　D. 劳动条件和职业危害防护

E. 工作内容和工作地点

2. 按照标准不同，合同有许多种类，根据我国《劳动法》和《劳动合同法》的规定：劳动合同可以分为（　　）。

A. 短期劳动合同　　　　　　　　B. 固定期限劳动合同

C. 长期劳动合同　　　　　　　　D. 无固定期限劳动合同

E. 以完成一定工作任务为期限的劳动合同

3. 按照《合同法》的规定，合同可以分有效合同和无效合同。按照《劳动合同法》的规定，（　　）劳动合同无效或者部分无效。

A. 用人单位免除自己的法定责任的

B. 违反法律、行政法规强制性规定的

C. 排除劳动者权利的

D. 乘人之危，使对方在违背真实意思的情况下订立或者变更劳动合同的

E. 以欺诈、胁迫的手段，使对方在违背真实意思的情况下订立或者变更劳动合同的

4. 按照法律的规定，即使出现法律规定的用人单位解除劳动合同的事由，劳动者有（　　）情形之一的，用人单位不得解除劳动合同。

A. 女职工在孕期、产期、哺乳期的

B. 在本单位连续工作满 15 年，且距法定退休年龄不足 5 年的

C. 在本单位患职业病或者因工负伤并被确认丧失或者部分丧失劳动能力的

D. 患病或者非因工负伤，在规定的医疗期内的

E. 从事接触职业病危害作业的劳动者未进行离岗前职业健康检查，或者疑似职业病病人在诊断或者医学观察期间的

5. 法律规定，用人单位不得设立劳务派遣单位向本单位或者所属单位派遣劳动者。能够实施劳务派遣的工作岗位一般有（　　）。

A. 临时性　　　　B. 次要性　　　　C. 辅助性　　　　D. 替代性

6. 因法律规定的事由出现，用人单位可以裁减员工，但用人单位在裁减人员时，应当优先留用（　　）人员。

A. 与本单位订立无固定期限劳动合同的

B. 为本单位做出贡献的

C. 家庭无其他就业人员，有需要扶养的老人或者未成年人的

D. 在本单位长期担任管理工作的

E. 与本单位订立较长期限的固定期限劳动合同的

7. 按照法律的规定，需要裁减人员 20 人以上或者裁减不足 20 人但占企业职工总数 10%以上的，用人单位提前 30 日向工会或者全体职工说明情况，听取工会或者职工的意见后，裁减人员方案经向劳动行政部门报告，还必须具有（　　）情形之一，才可以裁减人员。

A. 企业效益下降

B. 生产经营发生严重困难的

C. 依照企业破产法规定进行重整的

D. 转产、重大技术革新或者经营方式调整，经变更劳动合同后，仍需裁减人员的

E. 其他因劳动合同订立时所依据的客观经济情况发生重大变化，致使劳动合同无法履行的

8. 按照法律的规定，有下列（　　）情形之一的，用人单位提前 30 日以书面形式通知劳动者本人或者额外支付劳动者 1 个月工资后，就可以解除劳动合同。

A. 严重违反用人单位的规章制度的

B. 在试用期间被证明不符合录用条件的

C. 劳动者患病或者非因工负伤，在规定的医疗期满后不能从事原工作，也不能从事由用人单位另行安排的工作的

D. 劳动者不能胜任工作，经过培训或者调整工作岗位，仍不能胜任工作的

E. 劳动合同订立时所依据的客观情况发生重大变化，致使劳动合同无法履行，经用人单位与劳动者协商，未能就变更劳动合同内容达成协议的

9. 按照法律的规定，有（　　）情形之一的，用人单位可以解除劳动合同，不必提前 30 天通知劳动者。

A. 在试用期间被证明不符合录用条件的

B. 被依法追究刑事责任的

C. 严重失职，营私舞弊，给用人单位造成重大损害的

D. 严重违反用人单位的规章制度的

E. 劳动者同时与其他用人单位建立劳动关系，对完成本单位的工作任务造成严重影响，或者经用人单位提出，拒不改正的

10. 根据法律的规定，下列情形中用人单位应当向劳动者支付经济补偿金的是（　　）。

A. 劳动合同期满，用人单位维持劳动合同约定的条件要求续订劳动合同，劳动者不同意续订的

B. 用人单位未及时足额支付劳动报酬，劳动者解除合同的

C. 劳动者不能胜任工作，经过培训或调整仍不能胜任工作而被用人单位辞退的

D. 用人单位提出与劳动者解除合同，双方达成解除合同协议的

E. 用人单位被依法宣告破产而与劳动者终止劳动合同的

三、实务操作题

1. 何某与刘某系某企业的职工，何某于 2010 年 1 月与企业签订了为期 5 年的劳动合同，刘某于 2011 年 9 月与企业签订了为期 3 年的劳动合同，合同的试用期为 6 个月。何某因身体不适向企业提出调换工作岗位的申请，并提供了医院证明。刘某于 2012 年 1 月因喝酒在岗期间与同事打架，并将同事打伤。2012 年 2 月企业以何某不能胜任工作，刘某不符合录用条件解除了与何某和刘某的劳动合同。何某与刘某不服，向当地劳动争议仲裁委员会提出申诉。

试分析：

1）该企业解除何某与刘某的劳动合同是否合理？为什么？

2）你认为本案应如何处理？

2. 职工刘浩与开封黄河轴承厂签订了为期五年的劳动合同。在合同履行期间，某合资企业与刘浩接洽，许诺刘以高薪。为此，刘浩以收入过低为由，口头提出解除合同，轴承厂未予答复。过了一周，刘浩就不来上班，轴承厂曾打电话通知他上班，但一直没有答复。在此期间，刘浩与合资企业签订了为期三年的劳动合同。刘浩原单位在得知具体情况后曾与合资企业联系，希望刘浩回原单位上班，未果。为此，轴承厂向当地劳动争议仲裁委员会提出申诉。

试分析：

1）刘浩与轴承厂的劳动合同是否已解除？为什么？

2）合资企业在本案中是否应承担责任？为什么？

3. 胡凯系某私营皮革制造厂工人，双方没有签订书面劳动合同。皮革厂只与胡凯口头约定，劳动过程中应特别注意安全，如出现伤残事故企业不承担任何责任。2012 年9 月，皮革厂在录用胡凯时，劳资科和安全科以及胡凯同班组的人员都在场，皮革厂领导对胡凯讲，我们是私营企业，摊子小，经不起工伤事故的风险，如本人能够注意安全，可以录用，但不负责工伤赔偿，以前其他职工也是这么做的。胡凯考虑后，同意来厂工作。2013 年12 月，胡凯操作机器时因机器皮带断裂而砸伤左手，住院治疗23 天，花去手术费，住院费，药费共计 5780 元，由胡凯本人垫付。皮革厂在此期间照付胡凯所有工资。出院后，胡凯与皮革厂交涉有关医疗费用问题，未果。于是向当地劳动争议仲裁委员会提出申诉，要求皮革厂支付其医疗费。

试分析：

1）胡凯与皮革厂之间的关系属于哪一类？

2）胡凯的请求应否得到支持？为什么？

4. 汪先生是一名派遣工，2008 年3 月被安徽一家劳务派遣公司聘用，和该公司招用的 20 多名员工一起被派遣到北京工作，在安徽时该公司和员工签订的劳动合同中约定每月最低标准工资是 600 元。来北京后，有员工指出北京市的最低工资标准是每月 730元，双方的约定不合法。

试分析：劳务派遣公司解释说劳动合同是在安徽签订的，双方的约定并没有低于最低工资标准。这样的做法对吗？

第五编
经济仲裁和诉讼法律制度

引 言

随着社会经济的发展，人们经济交往的不断扩大，民事纠纷越来越普遍。基于民事权利的可处分性，当事人自行协商解决民事纠纷之余，也普遍认可采用仲裁和诉讼的途径解决纠纷。本编主要介绍经济仲裁和诉讼法律制度的基本概念和原则，重点介绍经济仲裁和诉讼程序的法律规定，以便学会运用仲裁和诉讼手段解决经济纠纷。

学习目标

知识目标

1. 了解仲裁制度的特点和基本内容。
2. 了解民事诉讼、民事诉讼法的基本概念，明确法律适用范围。
3. 理解民事诉讼法的基本原则和内涵。
4. 掌握仲裁的基本理论。
5. 熟悉民事案件管辖的概念、掌握级别管辖、地域管辖的含义及适用情况。
6. 熟悉民事诉讼一、二审程序、审判监督程序、督促程序、公示催告程序的适用条件及基本流程。
7. 熟悉执行程序、执行依据和各类执行措施的概念及其法律规定。

能力目标

1. 掌握管辖在民事诉讼中的具体运用。
2. 能运用民事诉讼程序处理现实经济纠纷。

 法律检索

《中华人民共和国仲裁法》（以下简称《仲裁法》）（1994 年 8 月 31 日中华人民共和国第八届全国人民代表大会常务委员会第九次会议通过，自 1995 年 9 月 1 日起施行）

《中华人民共和国民事诉讼法》（以下简称《民事诉讼法》）（1991 年 4 月 9 日第七届全国人民代表大会第四次会议通过，2012 年 8 月 31 日第十一届全国人民代表大会常务委员会第二十八次会议第二次修正，自 2013 年 1 月 1 日起施行）

 **法谚名言**

一次不公的裁判比多次不平的举动为祸尤烈。因为这些不平的举动不过弄脏了水

流，而不公的裁判则把水源败坏了。

——（英国）弗朗西斯·培根

第一节 经济仲裁

一、仲裁概述

（一）仲裁的概念

仲裁是指双方当事人在争议发生之前或者争议发生后，达成协议，自愿将争议提交给第三方（仲裁机构）并做出对争议双方有约束力的裁决，从而解决争议的一种方式。

仲裁最初是作为解决国际贸易争议的一种方式，进入二十世纪以后，已在国际上得到普遍认可和广泛采用。

导学博览15-1 近代中国商事仲裁制度

有交往就有可能产生纠纷。从法律角度看，解决纠纷的方式主要有协商、调解、仲裁和诉讼等。其中，仲裁是一种非常重要和有效的纠纷解决方式，在民事和商事领域中的作用尤为显著。在中国，民间调处息讼的传统由来已久，最突出的即是由宗族调处族内的纠纷。传统的行会组织也往往通过"公同议罚"、"同业公议"等办法调处某些业内的纷争。但是到了19世纪晚期，行会常常以不合理的行规对违规者进行严厉的处罚，受处罚者在行会内得不到任何申诉的权利，只好诉诸有司。可是衙门视商事纠纷为钱债细故、敷衍延宕，或者胡乱判决，不仅使商事纠纷难以理结，反致涉讼商人破费，乃至倾家荡产。1898年，为了振兴商务，清政府设立商务局兼理商事纠纷，但商务局初开时只任用候补官员，不任用一般商董，"官与商隔阂"、"商情甘苦，终难上达"的状况并无实质性的变化。朝廷的上谕也不得不承认由于官吏牵制抑勒，商民"遇有词讼，不能速为断结，办理不得其平，以致商情不通，诸多阻滞"。为满足广大商民的要求和维持自身的统治，清政府于1904年初颁行了《商会简明章程》，规定"凡华商遇有纠葛，可赴商会告知总理，定期邀集各董秉公理论，一众公断"。如此，商会受理商事纠纷的裁判权得到了清政府的正式承认，各地商会在创办中也无不将此权力列入自己的章程。为了便于调处纠纷，一些商会还成立了专门的商事仲裁机构如理案处、评议处等，聘请素有名望、公正的会员担任评议员。1909年，成都商务总会首倡成立了"商事裁判所"，旨在"和平处理商业上之纠葛，以保商规，息商累"。其他商会亦随之设立了商事裁判所负责受理商事纠纷，并规定"凡商品一切诉讼案件概归商务裁判所办理"。

（资料来源：郑成林. 2002. 近代中国商事仲裁制度演变的历史轨迹. 中州学刊.）

（二）仲裁的特征

1. 仲裁是一种灵活，便利的解决争议的方式

仲裁与解决争议的其他方式相比，具有极大的灵活性和便利性。体现在当事人有权选择是否仲裁，有权选择仲裁员，有权协议约定仲裁程序，所以仲裁能得到当事人的信任，可以避免经历诉讼中的烦琐程序，可以不公开审理而保守当事人的商业秘密，可以及时地处理争议而节省费用等。

2. 提交仲裁以双方当事人自愿为前提

仲裁的发生以双方当事人自愿为前提。当事人的自愿体现于仲裁协议中。当事人可在合同中规定仲裁条款，或者签订将争议提交仲裁的专门协议；同时也允许通过商事交往的其他信函和文件表明愿意提交仲裁的意思，从而构成仲裁协议。仲裁协议可以在争议发生前达成，也可以在争议发生后达成。

3. 仲裁必须遵循一定的程序

仲裁活动要遵循一定的程序，包括申请和答辩、庭审方式，调查取证、对仲裁程序司法上的协助等。

4. 仲裁的客体是当事人之间发生的一定范围的争议

可仲裁争议的范围，不仅取决于当事人的意愿，而且还取决于法律或司法习惯，大体包括经济纠纷、劳动纠纷、对外经济贸易纠纷、海事纠纷等。

5. 仲裁裁决对当事人具有约束力

当事人一旦选择仲裁解决争议，仲裁机构所作的裁决即具有法律效力，对当事人双方均有约束力，当事人应当履行，否则权利人可以向法院申请强制执行。

二、仲裁法的基本内容

1994 年 8 月 31 日，第八届全国人大常委会第九次会议通过了《中华人民共和国仲裁法》，该法于 1995 年 9 月 1 日起正式施行。《仲裁法》的制定和实施，对于规范仲裁机构和仲裁程序，完善仲裁制度，保证公正及时地仲裁民事经济纠纷，保护当事人的合法权益，促进社会主义市场经济的健康发展，有着十分重要的意义。

（一）仲裁法概述

1.《仲裁法》适用范围

我国《仲裁法》规定，平等主体的公民、法人和其他组织之间发生的合同纠纷和其他财产权益纠纷，可以申请仲裁。但是下列情况不适用《仲裁法》，一是婚姻、收养、监护、扶养、继承纠纷；二是依法应当由行政机关处理的行政争议；三是劳动争议和农村集体经济组织内部的农业承包合同纠纷。

2. 仲裁法的基本原则

1）当事人双方自愿原则。当事人采用仲裁方式解决纠纷，应当双方自愿达成仲裁协议，没有仲裁协议，一方申请仲裁的，仲裁委员会不予受理。有仲裁协议，一方向法院起诉的，法院不予受理，当事人约定争议可以向仲裁机构申请仲裁也可以向人民法院起诉的，除在法律规定期限内另一方当事人未提出异议的，仲裁协议无效。当事人可以选定仲裁机构，仲裁机构不实行级别管辖和地域管辖；当事人可以选定仲裁员和共同约定仲裁庭的组成形式、审理方式等事项。

2）仲裁应当根据事实和法律进行的原则。仲裁机构应当以客观案情为依据，以国家法律法规作为明确责任的标准和衡量尺度对纠纷进行调解和裁决。

3）仲裁依法独立进行的原则。仲裁依法独立进行，不受任何机关、社会团体和个人的干涉。从仲裁机构的设置到仲裁纠纷处理的整个程序，都依法具有独立性。

4）仲裁实行一裁终局的原则。仲裁裁决做出后，除裁决被人民法院依法裁定撤销或者不予执行的情形外，当事人不得就同一纠纷再申请仲裁或者向人民法院起诉。当事人再申请仲裁或起诉的，仲裁委员会或人民法院不予受理。

（二）仲裁委员会与仲裁协会

1. 仲裁委员会

1）仲裁委员会的设立条件：①有自己的名称、住所和章程；②有必要的财产；③有该委员会的组成人员；④有聘任的仲裁员。

2）仲裁委员会的设立与组建：①仲裁委员会可以在直辖市和省、自治区人民政府所在地的市设立，也可以根据需要在其他设区的市设立，不按行政区划层层设立；②仲裁委员会由上述规定的市的人民政府组织有关部门和商会统一组建；③设立仲裁委员会，应当经省、自治区、直辖市的司法行政部门登记。

3）仲裁委员会的组成：仲裁委员会由主任1人，副主任2至4人和委员7至11人组成。仲裁委员会的主任、副主任、委员由法律、经济贸易专家和有实际工作经验的人员担任。在这些人员中，法律、经济贸易专家不得少于2/3。

仲裁委员会应当从公道正派的人员中聘任仲裁员，仲裁员应当符合下列条件之一：①从事仲裁工作满8年；②从事律师工作满8年；③曾任审判员8年；④从事法律研究、教学工作并具有高级职称的；⑤具有法律知识、从事经济贸易等专业工作，并具有高级职称或具有同等专业水平的。

4）仲裁委员会的独立性。仲裁委员会独立于行政机关，与行政机关没有隶属关系，仲裁委员会之间也没有隶属关系。

2. 仲裁协会

中国仲裁协会是社会团体法人，各仲裁委员会是中国仲裁协会的会员。中国仲裁协会是仲裁委员会的自律性组织，根据章程对仲裁委员会及组成人员、仲裁员的违纪行为进行监管，同时依照仲裁法和民事诉讼法的有关规定制定仲裁规则。

（三）仲裁协议

1. 仲裁协议的概念和形式

仲裁协议是指双方当事人愿意把他们之间将来可能发生或者业已发生的争议提交仲裁解决的协议。仲裁协议有两种形式：合同中订立的仲裁条款；以合同书，信件和数据电文（包括电报、电话、传真、电子数据交换和电子邮件）在纠纷发生前或者纠纷发生后达成的请求仲裁的协议。

2. 仲裁协议的基本内容

仲裁协议应当具有下列内容：请求仲裁的意思表示；仲裁事项，即当事人约定的将何种争议提交仲裁的范围。根据最高人民法院关于适用《仲裁法》若干问题的解释，当事人概括约定仲裁事项为合同争议的，基于合同成立、效力、变更、转让、履行、违约责任、解释、解除等产生的纠纷都可以认定为仲裁事项。选定的仲裁委员会，一般情况下，当事人对仲裁委员会设有约定或约定不明确的，可以签订补充协议，达不成补充协议的，仲裁协议无效。如果仲裁协议约定的仲裁机构名称不准确，但能够确定具体的仲裁机构的，应当认定选定了仲裁机构。

3. 仲裁协议的无效

仲裁协议有下列情形之一的，该仲裁协议无效：约定的仲裁事项超出法律规定的仲裁受理范围；订立仲裁协议的人是无民事行为能力人或者限制民事行为能力人；一方采取欺诈、胁迫等手段，违背当事人真实意思订立仲裁协议的。

当事人对仲裁协议的效力有异议的，可以请求仲裁委员会做出决定或者请求人民法院做出裁定。一方请求仲裁委员会做出决定，另一方请求人民法院做出裁定的，由人民法院裁定。当事人对仲裁协议的效力有异议，应当在仲裁庭首次开庭前提出。

4. 仲裁协议的独立性和承继性

仲裁协议独立存在，合同未成立、合同的变更、解除、终止或者无效，不影响仲裁协议的效力。除当事人在订立仲裁协议时另有约定或声明外，当事人订立仲裁协议后合并、分立的，仲裁协议对其权利义务的继受人有效；当事人订立仲裁协议后死亡的，仲裁协议对承继其仲裁事项中的权利义务的继承人有效；债权、债务全部或者部分转让的，仲裁协议对受让人有效。

（四）仲裁程序

仲裁程序包括申请、受理、仲裁庭的组成、开庭和裁决。

1. 申请

当事人向仲裁机关申请仲裁，应当符合下列条件：有仲裁协议；有具体的仲裁请求和事实、理由；属于仲裁委员会的受理范围。

当事人申请仲裁，应当向仲裁委员会递交仲裁协议、仲裁申请书及副本。仲裁申请书应当载明下列事项：当事人的姓名、性别、年龄、职业、工作单位和住所，法人或者其他组织的名称、住所和法定代表人或者主要负责人的姓名、职务；仲裁请求和所根据的事实、理由；证据和证据来源，证人姓名和住所。

2. 受理

仲裁委员会收到仲裁申请书之日起 5 日内，认为符合受理条件的，应当受理，并通知当事人；认为不符合受理条件的，应当书面通知当事人不予受理，并说明理由。

仲裁委员会受理仲裁申请后，应当在仲裁规则规定的期限内将仲裁规则和仲裁员名册送达申请人，并将仲裁书副本和仲裁规则，仲裁员名册送达被申请人。

被申请人收到仲裁申请书副本后，应当在仲裁规则规定的期限内向仲裁委员会提交答辩书，仲裁委员会收到答辩书后，应当在仲裁规则规定的时间内将副本送达申请人。被申请人未提交答辩书的，不影响仲裁程序的进行。

3. 组成仲裁庭

仲裁庭可以由 3 名仲裁员或 1 名仲裁员组成。当事人约定由 3 名仲裁员组成的仲裁庭的，应当各自选定或者各自委托仲裁委员会主任指定 1 名仲裁员，第 3 名仲裁员由当事人共同选定或者委托仲裁委员会指定。第 3 名仲裁员同时是首席仲裁员。

当事人约定由 1 名仲裁员成立仲裁庭的，应当由当事人共同选定或者共同委托仲裁委员会主任指定仲裁员。

仲裁庭组成后，仲裁委员会应当将仲裁庭的组成情况书面通知当事人。

仲裁员的回避：仲裁员有下列情形之一的，必须回避，当事人也有权提出回避申请：①是本案当事人或者当事人、代理人的近亲属；②与本案有利害关系；③与本案当事人，代理人有其他关系，可能影响公正仲裁的；④私自会见当事人、代理人，或者接受当事人、代理人请客送礼的。

当事人提出回避申请，应当说明理由并在首次开庭前提出。回避事由在首次开庭后知道的，可以在最后一次开庭终结前提出。仲裁员是否回避，由仲裁委员会主任决定；仲裁委员会主任担任仲裁员时，由仲裁委员会集体决定。

4. 开庭

1）仲裁应当开庭进行，当事人协议不开庭的，仲裁庭可以根据仲裁申请书、答辩书以及其他材料做出裁决。仲裁不公开进行。当事人协议公开的，可以公开进行，但涉及国家秘密的除外。

2）开庭通知。仲裁委员会应当在仲裁规则规定的期限内将开庭日期通知双方当事人，当事人有正当理由的，可以在仲裁规则规定的期限内请求延期开庭，是否延期，由仲裁庭决定。

3）当事人不到庭或中途退庭的法律后果。申请人经书面通知，无正当理由不到庭或者未经仲裁庭许可中途退庭的，可以视为撤回仲裁申请。被申请人经书面通知，无正当理由不到庭或者未经仲裁庭许可中途退庭的，可以缺席裁决。

4）证据责任。在庭审过程中，当事人应当对自己的主张提供证据，仲裁庭认为有必要收集证据，可自行收集，证据应当在开庭时出示，当事人可以质证。

5）证据保全。在证据可能灭失或者以后难以取得的情况下，当事人可以申请证据保全。当事人申请证据保全的，仲裁委员会应当将当事人的申请提交证据所在地的基层人民法院。

6）鉴定。仲裁庭对专门性问题认为需要鉴定的，可以交由当事人约定的鉴定即门鉴定，也可以由仲裁庭指定的鉴定部门鉴定。

7）辩论。当事人在仲裁过程中有权进行辩论，辩论终结时，首席仲裁员或者独任仲裁员应当征询当事人的最后意见。

8）笔录。仲裁庭应当将开庭情况记入笔录，笔录由仲裁员、记录人员、当事人和其他仲裁参与人签名或者盖章。

9）当事人自行和解。当事人申请仲裁后，可以自行和解。达成和解协议的，可以请求仲裁庭根据和解协议做出裁决书，也可以撤回仲裁申请。当事人达成和解协议，撤回仲裁申请后反悔的，可以根据仲裁协议申请仲裁。

10）调解。①仲裁庭在做出裁决前，可以先行调解。当事人自愿调解的，仲裁庭应当调解。调解不成的，应当及时做出裁决。②调解达成协议的，仲裁庭应当制作调解书或者根据协议的结果制作调解书，调解书与裁决书具有同等法律效力。③调解书应当写明仲裁请求和当事人协议的结果，调解书由仲裁员签名，加盖仲裁委员会的印章，经双方当事人签收后，即发生法律效力。

5. 裁决

对调解不成或在调解书签收前当事人反悔的，仲裁庭应及时做出裁决。裁决应当按照多数仲裁员的意见做出，少数仲裁员的不同意见可以记入笔录。仲裁庭不能形成多数意见时，裁决应当按照首席仲裁员的意见做出。

裁决书应当写明仲裁请求、争议事实、裁决理由、裁决结果、仲裁费用的负担和裁决日期；当事人协议不愿写明争议事实和理由的可以不写。

裁决书由仲裁员签名，加盖仲裁委员会印章，裁决书自做出之日起发生法律效力。

6. 仲裁中的财产保全

一方当事人因另一方当事人的行为或者其他原因，可能使裁决不能执行或者难以执行的，可以申请财产保全。当事人申请财产保全的，仲裁委员会应当将当事人的申请依照民事诉讼法的有关规定提交人民法院。申请有错误的，申请人应当赔偿被申请人因财产保全所遭受的损失。

（五）申请撤销裁决

申请撤销裁决是指对已经发生法律效力的裁决，当事人有证据证明裁决违背仲裁法规定的，可以向仲裁委员会所在地中级人民法院申请撤销裁决。当事人申请撤销裁决的，应当在收到裁决书之日起6个月内提出。

仲裁法规定当事人可以申请撤销裁决的情形：①没有仲裁协议的；②裁决的事项不属于仲裁协议的范围或者仲裁委员会无权仲裁的；③仲裁庭的组成或者仲裁的程序违反法定程序的；④裁决所根据的证据是伪造的；⑤对方当事人隐瞒了足以影响公正裁决的证据；⑥仲裁员在仲裁该案时有索贿、受贿、徇私舞弊、枉法裁决行为的。人民法院组成的合议庭审查核实裁决有上述6种情形之一的或认定该裁决违背社会公共利益的，应当裁定撤销。

人民法院受理撤销裁决的申请后，认为可以由仲裁庭重新仲裁的，通知仲裁庭在一定期限内重新仲裁，并裁定终结撤销程序。未开始重新仲裁的，人民法院应当裁定恢复撤销程序。

（六）执行

裁决做出后，当事人应当履行裁决，一方当事人不履行的，另一方当事人可以依照民事诉讼法的有关规定向人民法院申请执行，受申请的人民法院应当执行。

根据有关规定：国内仲裁由被执行人住所地或者被执行的财产所在地的中级人民法院管辖。仲裁执行中的级别管辖参照人民法院受理诉讼案件的级别管辖的规定执行。

第二节 经 济 诉 讼

经济纠纷诉讼是指人民法院及经济诉讼参与人为解决经济纠纷所进行的诉讼活动。

经济纠纷诉讼在程序方面适用的法律，主要是1991年4月9日第七届全国人民代表大会第四次会议通过的《中华人民共和国民事诉讼法》。全国人大常委会又分别于2007年10月28日、2012年8月31日对民事诉讼法进行了修订。

 导学博览15-2 中国古代诉讼制度

古代的诉讼制度规定，诉讼必须逐级告状（即"告诉"），一般不许越级告状，违者要笞四十，受理的官员也要笞四十。但有重大冤情被压制无法申诉的，可以向皇帝直接告状，但经常要冒承担冲撞皇帝仪仗责任的危险。

为了防止乖戾之徒诬告别人，在告状时，诉状上要写明事实，不许说自己不能确定的事，否则要笞五十。同时，诬告别人什么罪名自己要承担什么罪名。如果写匿名信告别人的状，要被流放两千里。

古代社会的诉讼权受到很大限制，除了谋反、谋大逆、谋叛外，各朝代都规定，子孙不许控告父母和祖父母，奴婢不许告主人及主人的亲属。如果违反，要处绞刑。但是，如果任何人犯了上述三种重罪，那么任何人都必须向官府举报。可见，封建社会法律是以维护皇权为第一目的的。

对于民事诉讼一般是要在基层根据伦理道德进行调解，调解不成才可以到官府告状，不经过调解私自到官府的，要被处罚，并被视为刁民。

一、案件的管辖

管辖，是指各级法院之间以及同级人民法院之间受理第一审民事、经济纠纷案件的分工和权限。明确人民法院的管辖权限，有利于各级、各个人民法院正确、及时地行使审判权，也有利于当事人行使其诉讼权。根据《民事诉讼法》规定，管辖主要可以归纳为级别管辖、地域管辖和移送管辖与指定管辖等三种情况。

（一）级别管辖

我国人民法院分为基层人民法院、中级人民法院、高级人民法院、最高人民法院。级别管辖是指划分各级人民法院经济审判庭之间受理第一审案件的分工与权限。确定级别管辖的标准是以案件是否重大复杂和影响范围大小为依据。具体的分工是：基层人民法院管辖第一审经济纠纷案件，但法律另有规定的除外；中级人民法院管辖下列第一审经济纠纷案件：重大涉外案件；在本辖区有重大影响的案件；最高人民法院确定由中级人民法院管辖的案件；高级人民法院管辖在本辖区有重大影响的第一审经济纠纷案件；最高人民法院管辖下列第一审经济纠纷案件：在全国有重大影响的案件，认为应当由本院审理的案件。

（二）地域管辖

地域管辖是确定同级人民法院之间在各自辖区内审理一审经济纠纷案件的分工和权限。地域管辖又可分为一般地域管辖、特殊地域管辖、专属地域管辖、协议管辖和共同管辖。

1. 一般地域管辖

根据当事人的户籍所在地来划分人民法院对案件的管辖范围。原则是"原告就被告"。即由被告所在地人民法院管辖。如果被告住所与经常居住地不一致，由经常居住地人民法院管辖。同一诉讼的几个被告住所地、经常居住地在两个以上人民法院辖区的，各该人民法院都有管辖权。

2. 特殊地域管理

1）因合同纠纷提起的诉讼，由被告住所地或合同履行地人民法院管辖。

2）因保险合同纠纷提起的诉讼，由被告住所地或保险标的物所在地人民法院管辖。

3）因票据纠纷提起的诉讼，由票据支付地或被告住所地人民法院管辖。

4）因公司设立、确认股东资格、分配利润、解散等纠纷提起的诉讼，由公司住所地人民法院管辖。

5）因铁路、公路、水上、航空运输和联合运输合同纠纷提起的诉讼，由运输始发地、目的地或由被告住所地人民法院管辖。

6）因侵权行为提起诉讼，由侵权行为地或者被告住所地人民法院管辖。

7）因铁路、公路、水上和航空事故请求损害赔偿提起的诉讼，由事故发生地或者车辆、船舶最先到达地、航空器最先降落地或被告住所地人民法院管辖。

8）因船舶碰撞或其他海事损害事故请求损害赔偿提起诉讼的，由碰撞发生地，碰撞船舶最先到达地，加害船舶被扣留地或被告住所地人民法院管辖。

9）因海难救助费用提起的诉讼，由救助地或者被救助船舶最先到达地人民法院管辖。

10）因共同海损提起的诉讼，由船舶最先到达地，共同海损清算地或者航程终止地的人民法院管辖。

3. 专属管辖

专属管辖指某一类案件根据法律规定必须由一定的法院审理。下列案件实行专属管辖。

1）因不动产纠纷提起的诉讼，由不动产所在地人民法院管辖。

2）因港口作业发生纠纷提起的诉讼，由港口所在地人民法院管辖。

3）因继承遗产纠纷提起的纠纷，由被继承人死亡时住所地或者主要遗产所在地人民法院管辖。

4. 协议管辖

合同或者其他财产权益纠纷的当事人可以书面协议选择被告住所地、合同履行地、合同签订地、原告住所地、标的物所在地等与争议有实际联系的地点的人民法院管辖，但不得违反《民事诉讼法》对级别管辖和专属管辖的规定。

5. 共同管辖与选择管辖

某些案件依照法律规定有两个以上管辖法院的叫共同管辖。两个以上人民法院都有管辖权的诉讼。原告可以向其中一个人民法院起诉，原告向两个以上有管辖权的人民法院起诉的，由最先立案的人民法院管辖。

（三）移送管辖和指定管辖

指受诉法院发现受理的案件不属于本院管辖的应当移送有管辖权的人民法院，接受移送的人民法院应当受理。

有管辖权的人民法院由于特殊原因，不能行使管辖权的，由上级人民法院指定管辖。人民法院之间因管辖权发生争议，由争议双方协商解决；协商解决不了的，报请他们的共同上级人民法院指定管辖。

人民法院受理案件后，当事人对管辖权有异议的，应当在提交答辩状期间提出。人民法院对当事人提出的异议，应当审查。异议成立的，裁定将案件移送有管辖权的人民法院；异议不成立的，裁定驳回。当事人未提出管辖异议，并应诉答辩的，视为受诉人民法院有管辖权，但违反级别管辖和专属管辖规定的除外。

导学博览15-3　诉讼费交纳标准

案件受理费分别按照下列标准交纳。

（1）财产案件

财产案件根据诉讼请求的金额或者价额，按照下列比例分段累计交纳。

1）不超过1万元的，每件交纳50元。

2）超过1万元至10万元的部分，按照2.5%交纳。

3）超过10万元至20万元的部分，按照2%交纳。

4）超过20万元至50万元的部分，按照1.5%交纳。

5）超过50万元至100万元的部分，按照1%交纳。

6）超过100万元至200万元的部分，按照0.9%交纳。

7）超过200万元至500万元的部分，按照0.8%交纳。

8）超过500万元至1000万元的部分，按照0.7%交纳。

9）超过1000万元至2000万元的部分，按照0.6%交纳。

10）超过2000万元的部分，按照0.5%交纳。

（2）非财产案件

非财产案件按照下列标准交纳。

1）离婚案件每件交纳50元至300元。涉及财产分割，财产总额不超过20万元的，不另行交纳；超过20万元的部分，按照0.5%交纳。

2）侵害姓名权、名称权、肖像权、名誉权、荣誉权以及其他人格权的案件，每件交纳100元至500元。涉及损害赔偿，赔偿金额不超过5万元的，不另行交纳；超过5万元至10万元的部分，按照1%交纳；超过10万元的部分，按照0.5%交纳。

3）其他非财产案件每件交纳50元至100元。

（3）知识产权民事案件

知识产权民事案件，没有争议金额或者价额的，每件交纳500元至1000元；有争议金额或者价额的，按照财产案件的标准交纳。

（4）劳动争议案件

劳动争议案件每件交纳10元。

（5）行政案件

行政案件按照下列标准交纳。

1）商标、专利、海事行政案件每件交纳100元。

2）其他行政案件每件交纳50元。

（6）其他

当事人提出案件管辖权异议，异议不成立的，每件交纳50元至100元。

二、诉讼参加人

（一）当事人

当事人是指因民事上的权利义务发生纠纷，以自己的名义进行诉讼，并受人民法院裁判拘束的利害关系人。通常，当事人指原告与被告，广义的当事人还包括共同诉讼人和诉讼第三人。

（二）共同诉讼人

共同诉讼人是指二人以上作为一方起诉或被诉的当事人。原告方为二人以上的，称为共同原告；被告为二人以上的，称为共同被告。通过这个制度，人民法院可以一并彻底解决与本案有关的人所发生的纠纷，从而简化诉讼程序，节省时间和费用，避免人民法院在同一事件上做出相互矛盾的裁判。

（三）诉讼代表人

诉讼代表人是指众多当事人的一方推选出的代表，为维护本方的利益而进行诉讼活动的人。诉讼代表人应是该案的利害关系人，与所代表的全体成员有相同的利益，乐于为所代表的全体成员服务，并得到多数人的信赖，在诉讼活动中应善意地维护被代表人的利益。

（四）第三人

第三人是指对当事人的双方诉讼的标的，第三人认为有独立请求权，或者虽然没有独立请求权，但案件的处理结果同他有法律上的利害关系的，经申请或者人民法院通知他参加到诉讼中来的人。第三人可分为有独立请求权的第三人和无独立请求权的第三人。

有独立请求权的第三人，因对他人之间的诉讼标的主张权利，参与到诉讼中来，他是以独立的实体权利人的资格向人民法院提起诉讼，他在诉讼中的地位相当于原告，而原来诉讼中的原告和被告则成了他的共同被告。人民法院实际上是把本诉与第三人提起之诉合并审理。

无独立请求权的第三人，对他人之间的诉讼标的不主张独立的实体权利，只是为了维护自己的合法权益而支持当事人一方进行诉讼，但他无论支持原告或被告，他不能处分原告与被告之间的民事实体权利和民事诉讼权利。若第一审人民法院判决无独立请求权的第三人承担实体义务，他有上诉权。

（五）诉讼代理人

诉讼代理人指根据法律规定，由法院指定或者受当事人的委托，代理当事人参加诉讼的人。诉讼代理人因代理权来源不同分法定代理人、指定代理人和委托代理人三种。当事人、法定代理人可以委托一至二人作为诉讼代理人。下列人员可以被委托为诉讼代理人：①律师、基层法律服务工作者；②当事人的近亲属或者工作人员；③当事人所在社区、单位以及有关社会团体推荐的公民。

三、证据

（一）证据的概念

证据是用来证明案件真实情况的一切事实。当事人发生纠纷，请求人民法院维护自身的合法权益，必须向法庭提交相关证据，来证明自己的主张。没有证据或者证据不足以支持自己的主张，人民法院将因证据不足而对当事人的诉讼请求做出不予支持的判决或裁定。因此，在诉讼中证据非常重要。

（二）证据的基本特点

1. 客观性

证据是客观存在的事实，符合客观实际和真实情况。

2. 关联性

证据是同案件有某种联系并对证明案件有实际意义的事实。

3. 法律性

证据应当是依法收集、依法查证的事实。

导学博览15-4　中国古代证据制度

在中国古代的早期诉讼中，认定案件事实，决断争讼是非，曾采用过以兽触罪者的神明裁判方式。神明裁判到了周朝就基本上消失，而代之以"两造具备，师听五辞"（《尚书·吕刑》）的审判方式。"听五辞"，即《周礼》记载的"以五声听狱讼，求民情：一曰辞听（观其出言，不直则烦），二曰色听（观其颜色，不直则赧然）；三曰气听（观其气息，不直则喘）；四曰耳听（观其听聆，不直则惑）；五曰目听（观其眸子视，不直则眊然）"（《周礼·秋官·小司寇》）。这就是说，审案时，传唤双方当事人到庭，听取他们的供述，并观察他们的语调、颜色、气息、听觉、眼神，从而作出判断。这种以察言观色断狱的方法，具有主观臆断色彩，但是比神明裁判前进了一步。而且，当时也已懂得，审案不能只听"单辞"，即当事人一面之词，而要兼"听狱之两辞"，还必须"察辞于差"（《尚书·吕刑》），即分析双方供述的矛盾，才能正确断案。

周代的诉讼中，已广泛使用证人证言、书证和物证等证据。《周礼》载："凡民讼，以地比正之；地讼，以图正之。"即凡是民间发生争讼，要以当地的邻里人作证，凡是发生土地争讼，要以官府所藏地图作证。在周朝，对伤害案件，要检验被害人的伤势程度，以确定被告人罪责的轻重。此外，周朝还把当事人"盟诅"（宣誓）作为一种证据，"有以狱讼者，则使之盟诅"（《周礼·秋官·司盟》）。西周出土金文《亻朕攸从鼎铭》、《匜铭》，也有在诉讼中盟誓的记载。

（资料来源：郑牧民，易学辉. 2007. 论中国古代证单制度的基本特点. 湖南科技大学学报.）

（三）证据的种类

证据有下列几种。

1. 当事人陈述

当事人在诉讼中向人民法院所作的关于案件事实情况的叙述，称为当事人陈述。

2. 书证

凡是用文字、符号、图画在物体上表达思想而其内容能够证明待证事实的，称为书证。

3. 物证

凡以其存在、形状、质量规格等属性证明待证事实的，称为物证。

4. 视听资料

以声音、图像及其他视听信息来证明案件待证事实的录像带、录音带等信息材料，称为视听资料。

5. 电子数据

随着计算机及互联网络的发展，在计算机或计算机系统运行过程中因电子化数据交换等产生的证明案件事实的信息，成为电子数据。

6. 证人证言

了解案情的有关情况，受人民法院传唤到庭作证的人，称为证人。证人向人民法院所作的能够证明案件事实的陈述，称为证人证言。

7. 鉴定意见

鉴定人运用自己的专业知识对案件中的有关专门性问题进行鉴别、分析所作出的结论，称为鉴定意见。

8. 勘验笔录

人民法院为查明事实，对现场或物品进行勘查、检验、拍照、测验等，将勘验情况与结果制成笔录，相关人员签名盖章，称为勘验笔录。

（四）证据保全

在证据可能灭失或者以后难以取得的情况下，当事人可以在诉讼过程中向人民法院申请保全证据，人民法院也可以主动采取保全措施。因情况紧急，在证据可能灭失或者以后难以取得的情况下，利害关系人可以在提起诉讼或者申请仲裁前向证据所在地、被申请人住所地或者对案件有管辖权的人民法院申请保全证据。

（五）举证责任

举证责任是指当事人对自己提出的主张有责任提供相应的证据予以证明。举证责任包括两个方面的内容：①谁主张权利，举证责任由谁承担；②当举不出证据证明案件事实的后果由谁承担。当事人因客观原因不能自行收集证据，或者人民法院认为审理案件需要的证据，人民法院应当调查收集。

（六）当事人提供证据

当事人对自己提出的主张应当及时提供证据。人民法院根据当事人的主张和案件审理情况，确定当事人应当提供的证据及其期限。当事人在该期限内提供证据确有困难的，可以向人民法院申请延长期限，人民法院根据当事人的申请适当延长。当事人逾期提供证据的，人民法院应当责令其说明理由；拒不说明理由或者理由不成立的，人民法院根据不同情形可以不予采纳该证据，或者采纳该证据但予以训诫、罚款。

四、保全和先予执行

（一）保全

1. 保全的概念与对象

保全是指为保证执行将来的判决或者保证实现债权人权利，人民法院根据利害关系人的申请，或者依据职权，对相关财产采取保护措施，或者命令债务人为或者不为一定行为的制度。保全限于请求的范围，或者与本案有关的财物。根据保全的对象，可以将民事保全具体划分为财产保全、行为保全、证据保全等制度，其中证据保全制度已在本节前面内容中有所介绍。财产保全，是指人民法院根据申请或者依照职权，依法对被申请人的财产采取强制性保护措施，以避免财产被转移、隐匿、损害。行为保全，又称为临时禁令，是指人民法院根据申请或者依照职权，对相关主体的侵害或者有侵害可能的行为采取强制措施，以避免当事人的利益受到不应有的损害。

2. 保全的种类

《民事诉讼法》规定的保全包括诉前保全和诉讼保全。

诉前保全是指在诉讼发生前，人民法院根据利害关系人的申请，对有关的财产采取保护措施或者对有关行为予以限制的制度。利害关系人因情况紧急，不立即申请保全将会使其合法权益受到难以弥补的损害的，可以在提起诉讼或者申请仲裁前向被保全财产所在地、被申请人住所地或者对案件有管辖权的人民法院申请采取保全措施。申请人应当提供担保，不提供担保的，裁定驳回申请。人民法院接受申请后，必须在 48 小时内作出裁定；裁定采取保全措施的，应当立即开始执行。申请人在人民法院采取保全措施后 30 日内不依法提起诉讼或者申请仲裁的，人民法院应当解除保全。

诉讼保全，是指在诉讼过程中，为了保证法院的判决能够顺利实施，人民法院根据当事人的申请，或在必要时依职权决定对有关财产采取保护措施或者对有关行为予以限制的制度。人民法院对于可能因当事人一方的行为或者其他原因，使判决难以执行或者造成当事人其他损害的案件，根据对方当事人的申请，可以裁定对其财产进行保全、责令其作出一定行为或者禁止其作出一定行为；当事人没有提出申请的，人民法院在必要时也可以裁定采取保全措施。人民法院采取保全措施，可以责令申请人提供担保，申请人不提供担保的，裁定驳回申请。人民法院接受申请后，对情况紧急的，必须在 48 小时内作出裁定；裁定采取保全措施的，应当立即开始执行。

3. 保全的其他规定

保全限于请求的范围，或者与本案有关的财物。

财产保全采取查封、扣押、冻结或者法律规定的其他方法。人民法院保全财产后，应当立即通知被保全财产的人。

财产已被查封、冻结的，不得重复查封、冻结。

财产纠纷案件，被申请人提供担保的，人民法院应当裁定解除保全。

申请有错误的，申请人应当赔偿被申请人因保全所遭受的损失。

（二）先予执行

1. 先予执行的概念

先予执行是指人民法院在终局判决之前，为解决权利人生活或生产经营的急需，依法裁定义务人预先履行义务的制度。

2. 先予执行的适用范围

民事诉讼法规定的先予执行适用的案件范围是：第一，追索赡养费、扶养费、抚育费、抚恤金、医疗费用的案件；第二，追索劳动报酬的案件；第三，因情况紧急需要先予执行的案件。上述类型的案件，需要先予执行的，还应当满足下列条件：第一，当事人之间权利义务关系明确，不先予执行将严重影响申请人的生活或者生产经营的；第二，被申请人有履行能力。人民法院可以责令申请人提供担保，申请人不提供担保的，驳回申请。申请人败诉的，应当赔偿被申请人因先予执行遭受的财产损失。

五、审判程序

（一）第一审程序

1. 第一审普通程序

人民法院审理民事经济纠纷案件，除简单的民事纠纷案件外，都适用第一审普通程序。主要包括：起诉与受理、调解、审理前的准备、开庭审理等阶段。

1）起诉和受理。起诉是指一方当事人向人民法院请求审理案件的活动，是诉讼过程的开始，审判程序发生的根据。起诉应当符合三个法定条件：①原告是与本案有直接利害关系的公民、法人和其他组织；②有明确的被告，具体的诉讼请求和事实根据；③属于人民法院主管的范围和受诉人民法院管辖。起诉应向人民法院递交诉状，并按被告人数提交副本。

当事人起诉到人民法院的民事纠纷，适宜调解的，先行调解，但当事人拒绝调解的除外。

人民法院对起诉状审查认为符合起诉条件的，应当在 7 日内立案，并通知当事人；不符合起诉条件的，应当在 7 日内作出裁定书，不予受理；原告对裁定不服的，可以提起上诉。人民法院应当在立案之日起 5 日内将起诉状副本发送被告，被告应当在收到之日起 15 日内提出答辩状。人民法院应当在收到答辩状之日起 5 日内将答辩状副本发送原告。被告不提出答辩状的，不影响人民法院审理。

人民法院对受理的案件，分别情形，予以处理：①当事人没有争议，符合督促程序规定条件的，可以转入督促程序；②开庭前可以调解的，采取调解方式及时解决纠纷；③根据案件情况，确定适用简易程序或者普通程序；④需要开庭审理的，通过要求当事人交换证据等方式，明确争议焦点。

2）开庭审理。是指审判人员在当事人和其他诉讼参与人的参加下，在法庭上对案件进行审理直至做出裁判的全过程。开庭审理民事案件，除涉及国家机密、个人隐私和法律另有规定的以外，应当公开进行。离婚、涉及商业秘密的案件，当事人申请不公开审理的，可以不公开审理。

开庭审理一般遵循以下步骤：①审理前的准备。开庭审理前，承办案件的审判人员要做好以下准备，依法组成合议庭，在开庭 3 日前通知当事人和其他诉讼参与人，对公开审理的案件发布公告，宣布合议庭人员及法庭纪律等。②法庭调查。一般按下列顺序进行：原告陈述诉讼请求、事实及理由，并提供证据；被告提出答辩或者反驳意见，并提供证据，出示证据，对证据进行质证。③法庭辩论。法庭辩论顺序：原告及其代理人发言；被告及其代理人发言；如有第三人参加，由第三人及其代理人发言或答辩；在法庭主持下进行辩论。法庭辩论结束，由审判长按照原告、被告、第三人的先后顺序征询各方最后意见。

3）调解和判决。法庭辩论终结，应当依法作出判决。判决前能够调解的，还可以进行调解，调解不成的，应当及时判决。调解是民事经济纠纷案件审理程序的重要组成部分，但调解必须是双方当事人自愿的，法院不得迫使当事人接受调解，调解不成时，应及时判决，防止久调不决，判决可以当庭宣布，也可以定期宣判。

人民法院适用普通程序审理的案件，应当在立案之日起 6 个月内审结，有特殊情况需要延长的，由本院院长批准，可以延长 6 个月，还需要延长的，报请上级人民法院批准。

2. 简易程序

简易程序是基层人民法院和它派出的法庭审理事实清楚、权利义务关系明确、争议不大的简单的民事案件时，适用的一种独立而简便易行的程序。除此之外，当事人双方也可以约定适用简易程序。

它的特点是，当事人可以口头起诉，人民法院接到当事人口头起诉后，可以当即受理，由一名审判员独立审理，审理过程不受庭审规定的限制，案件应当在 3 个月内审结。

基层人民法院和它派出的法庭审理符合事实清楚、权利义务关系明确、争议不大的简单的民事案件，标的额为各省、自治区、直辖市上年度就业人员年平均工资 30% 以下的，实行一审终审。

人民法院在审理过程中，发现案件不宜适用简易程序的，裁定转为普通程序。

（二）第二审程序

第二审程序又称上诉程序，指当事人不服第一审未生效的判决或裁定，依法向上一级人民法院提起上诉，上一级人民法院进行审理的程序。

第二审程序的意义在于：维护当事人合法的上诉权，进而保障当事人合法实体权益；对下一级法院的裁判实行监督，保证裁判质量，正确地行使国家赋予的审判权。

当事人不服第一审判决，可在判决书送达之日起 15 日内向上一级人民法院上诉；不服一审裁定的，有权在裁定书送达之日起 10 日内提起上诉。第二审人民法院对上诉案件，应当组成合议庭，开庭审理。经过阅卷、调查和询问当事人，对没有提出新的事实、证据或者理由，合议庭认为不需要开庭审理的，可以不开庭审理。

上诉状应通过原审人民法院提出，并按被上诉人数提交副本。

二审人民法院对上诉案件，经过审理，可以做出以下处理。

1）原判决、裁定认定事实清楚，适用法律正确的，以判决、裁定方式驳回上诉，维持原判决、裁定。

2）原判决、裁定认定事实错误或者适用法律错误的，以判决、裁定方式依法改判、撤销或者变更。

3）原判决认定基本事实不清的，裁定撤销原判决，发回原审人民法院重审，或者查清事实后改判。

4）原判决遗漏当事人或者违法缺席判决等严重违反法定程序的，裁定撤销原判决，发回原审人民法院重审。

人民法院审理上诉案件，一般应当在二审立案之日起 3 个月内审结，有特殊情况需要延长的，由本院院长批准，人民法院对裁定的上诉案件，应当在第二审立案之日起 30 日内做出终审裁定。

第二审人民法院的判决，裁定是终局的判决、裁定。

（三）审判监督程序

审判监督程序也称再审程序，是指人民法院对已经发生法律效力的判决、裁定或调解书，如果发现确有错误，应当依法重新进行审理的程序。

各级人民法院院长对本院已经发生法律效力的判决、裁定、调解书，发现确有错误，认为需要再审的，应当提交审判委员会讨论决定；最高人民法院对地方各级人民法院已经发生法律效力的判决、裁定、调解书，上级人民法院对下级人民法院已经发生法律效力的判决、裁定、调解书，发现确有错误的，有权提审或者指令下级人民法院再审；最高人民检察院对各级人民法院已经发生法律效力的判决、裁定，上级人民检察院对下级人民法院已经发生法律效力的判决、裁定发现确有错误的，或者发现调解书损害国家利益、社会公共利益的，有权按照审判监督程序提出抗诉。人民检察院提出抗诉的案件，人民法院应当再审。

当事人对已经发生法律效力的判决、裁定，认为有错误的，可以向上一级人民法院申请再审；当事人一方人数众多或者当事人双方为公民的案件，也可以向原审人民法院申请再审。当事人申请再审的，不停止判决、裁定的执行。当事人对已经发生法律效力的调解书，提出证据证明调解违反自愿原则或者调解协议的内容违反法律的，可以申请再审。当事人申请再审，应当在判决、裁定发生法律效力后六个月内提出。人民法院对不符合规定的申请，予以驳回。

按照审判监督程序决定再审的案件，裁定中止原判决、裁定、调解书的执行，但追索赡养费、扶养费、抚育费、抚恤金、医疗费用、劳动报酬等案件，可以不中止执行。

人民法院按照审判监督程序再审的案件，发生法律效力的判决、裁定是由第一审法院作出的，按照第一审程序审理，所作的判决、裁定，当事人可以上诉；发生法律效力的判决、裁定是由第二审法院作出的，按照第二审程序审理，所作的判决、裁定，是发生法律效力的判决、裁定；上级人民法院按照审判监督程序提审的，按照第二审程序审理，所作的判决、裁定是发生法律效力的判决、裁定。

人民法院审理再审案件，应当另行组成合议庭。

（四）督促程序

督促程序是指经债权人请求，人民法院不经审判程序直接向债务人发出支付令，要求债务人按期给付债权人一定数额的金钱或有价证券，如果债务人在法定期限内不提出异议又不支付的，人民法院即可根据债权人的请求予以强制执行的特殊程序。

在督促程序中，没有原告和被告，只有债权人与债务人；无起诉、审理等程序，只依债权人的申请而受理。只要债务人在法定期限内不提出异议，即进行执行程序，如果债务人提出异议，人民法院则应当裁定终止督促程序。

督促程序简化了诉讼程序，有利于保护债权人的合法权益。

（五）公示催告程序

公示催告程序指可以背书转让的票据持有人，因票据被盗、遗失或灭失，可以向票据支付地的人民法院申请公示催告。申请人申请公示催告应当向人民法院递交申请书，写明票面金额、签发人、持票人、背书人等票据主要内容和申请的理由、事实。

人民法院受理申请后，应当同时通知支付人停止支付，并在 3 日内发出公告，公告期不得少于 60 日，在公示催告期间，转让票据权利的行为无效。

在公示催告期间，有利害关系人向人民法院申报权利的，人民法院应当裁定终结公示催告程序，并通知申请人和支付人；没有申报人的，人民法院应根据申请人的申请，做出判决，宣告票据无效，判决自公告之日起生效，申请人有权向支付人请求支付。

公示催告程序的设立为了保护票据流通的安全，保护权利人的合法权利。

六、执行程序

对已经生效的判决书、裁定书、调解书、支付令及其他应由人民法院执行的法律文书，当事人应承担履行义务。拒绝履行的，享有权利一方可向人民法院申请强制执行。申请执行的期间为 2 年。执行人接到申请执行书或者移交执行书，应当向被执行人发出执行通知，并可以立即采取强制执行措施。

人民法院可以采取以下措施强制执行。

对财产的执行措施。包括扣押、冻结、划拨、变价被执行人的金融资产；扣留、提取被执行人的收入；查封、扣押、拍卖、变卖被执行人的财产；强制被执行人交付法律文书指定的财产或票证。

对行为的执行措施。包括强制被执行人迁出房屋或退出土地；强制被执行人履行法律文书指定的行为。

保障性执行措施。包括查询被执行人的金融资产；搜查被执行人的财产；强制被执行人支付迟延履行期间债务利息及迟延履行金；办理财产权证照转移手续；报告财产；限制出境；征信系统记录不履行义务信息；媒体公布不履行义务信息；限制被执行人高消费。

应 知 应 会

1. 核心概念：仲裁、仲裁协议、级别管辖、地域管辖、当事人、共同诉讼人、诉讼代表人、第三人、诉讼代理人、证据、保全、先予执行。
2. 仲裁的概念和基本特征。
3. 仲裁法的适用范围、基本原则。
4. 仲裁协议的概念、内容与形式。
5. 仲裁的程序。
6. 仲裁协议的效力。
7. 案件管辖的种类。
8. 证据的概念、特点和分类。
9. 诉讼代表人与共同诉讼人的区别。
10. 起诉的法定条件。
11. 一审普通程序的特点及各个阶段。
12. 保全的概念和种类。
13. 先予执行的概念和适用范围。
14. 一审、二审、再审程序的关系。
15. 督促程序适用条件。
16. 公示催告程序的适用范围。

实 训 练 习

一、单项选择题

1. 两个以上的人民法院都有管辖权的诉讼，原告向两个以上有管辖权的人民法院起诉的，该案应由（   ）。

    A. 原告住所地法院管辖

    B. 被告住所地法院管辖

    C. 几个有管辖权的法院的上级法院管辖

    D. 最先立案的法院管辖

2. 划分上下级人民法院之间受理第一审民事案件的分工和权限，属于（   ）。

    A. 地域管辖   B. 级别管辖   C. 指定管辖   D. 选择管辖

3. 人民法院在收到起诉状后，经审查，认为符合起诉条件的，应当在（   ）日内立案。

    A. 3   B. 5   C. 7   D. 9

4. 以下属于诉讼参加人的是（   ）。

    A. 当事人   B. 证人   C. 审判人员   D.代理人

5. 对票据持有人丧失票据进行补救的一种程序是（   ）。

    A. 特别程序   B. 督促程序

    C. 认定财产无主案件   D. 公示催告程序

6. 审判监督程序审理的理由是（   ）。

    A. 当事人对诉讼标的有争议   B. 当事人不服一审未生效判决

    C. 生效判决确有错误   D. 未生效判决确有错误

7. 因不动产纠纷提起的诉讼，享有管辖权的人民法院是（   ）。

    A. 原告住所地人民法院   B. 被告住所地人民法院

    C. 纠纷发生地人民法院   D. 不动产所在地人民法院

8. 人民法院适用普通程序审理的案件，应当在立案之日起（   ）内审结。

    A. 1 个月   B. 3 个月   C. 6 个月   D. 1 年

9. 民事诉讼开庭审理的程序是（   ）。

    A. 开庭准备，宣布开庭，法庭辩论，庭审调查，法庭辩论后的调解，合议庭评议，宣告判决

    B. 开庭准备，宣布开庭，庭审调查，法庭辩论，法庭辩论后的调解，合议庭评议，宣告判决

    C. 开庭准备，庭审调查，宣布开庭，法庭辩论，法庭辩论后的调解，合议庭评议，宣告判决

    D. 开庭准备，宣布开庭，庭审调查，法庭辩论，合议庭评议，法庭辩论后的调解，宣告判决

10. 华夏医学研究所与美华投资公司签订一份联合开发磁疗设备的合同，后因美华投资公司出资不到位，导致该磁疗设备的研究工作停顿，使华夏医学研究所的先期投入无法产生预期的效益。华夏医学研究所根据合同中的仲裁条款向甲仲裁委员会申请仲裁，甲仲裁委员会对该争议作出仲裁裁决后，下列表述正确的是（   ）。

    A. 如果当事人不服，可以向人民法院起诉

    B. 如果当事人不服，可以向人民法院上诉

    C. 如果当事人不服，可以重新申请仲裁

    D. 该裁决立即产生法律效力

二、多项选择题

1. 我国《仲裁法》适用于（   ）。
    A. 合同纠纷
    B. 收养、抚养纠纷
    C. 婚姻、继承纠纷
    D. 劳动争议和行政纠纷
    E. 其他财产权益纠纷

2. 人民法院审理民事案件，不公开进行的有（   ）的案件。
    A. 涉及个人隐私
    B. 涉及多数人隐私
    C. 涉及国家秘密
    D. 审判员认为不宜公开审理

3. 中级人民法院管辖的第一审民事案件有（   ）。
    A. 重大涉外案件
    B. 在本辖区有重大影响的案件
    C. 最高人民法院确定由中级人民法院管辖的案件
    D. 中级人民法院认为应该由本法院管辖的案件

4. 根据民事诉讼法的规定，下列属于起诉必须符合的条件有（   ）。
    A. 有充分的证据
    B. 有明确的被告
    C. 属于人民法院受理民事诉讼的范围
    D. 原告是与本案有间接利害关系的公民

5. 因合同纠纷提起的诉讼，由（   ）人民法院管辖。
    A. 原告住所地   B. 被告住所地
    C. 合同履行地   D. 纠纷发生地

6. 因侵权行为提起的诉讼，由（   ）人民法院管辖。
    A. 侵权人所在地   B. 侵权行为地   C. 侵权结果地   D. 被告住所地

7. 下列是我国民事诉讼法规定的证据种类的是（   ）。
    A. 当事人陈述   B. 鉴定意见
    C 电子数据   D. 勘验笔录

8. 民事诉讼证据的特征包括（   ）。
    A. 客观性
    B. 合法性
    C. 关联性
    D. 真实性

9. 财产保全的方式可以采取（   ）。
    A. 查封   B. 扣押   C. 罚款   D. 冻结

10．关于仲裁裁决，下列说法正确的是（　　）。

A．甲、乙、丙三位仲裁员，甲是首席仲裁员。仲裁中，甲、乙是多数意见，丙持不同意见，则裁决应当按照甲意见作出，因为甲是首席仲裁员

B．甲、乙、丙三位仲裁员，甲是首席仲裁员。仲裁中，甲、乙是多数意见，丙持不同意见，则裁决应当照甲意见作出，因为这是多数意见

C．甲、乙、丙三位仲裁员，甲是首席仲裁员。仲裁中，三者意见不同，则裁决应当按照甲的意见作出

D．甲、乙、丙三位仲裁员，甲是首席仲裁员。仲裁中，三者意见不同，应当重新讨论以达成多数意见

三、实务操作题

1．甲、乙两公司发生合同纠纷，两公司在合同中订有："双方如果在履行合同时发生纠纷，应本着互谅互让的精神，协商解决，如果不能协商解决，任何一方有权要求仲裁。"甲公司遂向公司所在地的仲裁委员会申请仲裁，而乙公司则向公司所在地的人民法院起诉了。仲裁委员会受理了该案件，并做出了裁决。乙公司不服，遂以原仲裁协议无效为由向仲裁委员会所在地的基层人民法院申请撤销裁决。法院认为，甲、乙两公司的仲裁条款中没有明确规定具体的仲裁委员会，因此，该仲裁条款无效，裁定撤销仲裁裁决。

请问：

1）仲裁委员会受理该案件是否正确？请说明理由。

2）如果乙公司不服仲裁裁决，应当向哪一级法院申请撤销？

3）该仲裁协议能否撤销？请说明理由。

2．某市 A 县丁造纸厂排放的废水污染了某县甲、乙、丙 3 个村共有的水库，受损达 23 万元。3 个村联合向人民法院起诉要求赔偿。经过人民法院调解，A 县丁造纸厂同意赔偿索赔金额的 50%，甲、乙表示同意，遂与 A 县丁造纸厂达成调解书。调解书送达丙村时，丙村拒收，并声明当天调解他们不在场，甲、乙两村事先未征询他们的意见，因此仍要求按照原诉讼请求赔偿。

请问：

1）该案应由何地人民法院管辖？为什么？

2）该案是属于哪种类型的诉讼？为什么？

3）丙村在诉讼中的地位为何?与甲村和乙村的关系如何？

4）甲村、乙村与 A 县丁造纸厂成的调解协议是否有效？为什么？

5）人民法院应如何处理丙村最后提出的诉讼请求？

参 考 文 献

顾功耘. 2013. 经济法教程. 3 版. 上海：上海人民出版社.

刘建民. 2011. 新编经济法教程. 3 版. 上海：复旦大学出版社.

刘文华. 2001. 实用经济法教程. 北京：中国财政经济出版社.

漆多俊. 1999. 经济法学. 武汉：武汉大学出版社.

史际春. 2013. 企业和公司法. 3 版. 北京：中国人民大学出版社.

王全兴. 2001. 劳动法学. 北京：中国法制出版社.

王晓晔. 1999. 竞争法研究. 北京：中国法制出版社.

吴志攀. 2000. 国际经济法. 北京：北京大学出版社.

朱明. 2012. 金融法概论. 2 版. 北京：中国金融出版社.

朱明. 2003. 经济法律概论. 杭州：浙江大学出版社.

实训练习选择题参考答案

第一章

一、单项选择题

1. D 2. B 3. C 4. B 5. A

二、多项选择题

1. AD 2. ACD 3. ABCD 4. ACD 5. ABCD

第二章

一、单项选择题

1. B 2. C 3. D 4. C 5. B 6. D 7. A 8. A 9. D 10. D

二、多项选择题

1. ABCE 2. ABDE 3. CE 4. CE 5. AD

第三章

一、单项选择题

1. B 2. D 3. B 4. B 5. C

二、多项选择题

1. ACD 2. AD 3. ACD 4. ABCD 5. CD

第四章

一、单项选择题

1. C 2. A 3. C 4. D 5. D

二、多项选择题

1. ABCD 2. ABC 3. ABC 4. AB 5. AC

第五章

一、单项选择题

1. B 2. D 3. A 4. C 5. D

二、多项选择题

1. ABD 2. BCD 3. ABC 4. ABCD 5. ABCD

第六章

一、单项选择题

1. C 2. D 3. B 4. C 5. A 6. C 7. D 8. C 9. D 10. B

二、多项选择题

1. ACD 2. AC 3. BCD 4. ABCD 5. ACD

第七章

一、单项选择题

1. C 2. A 3. B 4. C 5. C 6. B 7. D 8. B 9. B 10. B

二、多项选择题

1. ABCD 2. ABC 3. ABCD 4. ABC 5. ABCD

第八章

一、单项选择题

1. B 2. D 3. C 4. B 5. A 6. B 7. D 8. A 9. A 10. C

二、多项选择题

1. ABC　2. BCD　3. BCD　4. AB　5. ABC

第九章

一、单项选择题

1. A　2. B　3. A　4. A　5. B

二、多项选择题

1. ABC　2. ABC　3. ABC　4. ABCD　5. BCD

第十章

一、单项选择题

1. D　2. D　3. C　4. B　5. A

二、多项选择题

1. AD　2. ABCD　3. ABC　4. ACD　5. ABCD

第十一章

一、单项选择题

1. D　2. A　3. C　4. C　5. A

二、多项选择题

1. BCD　2. ABD　3. BC　4. ABCD　5. AB

第十二章

一、单项选择题

1.（1）A　（2）C　（3）D　（4）C　2. C　3. C　4. A　5. C　6. D　7. D

二、多项选择题

1. BD　2. BC　3. ABCD　4. ABCD　5. AB

第十三章

一、单项选择题

1. C 2. C 3. B 4. D 5. B 6. B 7. A 8. A 9. B 10. C

二、多项选择题

1. ABC 2. ABC 3. ABCD 4. AB 5. ABC 6. ABC 7. AB 8. ABD 9. ABCD 10. ABC

第十四章

一、单项选择题

1. C 2. B 3. C 4. B 5. C 6. B 7. D 8. A 9. C 10. D

二、多项选择题

1. ABCDE 2. BDE ABCDE 3. ABCDE 4. ACD 5. ACE 6. BCDE 7. CDE 8. ABCDE 9. BCDE

第十五章

一、单项选择题

1. D 2. B 3. C 4. A 5. D 6. C 7. D 8. C 9. B 10. D

二、多项选择题

1. AE 2. AC 3. ABC 4. BC 5. BC 6. BD 7. ABCD 8. ABC 9. ABD 10. BC